SPEZIALFAHRZEUGE

von den Anfängen bis heute

ZENTNERS ILLUSTRIERTE

CHRONIK

SPEZIALFAHRZEUGE

von den Anfängen bis heute

OTUS

Inhalt

Spezialfahrzeuge

Agrar-Fahrzeuge

Baumaschinen

Militärfahrzeuge

SchiStra-Fahrzeuge

Vorwort

Ob in der Landwirtschaft, beim Straßen- oder Gebäudebau, im militärischen Fuhrpark, bei der Eisenbahn und auf den Airports, bei der Feuerwehr, der Polizei oder dem Technischen Hilfswerk, bei der Stadtverwaltung, bei Expeditionen oder einfach nur auf der Straße werden für viele Arbeiten schon seit den Anfängen der Motorisierung Spezialfahrzeuge benötigt.

Bereits im 18. Jahrhundert zog ein Dampfwagen als Zugmaschine schwere Geschütze. Mit dem Aufkommen der Dampfkraft wurden auch Straßenfahrzeuge zur Selbstverständlichkeit. Als dann Rudolf Diesel und Nikolaus August Otto den Verbrennungsmotor erfanden, war der Erfolg schwerer Straßenmaschinen nicht mehr aufzuhalten.

Heutzutage sind die spezialisierten Arbeitstiere der Straße nicht mehr aus dem täglichen Arbeitsleben wegzudenken. Ob lange Road Trains in Australien, übergroße und breite Schwertransporte mit über 24 Achsen oder stark gesicherte Castor-Transporte – Spezialfahrzeuge tragen einen wichtigen Beitrag zum reibungslosen Ablauf der unterschiedlichsten Aufgaben bei.

Aber auch der historische Hintergrund und die Entwicklung der im Laufe der Zeit immer stärker spezialisierten Fahrzeuge kommt in diesem klar strukturierten Nachschlagewerk nicht zu kurz. Viele technische Daten und „Schon gewusst"-Tabellen unterstützen die interessanten Texte des Buches. Zusätzlich vermitteln viele Bilder die unzähligen Arten von Spezialfahrzeugen vom Abschleppfahrzeug bis hin zu schwersten Zugmaschienen - also von A bis Z.

DER PIONIER AUS FRANKREICH: EIN STRASSENDAMPFWAGEN ALS ERSTE ZUGMASCHINE

Der Nachbau von Cugnots Dampfwagen befindet sich im DB-Museum in Nürnberg und erinnert an die Anfänge der Dampftechnik.

Der Straßendampfwagen des französischen Artillerieleutnant Nicolas Joseph Cugnot gilt als eine der ersten Zugmaschinen und war damals für den Transport schwerer Geschütze gedacht. Der Erfinder der Dampfzugmaschine wird am 25. September 1725 in Void im westlichen Lothringen geboren. Seine Jugendzeit verbringt er in Deutschland, wo er auch sein Ingenieurstudium absolviert. Während des österreichischen Erbfolgekriegs dient er unter Prinz Karl von Lothringen in den Niederlanden.

Als er nach dem Krieg in der Armee Sachsens unterkommt, beschäftigt sich Cugnot erstmals mit Überlegungen zum Transport von Geschützen mittels Dampfkraft. 1756 informiert Cugnot das französische Kreigsministerium in seinem umfassenden Werk „Élements dé l'art militaire ancien et moderne" über seine Fortschritte beim Bau einer dampfgetriebenen Zugmaschine. Schnell erkennt der Inspekteur der französischen Artillerie, General Gribeauval, die Bedeutung der neuen Transportmöglichkeit für schwere Artilleriegeschütze und gibt Cugnot den Auftrag zu einer ersten Konstruktion eines funktionierenden Modells eines Dampfwagens.

Im Jahr 1769 stellt Cugnot einen dreirädrigen Dampfwagen vor. In Gegenwart des Herzogs von Choiseul, des französischen Kriegsministers und weiterer ranghoher Offiziere bewegt Cugnot seinen Dampfwagen in den Straßen von Paris sehr zur Begeisterung der Gäste und der Bevölkerung mit einer Geschwindigkeit von fast fünf Stundenkilometern. Aber dem Dampfwagen widerfährt ein Missgeschick, als er außer Kontrolle gerät, eine Mauer durchstößt, umfällt und auseinanderbricht.

Dennoch ist die Armee von diesem Fahrzeug überzeugt und gibt ab April 1770 einen weiteren, größeren Dampfwagen in

Technische Daten: Cugnots Dampfzugmaschine

Baujahr:	1769
Geschwindigkeit:	4,8 km/h
Betriebsdauer:	zwölf bis 15 Minuten
Antrieb:	2 stehende, einfach wirkende Dampfzylinder
Gesamtgewicht:	ca. 5 Tonnen
Nutzlast:	ca. 3 bis 4 Tonnen

Auftrag. Die Kosten des Wagens belaufen sich auf 20.000 Livres. Ab 1800 gerät das Cugnot-Projekt in Vergessenheit und so lebt Nicolas Joseph Cugnot aufgrund der Französischen Revolution und der darauffolgenden Flucht unter bescheidenen Verhältnissen in Brüssel. Bis ihm ein einflussreicher politischer Freund die Rückkehr nach Frankreich ermöglicht, wo er am 2. Oktober 1804 stirbt.

Das Ungeheuer aus England

Um 1800 genoss der brillante Ingenieur Richard Trevithick in England einen ausgezeichneten Ruf auf dem Gebiet der Dampfkraft. Im Gegensatz zu James Watt, der den Umgang mit Hochdruckdampf verabscheute, liebte Trevithick die Nutzung der starken Dampfenergie. Denn mit den kleineren leistungsstarken Maschinen musste nicht mehr nur stationär gebaut, sondern auch transportabel gebaut werden.

Trevithick hatte im Jahr 1800 begonnen, sein erstes Fahrzeug zu planen, und 1801 den Bau eines Versuchsfahrzeugs abgeschlossen. Das Fahrzeug hatte vorne eine kleine Plattform, von der aus der Betreiber den Dampfkessel befüllen konnte. So konnte Trevithick vom Fahrersitz aus die Dampfmenge kontrollieren und die Maschine lenken. Die Steuerung erfolgte über eine Stange, die mit der drehbaren Vorderachse verbunden war. Am Heck befand sich an einer zweiten Plattform der Wassertank mit dem Wasserstandsanzeiger. Der Dampfzylinder war senkrecht in den Kessel eingesetzt und trieb die Hinterräder des dreirädrigen Gefährts über Kreuzköpfe an.

Stephen Williams, ein ortsansässiger Küfer, beschrieb die Ereignisse des Tages, an dem Trevithicks London-Wagen das erste Mal fuhr, folgendermaßen:

„Im Jahre 1801, an Heiligabend, erzeugte Captain Dick (Trevithick) abends auf offener Straße Dampf, gleich gegenüber des Ladens an der Weith. Als wir hörten, Captain Dick wolle den Dampfkessel wieder anmachen, sprangen so viele von uns wie möglich auf die Maschine auf: wir waren vielleicht sieben oder acht Personen. Es war ein steiler Hügel vom Weith hoch zum Camborne Beacon, doch die Maschine stieg da hoch wie ein kleiner Vogel. Als sie etwa eine Viertelmeile gefahren war, kam ein höllisches Stück Straße, voller loser Steine – sie fuhr nicht mehr ganz so schnell, und weil es in Strömen regnete und wir sehr eng zusammenstanden, sprang ich ab. Das Dampfmobil bewegte sich schneller, als ich laufen konnte und sie fuhr noch ungefähr eine halbe Meile weiter hoch, dann wurde sie gewendet und sie kam zum Laden zurück."

Trotz der erfolgreichen Fahrt von London nach Paddington sollte dem Trevithick-Projekt kein kommerzieller Erfolg beschie-

Technische Daten: Trevithicks London-Wagen

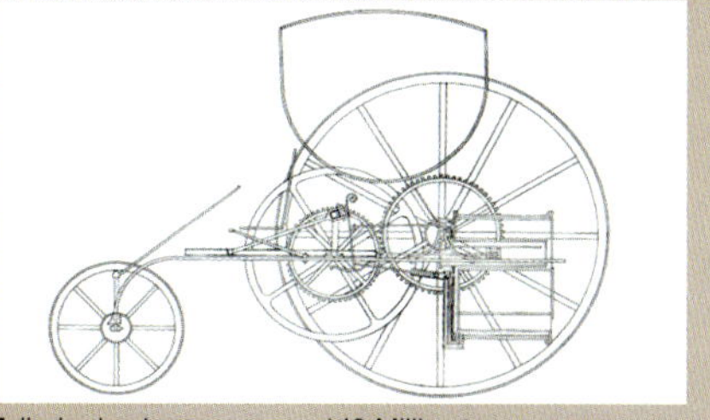

Zylinderdurchmesser:	140 Millimeter
Kolbenhub:	762 Millimeter
Arbeitsdruck:	2 bar
Leistung:	3 PS (2 kW) bei 50 U/min
Geschwindigkeit:	13 km/h
Länge:	4905 Millimeter
Breite:	2184 Millimeter
Höhe:	3454 Millimeter
Gewicht:	1,9 Tonnen (leer)
Brennstoff:	Kohle
Wassertank:	180 Liter

Ein von Gurney als Berline karossierter Dampfwagen mit Direktantrieb der Hinterräder über die gekröpfte Hinterachse.

den sein. Das Dampfmobil war in der Herstellung zu teuer und benötigte zwei Personen für die Bedienung. Dies konnte ein Pferdewagen mit einer Person bewerkstelligen.

Ein Chirurg verbessert die Leistung

Der Chirurg Sir Goldworthy Gurney war einer der namhaftesten Konstrukteure von Dampfwagen. Bereits in seiner Jugendzeit hatte er Kontakt zu Trevithick, als dieser in Cranborn, dem Wohnort Gurneys, seine bekannten Versuchsfahrten unternahm. Gurney erfand einen Rohrkessel, in dem das Wasser in einem geschlossenen Kreislauf zirkulierte, sodass es dadurch zu einer beschleunigten Dampfbildung kam.
Um eine schlupffreie Kraftübertragung zwischen den Antriebsrädern und dem Fahrbahnbelag zu gewährleisten, entschied er sich für den Einbau eines Schubantriebs. Erst später erkannte er, dass diese störanfällige und komplizierte Konstruktion nicht erforderlich war.

So sah ein Karikaturist den Einzug in das Verkehrswesen im Jahr 1831.

Im Jahr 1826 baute Gurney ein verbessertes sechsrädriges Fahrzeug und erprobte es auf der 85 Meilen langen Strecke von London nach Melkhams, die er in einer Gesamtzeit von zehn Stunden abfuhr. In Melksham angekommen, demolierten „Dampfwagen-Gegner“ Gurneys Dampfmobil, sodass der Erfinder nach Bath flüchten musste. Dennoch wurde der Dampfwagen nach und nach ein gewohntes Verkehrsmittel auf den Straßen in England. Ab 1830 war nach un nach eine Anzahl

von Verordnungen erlassen worden, die die Straßenbenutzungsgebühren für Dampfwagen sechs- bis zwölfmal höher veranschlagten, als für Pferdefuhrwerke. Dennoch gab es im Jahr 1836 über 700 Fahrten mit Dampfomnibussen von London in die Vororte und zurück. Trotz der Einführung des Gesetzes „Red Flag Act", um die immer häufiger auftretenden Unfälle mit Dampfmobilen zu vermeiden, wurde die rasante Entwicklung nur unwesentlich ausgebremst.
Für den Schwertransport über die Straßen wurden vor allem Straßenlokomotiven eingesetzt, die nicht selten eine Anhängelast von 100 Tonnen und mehr ziehen konnten. Zur Sicherheit wurde mit zwei oder gar mit drei dieser Dampfmaschinen gefahren. Zu dieser Zeit kamen auch die „Showman-Road-Locomotives" auf, die mit ihren Zweizylinder-Verbundtriebwerken und einem Eigengewicht von bis zu 25 Tonnen für die Stromversorgung der Karusselle, Orgeln und Autoscooter verantwortlich waren. Dafür waren auf der Rauchkammer Stromgeneratoren mit einer Leistung von 100 Volt montiert.

Lanz mit drei Goldmedaillen

1910 baute die Firma Lanz ihr 25.000. Lokomobil mit der damals sensationellen Leistung von 1000 PS. Es war das bis dahin größte Lokomobil der Welt. Das Lanz-Lokomobil wurde anlässlich der Weltausstellung in Brüssel gebaut. Es sorgte als Antrieb eines Generators während der sechs Monate der Ausstellung für den erforderlichen Strom und erhielt für die Leistung drei Grand-Prix-Goldmedaillen. Der Dynamo für das Lanz-Lokomobil wurde von der Firma AEG in Berlin hergestellt. Der

30 Tieren ziehen eine schwere Last Weizen

Nur ein einziger Mann wurde bei einem Rekord in Kanada benötigt, als 20 Pferde und zehn Maultiere einen langen Wagenzug, bestehend aus über 35 Tonnen Weizen, zog. Dieser frühe Schwerlasttransport, der bereits um 1900 stattfand und über eine Wegstrecke von mehr als 35,4 Kilometer ging, dauerte eine Stunde und 17 Minuten.
Schon zu dieser Zeit beschäftigte man sich eingehend mit der Problematik überdimensionierter Spezialtransporte auf langen Strecken.

Links: Eine klassische Schausteller-Roadlokomotive, wie sie für die Stromerzeugung benutzt wurde.
Großes Bild: Dampf-Roadlokomotiv-Ziehen in Dorset/England im September 2009.

auf der Kurbelwelle ruhende Anker dieses Dynamos hatte ein Gewicht von 7200 Kilogramm. Dabei erzeugte er eine Leistung von 735 kW bei 215 U/min und eine Spannung von 230 Volt.

Dampf-LKWs in Europa

In den 1920er-Jahren waren Dampf-LKWs eine Selbstverständlichkeit im zunehmenden Straßenverkehr und wurden in England von den Firmen Sentinel Waggon Works Ltd., Shrewsbury, Shropshire, sowie Richard Garrett & Sons Ltd., Leiston, Suffolk und auf dem europäischen Kontinent von Skoda in Pilsen hergestellt. Sie zeichneten sich durch große Robustheit und niedrige Betriebskosten aus und wurden bis in die 1950er-Jahre benutzt. 1931 kaufte die Firma Henschel einen amerikanischen Dampfwagen des Typs Doble F-35 und schloss 1932 einen Vertrag mit der Firma Doble über die Entwicklung eines Dampflastwagens. Nach Erprobung der Dampfmotoren wurden sie in die vorbereiteten Lastwagen gebaut. 1934 lieferte Henschel zehn Dampflastwagen an die Deutsche Reichsbahn, davon einen Dreiachser mit zwei Motoren zu je 150 PS und einem Kessel mit 15 m^2 Heizfläche. Diese Fahrzeuge waren bis 1942 in Betrieb.

Pioniere der Motorisierung

Ende des 19. Jahrhunderts sollten Verbrennungsmotoren die Technik der alten Dampfmaschinen verdrängen. Bereits 1867 stellte der Erfinder Nikolaus August Otto auf der Pariser Weltausstellung den nach ihm benannten Ottomotor vor, der als Vergasermotor nach einem ausgeklügelten System arbeitete. 1872 gründete Nikolaus August Otto zusammen mit dem Konstrukteur Eugen Langen die „Gasmotorenfabrik Deutz AG". Bald darauf trat Gottlieb Daimler als technischer Direktor in das Unternehmen ein. Im folgte Wilhelm Maybach, beides Männer,

Foden war eine der großen Firmen in England, die Dampflastwagen baute. Die großen Foden-LKWs sind auch heute noch in sehr schön restauriertem Zustand auf Ausstellungen und bei Treffen in England zu sehen. Teils waren die LKWs bis in die 1950er-Jahre im Einsatz.

die später im Automobil- und Motorenbau Weltruhm erlangen sollten.

Der „Eismensch" Rudolf Diesel

Kurze Zeit später, im Jahr 1893, erhielt Rudolf Diesel, der sich aufgrund seiner Tätigkeit selbst als „Eismensch" bezeichnete, vom Kaiserlichen Patentamt in Berlin ein erstes Patent auf Verbrennungskraftmaschinen. Bald darauf überzeugte er die Maschinenfabrik Augsburg und die Firma Friedrich Krupp in Essen von seinen Plänen eines rationellen Wärmemotors. So wurde in Augsburg eine Testhalle eingerichtet, in der Diesel seine Konstruktionszeichnungen und Pläne in eine betriebsfähige Maschine umsetzen konnte.
Diesel profitierte von den Erfahrungen der Maschinenfabrik Augsburg, die zu dieser Zeit zu den wichtigsten Unternehmen im Bereich Maschinenbau zählte. Besonders sein Wissen im Dampfmaschinenbau war eine wertvolle Grundlage. Doch die Rahmenbedingungen für den neuen Wärmemotor waren viel schwieriger. Der Kolben musste gegen den Druck bei der Kompression abgedichtet werden, der viermal höher lag als bei Dampfmaschinen. Außerdem wurden die Lager doppelt so stark beansprucht. Komplettes Neuland betrat Diesel mit der Einführung und Mischung des Kraftstoffs in die Zylinder. Für diesen Vorgang, der in kürzester Zeit immer wiederkehrend ablaufen musste, fehlten jede Grundlage und jedes Vorbild.
Immer wieder musste Rudolf Diesel Rückschläge in Kauf nehmen, doch er gab nicht auf und arbeitete an seinen Ideen weiter. So war im Januar 1897 der erste betriebsfähige Motor fertiggestellt. Dabei erreichte der langsam laufende Dieselmotor bei 154 Umdrehungen in der Minute eine Leistung von 18 PS. Auch hatte der Dieselmotor gegenüber dem Ottomotor entscheidende Vorteile. Er war robuster, da er aus weniger Teilen bestand, und er war in der Lage, Schweröl zu verbrennen, das billiger

Technische Daten: Lanz'sches Verbund-Lokomobil

Zylinderdurchmesser:	260 Millimeter (Hochdruck)
Zylinderdurchmesser:	440 Millimeter (Niederdruck)
Kolbenhub:	430 Millimeter
Heizfläche:	45 Quadratmeter
Gewicht:	16,5 Tonnen
Leistung:	55 PS/110 U/min

Die Henschel-Dampflastwagen wurden ab 1934 zum Kauf angeboten. Die Deutsche Reichsbahn war der erste Abnehmer.

Der erste Diesel-Versuchsmotor aus dem Jahr 1893 wurde in den 1930er-Jahren für den UFA-Film „Diesel" in Szene gesetzt. Der Zweite von rechts ist der berühmte Schauspieler und Hauptdarsteller Willy Birgel.

war als Benzin. Zudem hatte der Motor einen höheren Wirkungsgrad. Rudolf Diesel selbst wurde für seine Erfindung des Dieselmotors mit zahlreichen Ehrungen und Preisen überhäuft und mit dem Ehrentitel „Dr.-Ing." bedacht. Den weltweiten Erfolg seines Motors in vielen Bereichen der Industrie und des Transportwesens konnte er selbst nicht mehr erleben.
Am 29. September 1913 ging Rudolf Diesel in Antwerpen an Bord des Postdampfers „Dresden", um in London an einem Treffen der Consolidated Diesel Manufacturing Ltd. teilzunehmen. Er schien guter Laune zu sein, wurde aber, nachdem er abends in seine Kabine gegangen war, nie wieder gesehen.
Am 10. Oktober sah die Besatzung des holländischen Regierungslotsenbootes „Coertsen" bei heftigem Seegang die Leiche eines Mannes im Wasser treiben. Sie konnte die in Auflösung befindliche Leiche nicht bergen, sondern nur den Kleidern einige kleine Gegenstände entnehmen (Pastillendose, Portemonnaie, Taschenmesser, Brillenetui), die von seinem Sohn Eugen Diesel am 13. Oktober in Vlissingen als seinem Vater gehörend identifiziert wurden.

Schnelle Motorisierung

Als im Jahr 1914 der Erste Weltkrieg ausbricht, lernen alle kriegsführenden Parteien das schnelle Verlegen der Truppen und Nachschubgüter mithilfe der Motorisierung kennen. So treten die Regierungen der Streitmächte an die Automobilwerke heran, schnell militärtaugliche Transportmittel zu entwickeln. Doch die Kapazitäten reichen bei Weitem nicht aus. Bald werden auch andere Sparten wie Maschinenbauunternehmen herangezogen, Lastwagen zu bauen. So bedeutet der Erste Weltkrieg eine schnelle Entwicklung von Spezialfahrzeugen für die vielen militärischen Belange.
Der am 28. Juni 1919 unterzeichnete „Versailler Vertrag" setzte einen Schlussstrich unter die kriegerischen Auseinandersetzungen und die Rüstungsproduktion. So brach das Transportwesen im kriegsgebeutelten Deutschland zusammen. 1000 Lastwagen standen bei den Produzenten auf Halde. Über 9000 Fahrzeuge aus Armeebeständen drängten auf den Markt. Aufgrund der schlechten Straßenverhältnisse dominierte im

Fernverkehr immer noch die Eisenbahn. Die vollgummi- oder eisenbereiften Laster wurden dagegen an Baustellen, im Holztransport oder im Verteilerverkehr eingesetzt.

Neue Wege

Doch mit der Zeit besserte sich die allgemeine wirtschaftliche Lage und die Lastwagen, die zu Kaisers Zeiten noch immer stiefmütterlich behandelt worden waren, hatten in den vorangegangenen Jahren bewiesen, dass sie Aufgaben erfüllen konnten, denen Pferdefuhrwerke nicht gewachsen waren. Zudem waren Pferde durch den Krieg Mangelware geworden.

Viele der LKW-Hersteller mussten sich jedoch stark umstellen, denn der Verkauf an Privatleute und der „freie“ Automobilhandel waren für sie etwas völlig Ungewohntes. Aber auch diese Zeit ging vorbei und die findigen Kaufleute der Automobilindustrie stellten sich auf die Wünsche der Kundschaft ein. So wurden Vertreter ins Land geschickt und Firmen besucht, um mit den Vorteilen ihrer Produkte zu werben.

Anfang der 1920er-Jahre entwickelte die deutsche Lastwagenindustrie ein breit gefächertes Angebot an Lastwagenfahrgestellen und Dieselmotoren, die von 20 bis zu 100 PS gingen. Abnehmbare Zylinderköpfe, Leichtmetallkolben und Pleuellager mit Druckschmierung hatten in der Motorentechnik Einzug gehalten. Viele Fahrzeuge waren inzwischen mit Doppelzündung, einer Lichtanlage und einem Anlasser ausgestattet.

Aber parallel zu den langsam gestiegenen Absatzzahlen von LKWs holte die Automobilindustrie eine immer stärker werden-

Oben: Die Artillerie-Zugmaschine KDI von Daimler mit Allradantrieb und 100-PS-Motor im harten Testeinsatz.

Mitte: Die Geländegängigkeit des Kraftprotz KP 1 von Magirus mit einem 70-PS-Vierzylindermotor wird auf dem Werkgelände mittels eines Holzklotzes demonstriert.

Unten: Transport eines Krangestells auf einem MAN-Kettenwagen mit handgesteuertem Nachläufer.

de Inflation ein. Im Jahr 1922 steigerte sich die galoppierende Geldentwertung binnen Jahresfrist zu einer Hyperinflation und viele große Firmen druckten sich ihr „Notgeld" selbst. Dies führte im Jahr 1923 zur Währungsreform und zu einer kurzen stabilen Wirtschaftslage, in der rund 300 Unternehmer, meist mit einer zu dünnen Finanzdecke, im Automobilbau ums Überleben kämpften.

Der nachfolgende „Börsenkrach" von 1929 wurde ein Desaster und führte zu einer weltweiten wirtschaftlichen Rezession. Auch Deutschland geriet in den Strudel des Zusammenbruchs des Kapitalmarkts in den USA, der weltweit in eine tiefe Kriese führte.

Lediglich die Deutsche Reichsbahn, die Deutsche Reichspost, große Speditionen und die vielen Berufsfeuerwehren in Deutschland hielten immer noch Aufträge bereit.

Technische Daten: MAN Typ KVB/6	
Motor:	Typ 1065B, 6-Zylinder
Bohrung:	110 Millimeter
Hub:	165 Millimeter
Leistung:	85 PS/1400 U/min
Antrieb:	auf die Hinterachse
Federung:	Blattfedern (vierblättrig)
Bremsen:	3 unabhängige Bremsen und Motorbremse
Radstand:	4700 bis 5600 Millimeter
Tragfähigkeit/Fahrgestell:	7000 Kilogramm
Rahmen:	Spezialstahlblech

Mit einer Kaelble-Schwerlastzugmaschine der Deutschen Reichsbahn wird in den späten 1930er-Jahren ein Teil einer Stahlbrücke auf der Straße zu seinem Bestimmungsort transportiert.

Ab 1933 beginnt im Deutschen Reich eine neue Ära der Mobilität. Hitler beginnt damit, das Autobahnnetz auszubauen. Die Länge des neuen Straßennetzes sollte bis Ende des Zweiten Weltkrieges in Deutschland 2100 Kilometer betragen.
Zusätzlich wird die Zeit des „Dritten Reichs" zu einem florierenden Geschäft der Automobilindustrie, die den Absatz von Lastwagen und Spezialfahrzeugen im Inland wie auch im Ausland steigern kann. Die Exportbemühungen werden von der Reichsregierung besonders durch Subventionen gefördert, vor allem für Lieferungen in devisenstarke Länder, denn das Dritte Reich benötigt im wachsenden Maße Devisen für seine pompösen Wirtschaftsprogramme und eine unheilvolle Wiederaufrüstung. Doch die Euphorie der Industrie, Fernfahrer und Berufskraftfahrer, die sich selbst „Kapitäne der Landstraße" nennen, ist nur eine kurze Zeit der Freude.

Kurzhauber für kriegswichtige Einsätze

Am 15. März 1939 verkündet der Generalbevollmächtigte für das Kraftfahrwesen, Oberst Adolf von Schell, eine Typenbegrenzung für die Kraftfahrzeugindustrie im sogenannten „Schell-Plan". Die 114 bis dahin existierenden LKW-Typen wurden auf 19 Modelle und vier Grundtypen reduziert. Im September des gleichen Jahres zerstören deutsche Soldaten den Schlagbaum an der deutsch-polnischen Grenze bei Danzig. Der Zweite Weltkrieg beginnt.
Auch in dieser für die Welt abermals schweren Zeit werden für den kriegerischen Einsatz besondere Bauweisen von Lastwagen von den Regierungen verlangt. So muss sich die Schwerlastindustrie auf den Bau und Umbau von militärtauglichen Fahrzeugen konzentrieren. Doch 1942 bringt eine weitere Verschärfung der Lage. Zugunsten der Panzerfertigung werden der Lastwagen- und der Omnibusbau stark eingeschränkt.

Technische Daten: MAN ML 4500 S

Motor:	D 1040 G, Diesel-6-Zylinder
Bohrung:	110 Millimeter
Hub:	140 Millimeter
Hubraum:	7980 Kubikzentimeter
Leistung:	110 PS/1900 U/min
Getriebe:	5-Gang ZF Fak 45 SG
Bereifung:	270-20 (10.00-20 eHD)
Radstand:	4600 Millimeter
Nutzlast:	5 Tonnen
Zul. Gesamtgewicht:	10.000 Kilogramm

Wiederaufbau und Wirtschaftswunder

Am 8. Mai 1945 unterzeichnen die deutschen Oberbefehlshaber der Wehrmacht, des Heers, der Luftwaffe und der Marine eine bedingungslose Gesamtkapitulation aller deutschen Truppen. Doch Deutschland liegt in Schutt und Asche. Sämtliche Verkehrswege nach draußen sind unterbrochen und es gibt

Die Mercedes-Benz-„Actros"-Modellbaureihe wurde von der Daimler AG im Jahr 1996 eingeführt. Die OM-Dieselmotoren gibt es mit Sechs- und Achtzylindermotoren. Das Leistungsspektrum reicht von 320 bis 598 PS.

Die Firma Cadzow Heavy Haulage Limited, ein ab 1957 existierendes englisches Familienunternehmen, ist auf Schwertransporte spezialisiert. Auf diesem Bild sieht man, wie eine für die Nordsee bestimmte Kabelrolle in Invergordon, Schottland, ankommt.

keine Bahnverbindungen mehr. Aber der Gütertransport muss wieder laufen und die Kriegsruinen müssen abgetragen werden. Dafür braucht die Wirtschaft Lastwagen und Spezialgeräte. Zunächst wurden Ersatzteile in vorhandene Fahrzeuge gebaut, um diese wieder in Betrieb nehmen zu können. Danach brachte die Genehmigung vom 14. Juli 1945 durch die 3. US-Armee, amerikanische Fahrzeuge wieder instand zu setzen, einen ersten Lichtschimmer in der deutschen Gütertransportszene.
In den ersten Nachkriegsjahren ist jeder Transportunternehmer glücklich, überhaupt einen Lastwagen zu bekommen. Es wird nicht gefragt, ob die Motorisierung oder die Nutzklasse für die individuellen Bedürfnisse optimal ist. Gekauft wird, was auf dem Markt angeboten wird. Die Maßnahmen der Zwangswirtschaft und die gezielte Fahrzeugverteilung tun ein Übriges, zu große Wunschvorstellungen der Unternehmer im Rahmen zu halten.
Als sich Ende der 1940er-Jahre die der Nutzfahrzeugindustrie von den Besatzungsmächten auferlegten Restriktionen zu lockern begannen und später gänzlich fortfielen, konnte jeder Hersteller wieder ein vollständiges LKW-Programm anbieten. Auch war der Bedarf an Nutzfahrzeugen für die aufstrebende deutsche Wirtschaft ungebrochen hoch.

Aus dieser Zeit stammen die klingenden Fahrzeugnamen wie Titan, Tiger und Mustang. Im Laufe der Jahre wurden die LKWs immer länger und schwerer. Zudem orientierten sich die Aufbauten immer stärker an den Vorgaben der zu bewegenden Materialien.

Als Fuhrunternehmen 1888 gegründet, zählt „Baumann Schwertransporte" heute zu einem der führenden Schwertransportunternehmen Deutschlands.

Schwertransporte gehören auch im Ausland zum Straßenbild. Hier wird ein Transformator auf einem Anhänger mit 24 Achsen nach Tulsa, USA, gebracht.

Schwertransporte heute

Heute werden Zugmaschinen mit ihren Schwerlastanhängern für die unterschiedlichsten Aufgaben verwendet und meist werden sie auf Kundenwunsch entsprechend den zu erwartenden Aufgaben aufgebaut.
Wo noch vor wenigen Jahrzehnten die Schwertransporte eine unbedeutende Nische am Rande des Transportgeschäfts waren, zählt heutzutage nur noch das Motto: größer, schneller, weiter, schwerer und bringt immer neue Herausforderungen für das Transportgewerbe.

Anfang des Jahres 2008 wurde das „Verfahrensmanagement für Großraum- und Schwertransporte", kurz VEMAGS, eingeführt. Dabei greift das Verfahren auf das Internet zurück. So gibt der Antragsteller einen Genehmigungsantrag nach §§ 29, 46 StVO über die Website an die zuständige Behörde ab. Diese Behörde verteilt die Anfrage auf der gleichen Plattform an die zuständigen Stellen. Hierdurch sind die Datenverluste durch unleserliche Faxe ausgeräumt und ganze Verfahren online nachvollziehbar. In Deutschland ist es je nach Abmessung vorgeschrieben, dass Begleitfahrzeuge oder die Polizei den Transport unterstützen.

Technische Daten: Volvo FH16 660	
Motor:	D16E, 6-Zylinder-Turbodiesel
Hubraum:	16.097 Kubikzentimeter
Leistung:	660 PS/485 kW
Drehmoment:	3100 Nm
Kraftübertragung:	elektronisch gesteuertes, automatisiertes 12-Gang-Split-/Rangegetriebe
Radstand:	3600 Millimeter
Zul. Gesamtgewicht:	150 Tonnen
Tankinhalt:	1300 Liter
0–100 km/h:	40 Sekunden
Geschwindigkeit:	bis 88 km/h
Preis:	ab 110.000 Euro

Castor-Transporte

Die Abkürzung Castor steht für „Cask for Stonage and Transport of Radioactive Material". Obwohl die Behälter vom Typ CASTOR V/19 oder V/52 zum größten Teil mit der Deutschen Bahn AG transportiert werden, kann es vorkommen, dass auch ein Straßentransport erfolgt. Dies geschieht dort, wo keine Bahnanlagen und keine Schienenanbindung existiertn, so zum Beispiel zwischen dem Verladekran bei Dannenberg an der Elbe und dem Transportbehälterlager Gorleben.

In Deutschland herrscht in Teilen der Bevölkerung großer Widerstand gegen den Transport radioaktiver Abfälle. So kommt es immer wieder zu Demonstrationen und Sitzblockaden, an denen regelmäßig mehrere Tausend Menschen in Frankreich (La Hague) und Deutschland (Gorleben) teilnehmen.
Für den Straßentransport von Castor-Behältern sind besondere Sicherheitsbestimmungen erforderlich. Ein Castor-Behälter kostet rund 1,5 Millionen Euro.

Das muss ein Castor-Behälter aushalten

- Aufprall aus 9 m Höhe auf Betonfundament
- Aufprall aus 1 m Höhe auf 15 cm dicken Stahl
- 30 Minuten Feuer bei 800 °C
- Druck von 20 m Wassertiefe für 8 Stunden
- Druck von 200 m Wassertiefe über eine Stunde
- Sturz eines auf –40 °C gekühlten Behälters aus 9 m
- Sturz von einer 40 m hohen Autobahnbrücke
- Explosion eines Flüssiggastankwagens
- Anprall eines 130 km/h schnellen Zuges längsseits
- Anprall einer 292 m/s schnellen und 1 t schweren Flugzeugturbinenwelle

AUTOTRANSPORTE: VON DER SCHIENE AUF DIE STRASSE

Oben (kleines Bild): Bis weit in die 1960er-Jahre war es üblich, Automobile und Lastwagen auf der Schiene zu transportieren. Hier verlädt ein HS 145 TS von Henschel seinen Auflieger für den „Huckepack"-Verkehr.
Oben (großes Bild): Nicht nur in den Vereinigten Staaten werden heutzutage Neu- und Gebrauchtwagen über das Straßennetz verteilt.

Mit der Perfektionierung der Fließbandfertigung im Automobilbau durch Henry Ford im Jahr 1913 war eine Motorisierung der weltweiten Bevölkerung mit erschwinglichen Automobilen nicht mehr aufzuhalten. Doch um die frisch gebauten Automobile an den Mann zu bringen, mussten sie vom jeweiligen Herstellerwerk aus verteilt werden.

Erste Autotransporter kamen in den 1920er-Jahren in den USA auf.

Anfänglich geschah dies durch Überführungsfahrten, teils über viele Kilometer, indem man die Automobile durch eigene Kraft zu den Endkunden lieferte. Aber diese Variante der Auslieferung wurde schnell zu zeitraubend und kostspielig, da die Nachfrage nach Automobilen gerade in den 1930er-Jahren anstieg. Zudem schalteten sich immer mehr Automobil-Zwischenhändler in den Auslieferungsablauf ein, die die Endkunden mit den bestellten Fahrzeugen belieferten.
So entstanden die ersten Automobilhäuser. Ein weiterer Schritt, um die Verteilung der neuen Automobile rationeller zu gestalten, waren die immer stärker zunehmenden Exporte in die ganze Welt, da hier große Mengen an Automobilen an die Häfen und von den Häfen weitertransportiert werden mussten.

Von der Straße auf die Schiene

Da die großen Automobilwerke ab den späten 1930er-Jahren über Schienenanbindungen, wie in Deutschland über die damalige Deutsche Reichsbahn-Gesellschaft (DRG), zum internationalen Eisenbahnnetz verfügten, um sich die großen Mengen an benötigtem Material für den Automobilbau liefern zu lassen, war es ein logischer Schritt, auch den Automobiltransport über die Schiene abzuwickeln.

Ein amerikanischer Mack-Autotransporter aus den 1950er-Jahren. Gut zu sehen ist hier der geringe Abstand der oberen Laderampe, der mithilfe von Zusatzblechen überbrückt werden konnte.

Auch nach Ende des Zweiten Weltkriegs änderte sich zunächst nichts. Nun war die jung entstandene Deutsche Bundesbahn der Partner der aufkommenden Automobilindustrie. Doch Ende der 1960er-, Anfang der 1970er-Jahre verlor der Transport auf der Schiene zunehmend an Bedeutung. Die großen Konkurrenten im Transportwesen, die Lastkraftwagen, waren stärker und vielseitiger geworden und Zugmaschinen mit kurzgekuppelten Anhängern waren wesentlich leichter zu bedienen und zu fahren als die Lastzüge der Vergangenheit. Bei den neuen Autotransportern hatten die kurzgekuppelten Anhänger Einzug gehalten und warteten mit zusätzlichen Vorteilen wie dem sehr kurzen Abstand zwischen Zugfahrzeug und Anhänger auf, der es ermöglichte, eine durchgehende Fahrrampe zu installieren. Diese Anhänger wurden mit Einfach- oder Zwillingsachse (Doppelachse) gefahren und waren meist auch zwillingsbereift. Auffällig waren die diversen Hebebühnen, die zuerst mechanisch mit Gewindespindeln und dann hydraulisch betrieben wurden, um die Ladung, also Kraftfahrzeuge aller Art, zu transportieren. Zudem kann man aufgrund des variablen Aufbaus die Höhen und Längen den jeweiligen Bestimmungen der verschiedenen Länder anpassen.

Technische Daten: Daimler-Benz LP 321

Radstand:	4200 bis 4830 Millimeter
Spurweite:	1940 Millimeter
Wendekreis:	16,9 Meter
Gewicht:	2895 Kilogramm (Fahrgestell)
Tragfähigkeit:	6355 Kilogramm (Fahrgestell)
Zul. Achsdruck vorn:	3,3 Tonnen
Zul. Achsdruck hinten:	6,6 Tonnen
Zul. Gesamtgewicht:	9,25 Tonnen
Kraftstoffverbrauch:	14,9 l/100 km
Höchstgeschwindigkeit:	77 km/h
max. Steigvermögen:	40,5 Prozent

Daimler-Benz LP 321 als Autotransporter mit Ackermann-Aufbau und geladenen DKW-PKWs.

Volvo-Autotransporter in Amerika anlässlich des „Indy 500" im Jahr 2008, beladen mit Chevrolet Corvette „Pace-Cars".

Beladung eines Autotransporters

Autotransporter werden grundsätzlich zuerst auf der oberen Ebene beladen. Das Beladen erfolgt meist mittels einer sogenannten Durchfahrt über die Auffahrrampen über den Anhänger auf die Zugmaschiene. Es sind heute in Europa LKW-Züge im Gebrauch, die mit bis zu 10 PKWs beladen werden können. Gängig im Schwerlastverkehr in Deutschland sind Zuladungen von acht bis zehn Fahrzeugen. Die Autotransporter sind stets im Doppelsystem beladen. Das heißt, vier bis fünf Autos befinden sich im oberen Ladedeck und vier bis fünf Fahrzeuge im unteren Ladebereich.

Für einen LKW-Zug mit zehn Personenkraftwagen gibt es Ausnahmen für eine Sonderbeladung. Ebenfalls eine Sondergenehmigung wird für eine negative Stapelung benötigt. Bei dieser negativen Stapelung wird der geladene PKW auf der oberen Ladebühne des Zugfahrzeugs nach der Fixierung in den Halterungen mitsamt der Hebebühne nach unten gekippt. Dadurch entsteht Platz für ein drittes Fahrzeug, das entgegen dem zweiten Fahrzeug nach oben auf die Rampe gefahren wird. Doch dies setzt voraus, dass das erste Automobil im unteren Fahrbereich hinter dem Führerhaus der Zugmaschine bereits für den Transport fixiert ist. Dieser PKW muss natürlich vor den negativ zu stapelnden Fahrzeugen geladen und gesichert werden.

In großen Ländern wie in den USA, Kanada oder Australien fallen diese Automobiltransporter natürlich wesentlich größer aus als in Europa.

Technische Daten: Volvo FH 420

Motor:	D 13 C, Reihen-6-Zylinder mit Turbolader und Ladeluftkühler
Hubraum:	12,8 Liter
Leistung:	420 PS (309 kW) bei 1400 bis 1900 U/min
Drehmoment:	2100 Nm
Federung:	ECS-Luftfederung

MÖBEL-TRANSPORTE: VON HAUS ZU HAUS

Im 19. Jahrhundert ermöglichte es vor allem der neu entstandene Eisenbahnverkehr den Kunsttischlereien, ihre schweren Eichenmöbel in alle Gegenden Deutschlands zu transportieren. Damals wurden vor allem Pferde als Zugtiere für die Strecke zum Güterbahnhof eingesetzt. Die Möbelindustrie erlebte hier ihre Blütezeit. Der Erste Weltkrieg bachte

Oben: In den Anfängen des Transportwesens war es üblich, auch Umzüge per Pferdekraft zu bewältigen. Links: Als die ersten LKWs aufkamen, verdrängten diese schnell den Pferdetransport auch bei der Möbelbeförderung. Das Bild zeigt eine typische Ladeszene um 1928 mit einem Scania-Vierzylinder-Lastwagen der Serie Serie 325 als Zugmaschine.

den ersten Rückschlag für den neuen Industriezweig. Zerstörung und Beschlagnahmung überstanden viele Speditionen nur schwer. Da auch viele Eisenbahnstrecken nach dem Krieg zerstört waren, verlagerten sich der Möbeltransport und das Umzugsgeschäft von der Schiene auf die Straße. Große Speditionen aus den Städten an Rhein und Ruhr, aus Berlin, Hamburg und Hannover, aber auch kleine Familienunternehmen beherrschten den Markt und ihre Möbelwagen gehörten zum täglichen Straßenbild.
Immer stärker wurde die Spezialisierung der reinen Möbelspeditionen. Zuerst wurden Zugmaschinen wie der Eilschlepper R 40 von Hanomag eingesetzt. Dabei waren die Anhänger oft zwillingsbereift. Der Aufbau auf den Fahrgestellen erfolgte meist in einer schweren Stabholzkonstruktion. Oft waren mehrere Anhänger aneinandergekoppelt und hatten verglaste Fahrgastkabinen für die Möbelpacker oder die umziehenden Personen.
Das Umzugsgewerbe wurde immer internationaler und bediente den Orts- und Nahverkehr ebenso wie bundes- und europaweite Auftraggeber. Größere Distanzen mussten möglichst schenll überwunden werden, denn „Zeit ist Geld" hieß das neue Motto. So setzten die Spediteure immer mehr auf die schnelleren LKWs mit ihren Großdieselmotoren. Der Ackermann-Fahrzeugbau, gegründet von C. W. Ackermann in Wuppertal-Vohwinkel, war ein Unternehmen, das sich Mitte der 1920er-Jahre auf den Nutzfahrzeugbau im LKW-Bereich spezialisiert hatte. Ein von Ackermann neu entwickelter Möbelwagen war damals schon bei der Deutschen Reichsbahn verladefähig konstruiert. Die elegant gerundeten Kanten am Wagendach wurden sehr bekannt und zum Markenzeichen von Ackermann.

Nutzfahrzeugproduktion von Daimler-Benz

1946	2202 Stück
1947	2870 Stück
1948	5386 Stück
1949	7209 Stück
1950	8446 Stück
1951	13.226 Stück
1952	19.818 Stück
1953	16.685 Stück
1954	19.094 Stück
1955	29.228 Stück
1956	38.375 Stück
1957	44.798 Stück
1958	57.482 Stück
1959	57.522 Stück
1960	64.478 Stück

Ein Sattelauflieger mit zweiachsigem Anhänger einer Bonner Spedition. Als Zugmaschine steht hier ein auf einen Deutz-Dieselmotor umgerüsteter Henschel-LKW 5 F0 bereit.

Harter Kampf um die Vorherrschaft

Aus den kleinen Anfängen vor dem Zweiten Weltkrieg heraus kämpften die Möbelspeditionen nach dem Krieg um ihre Anteile an dem Geschäft. Oft nur mit einem Möbelwagen aus den verbliebenen Armeebeständen beginnend arbeiteten die deutschen Speditionen unter unvorstellbaren Schwierigkeiten zäh und zielstrebig am Aufbau der Unternehmen. Anfang der 1950er-Jahre begannen dann die Hersteller von Sonderkarosserien bei Lastwagen, erste Möbelwagen zu bauen. Auch hier war die Firma Ackermann führend und experimentierte mit wesentlich leichteren und revolutionären Aufbauten in einer Aluminium-Zellenbauweise. Das Deutsche Bundespatent für einen ersten Anhänger in Aluminium-Leichtmetall-Zellenbauweise wurde unter der Nummer 804159 im Jahr 1950 zum 100-jährigen Jubiläum der Firma erteilt. Die Basis für diese Entwicklung war der bekannte Ackermann-Pullmann-Möbelwagen. Dies geschah folgendermaßen: Von einem Lastwagen-

Technische Daten: Henschel 5 F 0

Motor:	Typ F, 6-Zylinder-Benzinmotor
Leistung:	120 PS bei 1250 U/min
Hubraum:	11.780 Kubikzentimeter
Bohrung:	125 Millimeter
Hub:	160 Millimeter
Getriebe:	5-Gang
Radstand:	3945 Millimeter
Nutzlast:	9 bis 10 Tonnen

Technische Daten: Krupp Büffel L 6 B 3

Motor:	D 344, 3-Zylinder-Zweitakt-Diesel
Leistung:	110 PS bei 1900 U/min
Hubraum:	4362 Kubikzentimeter
Bohrung:	115 Millimeter
Hub:	140 Millimeter
Getriebe:	6-Gang ZF AK 6-55
Radstand:	5150 Millimeter
Gesamtgewicht:	12 Tonnen

Ackermann-Aufbau für einen Möbelwagenzug und einen Krupp-Büffel als Zugmaschine.

hersteller (wie Mercedes-Benz, MAN oder Magirus-Deutz) wurde das Fahrgestell mit Motor geliefert. Ackermann stellte das LKW-Chassis mit einem Volumen-Möbelkofferaufbau fertig und versah es mit dem prägnanten geflügelten Logo vorn an der oberen seitlichen Kofferkante.
Im Jahr 1968 wurde die „Deutsche Möbelspedition (DMS)" gegründet. Sie war eine Kooperation aus inhabergeführten, leistungsfähigen Möbeltransportbetrieben in ganz Deutschland. Die Rationalisierung durch Zusammenarbeit und eine Verbesserung des bestehenden Angebots, auch für internationale Transporte, standen hinter dieser Idee. So wurde die DMS eine der großen Umzugskooperationen in Deutschland mit dem Markenzeichen „Beständigkeit".
Als es dann im Jahr 1975 zu einer Krise in der Möbelindustrie kam, hatten viele Spediteure zusätzlich bereits auch andere Bereiche im Transportwesen besetzt und überlebten die Krise.

Umzug – heute

Heutzutage sind selbst Übersee-Umzüge in die entlegensten Gebiete kein Problem mehr für die Möbeltransportprofis. Eine

Ein Büssing-Möbellastzug mit Ackermann-Aufbau und dem berühmten „Flügel"-Emblem aus dem Jahr 1950.

Technische Daten: Scania R 440	
Motor:	Reihen-6-Zylinder-Dieselmotor mit Abgasrückführung
Leistung:	440 PS bei 1900 U/min
Hubraum:	13 Liter
Drehmoment:	2300 Nm zw. 1000 und 1300 U/min
Getriebe:	12-Gang-Range-Split
Schadstoffnorm:	Euro 5

breite Palette an Angeboten steht den Kunden zur Verfügung. Das Angebot geht von Umzügen von Senioren bis zu Küchenmontagen. Außenaufzüge und moderne Hallen zur Zwischenlagerung sowie speziell temperierte transportable Container dienen als Möbellager, Unterstellmöglichkeiten aller Art und auch als Aktenlager für kostbare Unterlagen. Schonende Polstermaterialien, Kartons, Kleiderboxen und Schutzhüllen gewährleisten einen fachgerechten Umzug.

Heute werden für große Umzüge und Möbeltransporte kaum mehr Spezialfahrzeuge eingesetzt. Das erledigt meist der moderne Fuhrpark eines jeden Spediteurs. Bei der modernen Scania-Modellreihe identifiziert man aus der Modellbezeichnung das Fahrerhaus und die Motorenreihe. Hier handelt es sich um ein mittellanges R-Fahrerhaus (kleines Bild) mit einem Motor mit 440 PS.

Umziehen in Nordamerika

Im „Land der unbegrenzten Möglichkeiten" ist das Umziehen mit dem gesamten Hausrat tief verwurzelt.
Bereits die ersten Siedler machten sich nach Erreichen der Ostküste Amerikas mit ihrer wenigen Habe, die sie aus Europa auf dem Schiffsweg mitbrachten, auf große Trecks ins Landesinnere und an die Westküste.
Heutzutage ist es in Amerika nicht anders. Wenn ein neuer Job ruft, wird gepackt und umgezogen, und dann wird alles mitgenommen. Sogar das Familienauto passt in die Möbelwagen in den USA.
Dabei ist der Amerikaner nicht so „bodenständig" wie die Europäer. Nicht selten zieht eine amerikanische Familie im Laufe ihres Lebens bis zu fünfmal um.

ROAD TRAINS: MODERNE COWBOYS

In Australien, Alaska, Kanada und in den United States sind sie Kult mit fast sakralem Charakter, die „Road Trains". Der Begriff bedeutet so viel wie „Zug der Straße" und bezeichnet recht gut die lange Lastwagenkombination bestehend aus einem Motorwagen mit Aufbauten, auch „Tractor" genannt, oder einer Sattelzugmaschine mit mehreren Anhängern oder Sattelaufliegern.

Australien

Vor allem im australischen Überlandtransport zur Versorgung entlegener Regionen werden hier vornehmlich Road Trains eingesetzt. Da gerade in Australien viele Gebiete nicht durch die Eisenbahn erschlossen sind und die Entfernungen auf diesem Kontinent sehr groß sind, ist das Liefern des erforderlichen Materials und der Verpflegung durch die Road Trains eine sehr wirtschaftliche Lösung. Auch die sehr geringe Verkehrsdichte erlaubt im weltweiten Vergleich außergewöhnliche Lastzuglängen. Die einzige Ausnahme, wo Road Trains nicht fahren dürfen, sind Ballungsräume größerer Städte, außer, es gibt festgelegte Routen durch den städtischen Verkehr. Falls dies nicht der Fall ist, werden die überlangen Beförderungseinheiten in kürzere Züge aufgeteilt und befahren so die Teilstrecken. Dies gilt auch für von Road Trains nicht befahrbare Strecken wie zum Beispiel Pässe. Auch hier werden sie in kleinere Einheiten zerlegt und nach dem Hindernis wieder zusammengehängt.

In Australien gelten LKW-Kombinationen von 36,5 Metern Länge als „Road Trains". Ab dieser Länge ist auch die Befestigung des Warnschildes „Road Train" vorne an der Zugmaschine zwingend vorgeschrieben. Die maximal erlaubte Zuglänge beträgt 53,5 Meter bei einem höchsten Fahrzeuggewicht von 132 Tonnen Anhängelast. Die Höhe der Ladung darf 4,6 Meter nicht überschreiten. In den Staaten

Eine Shell-Tankzug-B-Train-Kombination mit weiteren Sattelaufliegern und Mack-Titan-Zugmaschine auf dem Weg von Alice Springs zu dem 1500 Kilometer entfernten Darwin.

Dies ist eine typische Konfiguration für einen Road Train im Northern Territory von Australien. Dieser Kenworth-Viehtransporter hat drei Anhänger und pro Anhänger zwei Decks für Rinder.

Victoria und Western Australia dürfen die langen Fahrzeuge mit einer Höchstgeschwindigkeit von 100 Stundenkilometern fahren. In New South Wales, Queensland und South Australia dürfen dagegen 90 km/h nicht überschritten werden. Diese Geschwindigkeiten können nur mit PS-starken Zugmaschinen erreicht werden, daher ist auch hier eine PS-Untergrenze von 500 PS (370 kW) vorgeschrieben.

Die Hauptroute der Road Trains ist die Strecke von Darwin im Norden nach Alice Springs, das fast in der Mitte Australiens liegt.

Das Leben eines australischen Truckers hat nichts mit dem eines europäischen Fernfahrers gemeinsam. Unterwegs ist kaum ein Kontakt mit seinen Landsleuten möglich. Er fährt wie in einem Paralleluniversum, das speziell auf ihn ausgerichtet ist, und die Aufmerksamkeit gilt nur seinen verchromten Bordinstrumenten und der fernen Linie am endlosen Horizont. Außer den Straßen, die er mit dem anderen Verkehr teilt, besteht sein Leben nur aus einer Reihe von Rastpausen, zwischen denen teilweise riesige Entfernungen liegen.

Nordamerika, Kanada

In den USA heißen die australischen Road Trains LCVs, das heißt „Long Combination Vehicles". Diese LCV-Kombinationen bestehen ebenfalls wie in Australien aus einer Zugmaschine, meist einer Sattelzugmaschine, und zwei bis drei Anhängern. Dabei dürfen diese Transporteinheiten 38 Meter nicht überschreiten. Das maximale Gesamtgewicht auf den amerikanischen Straßen ist auf 62,5 Tonnen begrenzt.

Die Interstate überziehen den gesamten amerikanischen Kontinent. Das sind gerade Straßen, die sich schier endlos von Stadt zu Stadt ziehen und die Lebensadern miteinander verbinden. Auf ihnen rollen die LCVs, schwarze Rauchfahnen hinter sich her ziehend, wenn sie am Horizont auftauchen. Beim Näherkommen erkennt man die donnernde Masse aus Stahl mit

Road-Train-Tabelle

Tractor mit Semitrailer

A-Train

B-Train (B-Double in Australien)

3-Trailers-Road-Train

B-Triple

Double-B-Double

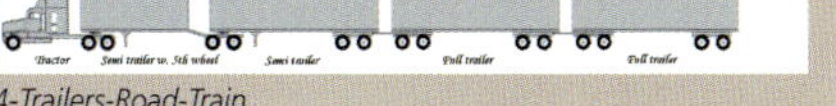

4-Trailers-Road-Train

Double-B-Double – Modified Configuration

B-Double Plus B-Triple

Technische Daten: Mack Titan TD713

Motor:	Mack MP10-V-8-Dieselmotor
Hubraum:	16 Liter
Leistung:	605 PS
Getriebe:	18-Gang
Leergewicht:	26 Tonnen (mit 3 Aufliegern)
Gesamtgewicht:	140 Tonnen (max.)
Tankinhalt:	2000 Liter

ihren riesigen Motoren, die mit einem herkömmlichen Lastwagen nur noch wenig gemeinsam hat.
Eigentlich fing alles bereits mit den Goldsuchern an, harte Männer, die in der Weite des neuen Kontinents Glück und Reichtum suchten. Mit Planwagen aus Holz hatten sie das Land durchstreift. Heute haben die Nachkommen die Planwagen durch 40 Tonnen schwere Stahlungetüme ersetzt. Trotz der langen Zeitspanne zwischen den beiden Generationen ist eines geblieben: der Stetson und die Cowboystiefel. Und tief in ihrer Seele haben sie nie aufgehört, von unbegrenzten Weiten und unermesslichem Reichtum zu träumen, während sie den täglichen Zielen, die teils bis zu 700 Meilen entfernt liegen, entgegeneilen. Im Gegensatz zu Europa ist der amerikanische Fernfahrer kein anonymer Arbeitnehmer, der monatlich sein Gehalt bekommt und abends nach getaner Arbeit nach Hause kommt. Nein, er ist mit seinem Super-Truck im wahrsten Sinne des Wortes verwachsen. Der moderne Asphalt-Cowboy reitet seinen Truck – I'm ridin', heißt es in Amerika. Aber er liebt ihn auch, seinen Kenworth, Mack, Peterbilt oder White. Nicht umsonst glänzen die Felgen und Stoßstangen und die Fahrerkabine ist mit teuren Teppichen ausgelegt.

Kenworth

Die Marke „Kenworth" hat vor allem an der Pazifikküste bis weit über 3000 Meilen ins Landesinnere der Vereinigten Staaten einen faszinierenden Namen. Mit seinem riesigen Kühlergrill,

Truck-Klassen in Amerika

Klasse 1	bis 2,7 t Gesamtgewicht
Klasse 2	2,7 bis 4,5 t Gesamtgewicht
Klasse 3	4,5 bis 6,3 t Gesamtgewicht
Klasse 4	6,3 bis 7,2 t Gesamtgewicht
Klasse 5	7,2 bis 8,8 t Gesamtgewicht
Klasse 6	8,8 bis 11,7 t Gesamtgewicht
Klasse 7	11,7 bis 14,85 t Gesamtgewicht
Klasse 8	14,85 bis ca. 38 t Gesamtgewicht*

*(eine obere Grenze ist nicht gesetzt)

Der riesige Rammschutz (Bullbar) ist vor allem für Nachtfahrten unerlässlich. So unbewohnt die Gegend auch aussehen mag: Aus den Weiten der Arid Lands in Australien kommen nachts Kängurus, Schafe, Rinder und andere Tiere an die Straße und laufen vor die wenigen Fahrzeuge, die im Dunkeln noch unterwegs sind.

den drei senkrechten Streben und der großflächigen Stoßstange mit den darüberliegenden, in den vorderen Kotflügeln eingebauten Doppelscheinwerfern wird er nicht umsonst „Ken", König der Trucks genannt. Der „Adelstitel" schlägt sich auch im Anschaffungspreis nieder, denn der Kenworth ist der teuerste Truck. So kostet ein Conventional W 900 mühelos 75.000 Dollar.

Peterbilt

In Kalifornien ist Peterbilt die Marke mit Kultstatus. Er ist auch der härteste Rivale der Kenworth-Trucks. Für einen „Pete" gelten das gleiche Prestige und die gleiche Perfektion wie bei den Kenworth. Die Firma Peterbilt war in den 1920er-Jahren durch die Tatkraft eines Mannes, Al Peterbilt, entstanden, der für sein Unternehmen schwere und solide Fahrzeuge benötigte. Heute sind leistungsstarke Modelle, eine schlichte Linienführung und monumentale Ausmaße die Markenzeichen der LKW-Marke aus Tacoma. Hinsichtlich Ausstattung und Preis kommt er dem Kenworth ziemlich nahe.

Mack

Wer hat ihn noch nicht gesehen, den Truck mit der kantigen, platten Bauform und der Bulldogge auf dem Kühler, dem

Convoy – der Film

Convoy ist ein Roadmovie aus dem Jahr 1978 von Sam Peckinpah, der den Trucker als modernen Cowboy hervorhebt.
Der Trucker Penwald, genannt „Rubberduck", gerät unverschuldet in eine Radarfalle und wird dannach von einem korrupten Sheriff gejagt. Um schnell aus dem Bundesstaat verschwinden zu können, bildet „Rubberduck" mit weiteren Truckern einen langen Convoy. Ein Katz- und Mausspiel zwischen den Fernfahrern und der Polizei beginnt und eskaliert zu einem gewaltigen Showdown in einem kleinen Ort nahe der mexikanischen Grenze.

Road-Train-Rekorde

1999, Merredin, Westaustralien: *Kenworth-Zugmaschine mit 46 Anhängern; Gesamtlänge: 610 Meter; Gesamtgewicht: 603 Tonnen; zurückgelegte Strecke: 8 Kilometer.*
2003, New South Wales, Australien: *Kenworth-Zugmaschine mit 87 Anhängern; Gesamtlänge: 1235 Meter.*
2005, Kalgoorlie, Westaustralien: *Gesamtlänge: 1442 Meter.*
2006, Clifton, Australien: *Mack-Titan-Zugmaschine mit 112 Anhängern; Gesamtlänge: 1474,3 Meter.*

Markenzeichen der Firma. Die Mack-Trucks wurden in Kalifornien entworfen und entwickelt und stehen für Potenz und Ausdauer. Der Name mit dem hellen, harten Klang ist ein Synonym für entfesselte Pferdestärken, furchterregende Kühler und für die Ewigkeit gebaute Fahrgestelle.
Die Firma Mack wurde im Jahr 1900 im Osten der USA von zwei Brüdern als „Mack Brothers Motor Car Co." gegründet. Heute befindet sich der Firmensitz in Allentown, Pennsylvanien. In den Jahren 1914 bis 1918 baute das Unternehmen ein spezielles Fahrzeug, den Vier-Zylinder-AC, für die Armee. Das charakteristische Aussehen des Militär-Trucks mit der hohen Kabine und der plattgedrückten Frontpartie war schließlich dafür verantwortlich, dass die britischen Soldaten dem LKW den Namen „Bulldog" gaben. Später nahm die Firmenleitung den Begriff wieder auf und machte daraus das bis heute gültige Markensymbol.

White

Der „Western Star" ist wohl der schönste aller Super-Trucks. Das technisch ausgetüftelte Chassis und die revolutionäre Kabine machten ihn zum überwältigendsten LKW-Star. Hier ist Schluss mit der Vorstellung von ölverschmierten und nach Diesel riechenden Nutzfahrzeugen. Der White „Western Star" ist ein lebendiges Gebilde aus Chrom, Farbe und Freude.
Der Firmenname „White-Autocar Company" ist aus zwei Namen zusammengesetzt, deren Ursprung bis zum Anfang des 20. Jahrhunderts zurückreicht. Die Firma wurde 1897 gegründet und baute von Anfang an große Fünftonner-Fahrgestelle für lange LKW-Aufbauten.

Freightliner

Im Jahr 1939 wurde die Firma gegründet und die Fahrzeuge gelten heute als die „Efficient Machines" der Intersate-Highways. Freightliner-Modelle kommen in Form des „alten Amerika" daher, im Aussehen an den Wilden Westen erinnernd mit der zähen Widerstandsfähigkeit von damals. Die Ästhetik kommt dabei jedoch nicht zu kurz und verleiht der Frontpartie mit dem rechteckigen Aluminiumgitter und dem strengen geometri-

schen Aufbau der Kabinenwände ein harmonisches Ganzes. Anfänglich baute die Firma nur Trucks in Kleinserien und konnten sich gegen die großen Konkurrenten Kenworth und Peterbilt nicht durchsetzen. Erst Verträge mit der Firma „White" in den 1950er-Jahren brachten der Firma die entscheidenden Vorteile.

International

Die ältesten Konstruktionen von Long Houls stammten von der Firma „International Harvester Company" aus dem Westen der USA. 1907 war der Zeitpunkt, als sich die Firma in Chicago, Illinois, niederließ. Hier profitierte der LKW-Hersteller vom Goldrausch und vom wirtschaftlichen Aufschwung, der dem Erdöl zu verdanken war. Anfang der 30er-Jahre hatte sich das mit einem gut ausgebauten Händler- und Service-Netz bestückte Unternehmen auf dem Markt durchgesetzt. Mit aggressiven Linien lassen die International-Trucks heute das Herz eines jeden Truckers höherschlagen. Nach Verkaufszahlen in den Gewichtsklassen 7 und 8 ist International die uneingeschränkte Nummer eins.

„Road Trains" in Deutschland

Auch in Deutschland wurden schon ab den 1920er-Jahren mit mehr als einem Anhänger die verschiedensten Waren transportiert. Nur nannte man hier das Gespann nicht „Road Train", sondern „Zug".
Der oben abgebildete Lastzug hat Gasflaschen geladen, heutzutage ein nicht mehr vorstellbarer Transport.

Ford

Das charakteristische Aussehen des Ford 9000, eines der längsten Long-Haul-Modelle, ist einmalig. Mit dem Ford 9000, der erstmals am Computer entwickelt worden war, wurde ein absoluter Verkaufsschlager mit einem revolutionären Federungssystem der Fahrerkabine entwickelt. Der Truck mit dem imposanten Äußeren verdankt seinen Charme und seine optischen Reize unter anderem auch dem handgemalten und nicht aufgeklebten Design. Davon heben sich die beiden verchromten senkrechten Auspuffrohre scharf und grell ab – einfach überwältigend!

Ein Road Train im Staub der australischen Wüstenpiste in voller Fahrt.

ÖLFELDER: FAHRZEUGE FÜR DAS „SCHWARZE GOLD“

Zu den wichtigsten Kategorie-1-Spezialfahrzeugen zählten von jeher die Pumpen-LKWs (großes Bild, um 1940). Heutzutage liefern die Pumpen bei bis zu 165 PS bis zu acht Kubikmeter Wasser in die mitgeführten Tanks (kleines Bild).

Das „schwarze Gold“, wie das Erdöl genannt wird, ist heute der wichtigste Rohstoff weltweit. Bereits bei den Babyloniern war Erdöl bekannt und wurde dort „naptu“ genannt, was so viel wie „leuchten“ heißt. „Naphtha“, wie heute Rohbenzin genannt wird, ist auch in unserer Sprache noch gängig. Das Erdöldestillat „Naphtha“ aus der Raffination von Erdöl oder Erdgas ist ein wichtiger Rohstoff für die Petrochemie. Ebenfalls dem baylonischen Sprachschatz verdanken wir die Verwendung des Wortes „Bitumen“ (Erdpech), das sich aus dem Wort „Hammurabi“ gebildet hat. Die Babylonier setzten bereits 1875 v. Chr. eine dünne Asphaltschicht unter Verwendung von Bitumen für wichtige Straßen und Zufahrten zu ihren Kultstätten ein. Doch die Entdeckung des Erdöls geht noch viel weiter in die Vergangenheit zurück. Bereits vor 12.000 Jahren trat Öl im Vorderen Orient (Mazedonien) an die Erdoberfläche, wo es durch die Aufnahme von Sauerstoff aus der Luft erhärtete und asphalthaltige Stoffe bildete.

Menschen lernen, das Öl zu verwenden

Schnell lernte der Mensch, sich die Eigenschaften des zähen Materials zunutze zu machen. Mit Sand vermischt hatte Bitumen

Technische Daten: Henschel HS 170T

Motor:	Typ 520 DOT
Hubraum:	11.045 Kubikzentimeter
Leistung:	170 PS bei 2000 U/min
Bohrung:	125 Millimeter
Hub:	150 Millimeter
Getriebe:	6-Gang ZF AK 6-75
Bereifung:	12.00-20 eHD
Radstand:	Pritsche: 5500 Millimeter
	Kipper: 4200 Millimeter
Gesamtgewicht:	16 Tonnen

Für die DEA-Erdölwerke Holstein baute Henschel 1955 eine Kategorie-3-Halbketten-Sonderanfertigung für den Bohrturmaufbau auf einem HS-170-Fahrgestell. Der Bohrturmaufbau stammte von Wuelfel.

die Eigenschaft, Schiffsplanken abzudichten, die römische Armee benutzte Erdöl als Schmierstoff für die Achsen und Räder des umfangreichen Kriegsgerätes und im Frühmittelalter verwendete das Byzantinische Reich Erdöl, um Flammenwerfer, das „Griechische Feuer", herzustellen.
In der Frühzeit der Erdölgewinnung waren die Menschen darauf angewiesen, nur das auf der Erdoberfläche vorkommende Rohöl zu erschließen. So auch bei der berühmten St.-Quirins-Quelle bei Bad Wiessee am Tegernsee, wo ab dem 15. Jahrhundert über Jahrhunderte Erdöl austrat, das für Heilzwecke Verwendung fand.
Die technische Ausbeutung der weltweiten Erdöllagerstätten begann aber erst im 19. Jahrhundert. Durch Zufall wurden 1956 in Dithmarschen und 1858 bei Wietze in Niedersachsen, nördlich von Hannover, Bohrungen durchgeführt. In einer Tiefe von 50 Metern stieß man auf Erdöllagerstätten. Bis 1910 waren bereits 2000 Bohrtürme installiert und deckten 80 Prozent des deutschen Erdölbedarfs ab.
Weltberühmt wurde die Suche nach Öl aber durch Edwin L. Drake, der am 27. August 1859 am Oil Creek in Titusville, Pennsylvania, Bohrungen durchführte. Er stieß in nur 21 Metern Tiefe auf die erste wirklich große Öllagerstätte. Erst im Jahr 1938 kam auch Saudi-Arabien ins „Ölspiel". In der Nähe der Stadt Dammam wurden Erdöllager in großem Umfang entdeckt. Um 1900 begann auch die Geschichte der für Aufgaben im Bereich der Erdölgewinnung konstruierten Fahrzeuge. Heute sind die stationären Fördertürme nahezu verschwunden. Stattdessen werden mobile, auf Lastwagen montierte teleskopartig ausfahrbare Türme mit einer Winde zur Sondenbehandlung verwendet.

Drei Kategorien

Ölfeldfahrzeuge werden in drei Gruppen mit speziellen Konstruktionen eingeteilt. Die erste Kategorie beschreibt die einfachste technische Stufe der Fahrzeuge. Hierbei handelt es sich meist um allradgetriebene LKWs mit grobstolligen Reifen. Sie bringen Wassercontainer und andere große und schwere Lasten zu den Ölfeldern und benutzen in der Regel noch mehr oder weniger befestigte Straßen. Oft werden bei dieser Kategorie auch LKWs mit Sand- oder Sumpfreifen eingesetzt.
Die zweite Gruppe enthält schon wesentlich interessantere Fahrzeugkonstruktionen. Dadurch dass viele Ölfelder sehr abgelegen sind, gibt es zu vielen Fördergebieten kaum deutlich erkennbare Straßen. Hier sind die Fahrzeuge der zweiten Kategorie im Einsatz. Nachdem diese Fahrzeuge auch deutlich schwerere Lasten wie Bulldozer auf Tiefladern oder ganze Arbeiterwohnanlagen zu tragen haben, sind diese Fahrzeuge besonders stabil gebaut. Oft werden enorm große Sandreifen mit Überbreite verwendet. Solche Transporter können auf Breiten von über 3,5 Meter kommen. 700-PS-Dieselmotoren von 18 Litern Hubraum und Achslasten von 20 Tonnen pro Achse sind keine Seltenheit.
Die dritte Kategorie bilden besondere Fahrzeuge für Einsatzgebiete, die so unzugänglich sind, dass sie von klassisch aufgebauten LKWs nicht mehr befahren werden können. Deshalb handelt es sich bei diesen Maschinen meist um Kettenfahrzeuge oder Fahrzeuge mit walzenartigen Reifen, die auf dem Boden weniger Druck ausüben. Diese Trucks transportieren keine schweren lasten, da es hier wichtiger ist, einen niedrigen Bodendruck auszuüben.

Oben: Auch in den Arabischen Emiraten werden Sonderaufbauten, wie hier auf einem Kenworth 953 LKW 6 x 6 Clark AXL, für schwere Arbeiten beim Aufbau von Bohrtürmen eingesetzt. Der Kenworth 953 der Kategorie 2 ist mit einem Caterpillar-3408-Motor ausgerüstet.
Unten: Im Schlamm um die Ölfelder werden gerne Raupentransporter wie der Yanmar C60R Crawler Dumper eingesetzt. Der Kategorie-3-C60R wird seit den 1990er-Jahren gebaut.

Technische Daten: Yanmar C60R-2	
Motor:	Yanmar Turbo 4-Zylinder-Diesel
Leistung:	130 PS bei 2600 U/min
Geschwindigkeit:	bis 12 km/h
Transportlänge:	4745 Millimeter
Maschinenbreite:	2400 Millimeter
Maschinenhöhe:	2580 Millimeter
Bodenfreiheit:	465 Millimeter
Kippwinkel:	60 Grad
Maschinengewicht:	6 Tonnen

LANGHOLZ: HOLZ FÜR DIE INDUSTRIE UND DEN HANDEL

Oben: Ein Scania Vabis DLa von 1917 mit Einachsanhänger transportiert seine schwere aus Holz bestehene Last.
Unten: In den 1950er-Jahren waren speziell für den Holztransport gebaute LKW-Gespanne bereits alltäglich. Auf dem Bild transportiert ein Scania Vabis L60 Holz aus dem winterlichen Wald.

Technische Daten: Scania L 60

Motor:	D 422 mit Direkteinspritzung 4-Zylinder-Diesel
Hubraum:	5,7 Liter
Leistung:	90 PS
Getriebe:	5-Gang-G450/G650-Getriebe
Baujahr:	1949 bis 1954
Gesamtgewicht:	3,5 bis 5 Tonnen

Im frühen 19. Jahrhundert begann in Europa und in Übersee die Flößerei zu boomen. Große Mengen an Holz, das für die schnell wachsende Schwerindustrie vonnöten war, wurde auf den zahlreichen Wasserwegen ins Tal transportiert. Zu Spitzenzeiten tätigten Holzflößer auf Rhein und Aare rund 2500 Transporte jährlich. Das ankommende Holz wurde dann von Fuhrleuten mit ihren Fuhrwerken weitergeliefert. Um 1900 verdrängte dann die Eisenbahn die Holztransporte auf dem Wasserweg.

Mehr Flexibilität auf der Straße

In den 1920er-Jahren waren im Eisenbahnnetz feste Verladestationen für Holz entstanden, die beliefert werden mussten. Hier übernahm ein LKW mit ein- und zweiachsigen Nachlaufanhängern die Aufgabe der Verbindung zwischen den Wäldern und den Holzverladestationen. Diese Sattelzüge erreichten in den 1940er-Jahren bereits ein Gesamtgewicht von über sechs Tonnen. Achsen und Reifen für so schwere Gefährte waren in Deutschland eigentlich nur dem Militär vorbehalten, aber die Herstellung von Holztransportfahrzeugen genoss einen Ausnahmestatus. Doch die ersten Jahre nach dem Zweiten Weltkrieg brachten einen Einbruch bei der Nachfrage an Holztransportern.
Erst im Jahr 1955 wurde ein Selbstlenker gebaut, der auf ein Reichspatent der Firma Kässbohrer aus dem Jahr 1934 zurückführt. 1968 erfuhr der spindelgelenkte Selbstlenker eine wesentliche Verbesserung durch eine elektrische Zusatzlenkung. Mit

dem zeitgleich aufkommenden Ladekran für die Langholzverladung waren die besten Voraussetzungen für den Ein-Mann-Betrieb geschaffen. Dieses System war jedoch mit einigen Fehlern behaftet. Kurzschlüsse durch Oxidation der Stecker produzierten immer wieder ungewollte Lenkeinschläge. Außerdem konnte sich das Selbstlenkersystem unter ungünstigen Bedingungen selbsttätig unter dem Mitteldrehkranz wegdrehen. Daraus resultierende Unfälle führten zur Entwicklung der Zwangslenker, die 1981 die Serienreife erlangten. Bis 1985 erfolgte der Umbau der Lenkspindel in eine hydraulische Lenkung mit Hydraulikzylinder und mechanischer Arretierung für die normale Straßenfahrt, die eine Geschwindigkeit von 62 km/h erlaubte.

1990 wurde vom Technischen Überwachungsverein in Deutschland endlich eine hydraulische Zweikreislenkung genehmigt und die Höchstgeschwindigkeit auf 80 km/h angehoben. Ab 1991 wurde die Luftfederung eingeführt, die bis heute Standard ist und eine steigende Tendenz aufweist.

Heute werden auch Baumstämme von beeindruckenden 20 Metern Länge und Gewichten von über 20 Tonnen scheinbar frei schwebend zwischen Zugmaschine und Nachläufer an ihren Bestimmungsort gebracht. Aufgrund von zusätzlichen Ladekränen und Greifern können Holztransporter außer zum Transport auch zum Be- und Entladen der Stämme eingesetzt werden.

Prinzip des Selbstlenkers

Prinzip der Selbstlenkung

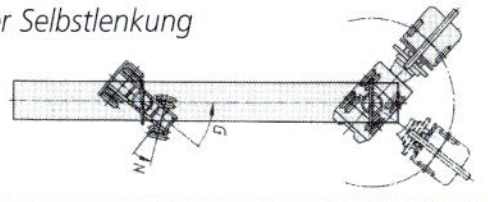

Ein Selbstlenker kann sich selbstständig machen

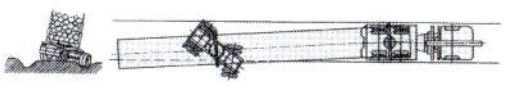

Ein Selbstlenker ist ein mindestens Zweiachsiger Nachläufer ohne Zugrohrverbindung zum LKW. Die Vorderachse hat eine Drehschemellenkung. Auf dem Fahrgestellrahmen sitzen ein weiterer Drehkranz und darüber der Ladeschemel. Ladeschemel und Vorderachse sind durch eine Spurstange verbunden. Bei normaler Fahrt sind die Zylinder hydraulisch gesperrt und wirken nur wie Spurstangen. Die Lenkung des Nachläufers geschieht völlig unabhängig von der Stellung des LKWs in Bezug zur Langholzladung, sie geschieht ausschließlich im Nachläufer selbst – daher der Name Selbstlenker. Bei Kurvenfahrt schwenkt die Ladung über dem Anhängerrahmen zur Seite weg.

Technische Daten: Scania LBT 140

Motor:	DS 14, 8-Zylinder-Diesel
Hubraum:	14,2 Liter
Leistung:	350 PS bei 2300 U/min
Zylindermaße:	127 x 140 Millimeter
Drehmoment:	125 kpm bei 1400 U/min
Gesamtgewicht:	26,5 Tonnen
Achsen:	6 x 4
Achsabstand:	3,1 bis 4,6 Meter
Baujahre:	1969 bis 1976
Stückzahlen:	1171

Technische Daten: Scania R 144 GB

Motor:	8-Zylinder-Diesel, Turbolader
Hubraum:	14,2 Liter
Leistung:	460 PS/338 kW
Drehmoment:	2300 Nm
Gewicht:	10.400 Kilogramm
Achsen:	4 x 2
Radstand:	4700 Millimeter
Getriebe:	Allison-Automatik-Hd4070PR 12 Gänge
Tankinhalt:	950 Liter

Langholz und -verladung früher und heute

Rundholz oder Rohholz, also der Mittelstamm eines Baumes, wird vor allem zur Weiterverarbeitung in Sägewerken und später in der Holzwirtschaft (Schnittholz, Bauholz, Industrieholz oder Energieholz) verwendet. Für den Transport werden die Stämme in Stücke von fünf bis sechs Metern Länge geschnitten. Diese Stücke nennt der Fachmann „Langholz“. „Kappholz“ steht für den Verschnitt beim Ablängen. Bei Langhölzern unterscheidet man zwei Gruppen. Gruppe 1 ist das Starkholz oder Derbholz. Der Durchmesser dieser Stämme muss mindestens 40 Zentimeter betragen. Hölzer mit 20 Zentimetern und weniger bilden die Gruppe 2 und werden auch unter der Bezeichnung Stangenholz, Schwachholz oder Dünnholz geführt.

Auch hier werden die Holzfuhrwerke in zwei Gruppen eingeteilt. Die Kurzholztransporter, meist in Pritschenbauweise aufgebaut, haben eine maximale Länge von sieben Metern. An die Zugmaschine ist meist ein Anhänger mit ebenfalls sieben Metern gekoppelt. Für die Beförderung von unbearbeiteten Baumstämmen in voller Länge ist die zweite Gruppe der Holztransporter, die Langholztransporter, gedacht. Diese bis zu maximal 22 Meter langen Spezialtransportzüge bestehen entweder aus einem Sattelauflieger mit Rungenaufbau oder einer Kombination von Zugmaschine und Nachläufer, was im unwegsamen Gelände die bessere Alternative ist. Um die Rundhölzer auf der Fahrt zu sichern, sind die Ladeflächen mit Rungen ausgestattet. Gurte, die von oben um die Stämme geschlungen werden, unterstützen den Sicherheitseffekt.

Holztransporte in den USA

Der Holztransport ist für einen Trucker in einem Bundesstaat mit großem Baumbestand fast schon eine Selbstverständlichkeit. Der Bundesstaat Oregon an der Westküste der Vereinigten Staaten ist zum Beispiel zu mehr als der Hälfte mit Wäldern bedeckt, daher ist dort die Holzverarbeitung der wichtigste

Normalerweise gelten auf öffentlichen Straßen Maximalgewichte und -längen. Deshalb darf ein Langholzzug nur einen Anhänger ziehen. In Australien, wie hier bei einem Kenworth-Gespann, kann daher ein zweiter Anhänger huckepack (kleines Bild) mitgenommen werden.

Prinzip der Zwangslenkung

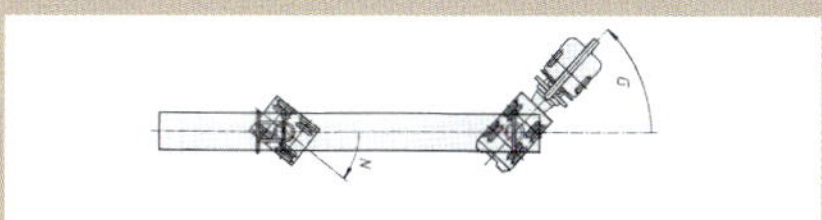

Ein Zwangslenker ist ein ein- oder mehrachsiger Nachläufer ohne Zugrohrverbindung zum LKW. Die Lenkung des Nachläufers erfolgt durch eine hydraulische Zwangslenkung. Von einer Zwangslenkung spricht man, wenn ein Lenkeinschlag des LKWs zwangsweise einen bestimmten Lenkeinschlag am Nachläufer erzeugt. Bei Kurvenfahrt des LKWs entsteht ein Geberwinkel G, dieser wird auf zwei im LKW-Hilfsrahmen eingebaute Geberzylinder übertragen. Das in den Zylinderkammern verdrängte Öl wird über Schlauchleitungen zum Nachläufer in zwei Nehmerzylinder gepumpt und bewirkt den Nachläufer-Lenkeinschlag mit dem Nehmerwinkel N.

Industriezweig. Eines der größten Unternehmen, die „Boise Cascade Corporation" hat sich am Ufer des Columbiaflusses niedergelassen, von wo aus Tausende von Baumstämmen in Richtung Portland auch heute noch auf dem Wasserweg befördert werden. Die Trucker, die meistens Eigentümer ihrer Fahrzeuge sind, haben rund um diese Metropole Verträge mit den zahlreichen Sägewerken der Gegend. So ist hier die Holzindustrie der wichtigste Auftraggeber und Geldbringer der Truckdriver. Doch bevor die Trucker ihre gewaltigen Trucks pilotieren dürfen, muss für einen Truck, der für den Langtransport gebaut ist, eine gewaltige Summe in die Spezialausrüstung investiert werden. So kostet ein Freightliner FLD 120 bis zu 100.000 Dollar. So eine Investition rechnet sich nur, wenn ein fester Liefervertrag mit der Holzindustrie vorliegt.

Papier für Europa

Auch Papier besteht zum größten Teil aus Zellstoff, dem aus Holz gewonnenen Faserrohstoff. Knapp die Hälfte des in Deutschland verwendeten Papiers stammt aus Skandinavien, vor allem aus Finnland und Schweden. Inzwischen sind die Wälder dort zu 90 Prozent Wirtschaftsforste, angepasst an die Anforderungen der Holz- und Zellstoffindustrie.

So hat sich auch die Schwerlastindustrie angepasst und hat die entsprechenden Spezialtransporter im Programm wie zum Beispiel DAF den AE 95, Mercedes-Benz den MB 809, Volvo-Renault den Volvo FH16 und FM12 und VW-MAN-Scania die 4er-Reihe.

Technische Daten: Ponsse Wisent Dual

Motor:	Mercedes-Benz OM 904 LA
Leistung:	129 kW
Drehmoment:	675 Nm (1200–1600 U/min)
Fahrgeschwindigkeit:	1. Gang = 0–9 km/h 2. Gang = 0–28 km/h
Länge bei der Ernte:	8570 Millimeter
Gesamtlänge:	bis 9840 Millimeter
Breite:	bis 2840 Millimeter
Bodenfreiheit:	650 Millimeter
Gesamtgewicht:	bis 14.800 Kilogramm

PONSSE
DUAL

Heutzutage sind Erntemaschinen, wie hier ein Ponsse Beaver, im Einsatz, die einem Science-Fiction-Film entsprungen zu sein scheinen. Die Auswahl an Harvesters, Forewarders, Dual-Machines, Cranes und Loaders ist größer den je. Sie decken alle Bedürfnisse der modernen Holzernte ab.

Harvesters, Forewarders und Dual-Loaders

Früher ist der Waldbauer mit seinem Traktor, einem Anhänger, einer Säge und einer Seilwinde in den Wald gefahren, um seinen Bedarf an Holz zu decken. Es waren meist einfache Schlepper aus der Landwirtschaft, die später mit Zusatzaggregaten und Schutzausstattungen ausgerüstet wurden. Zu den Zusatzgeräten gehörten Forstseilwinden, Greifer, Polterschilder, Frontlader, hydraulische Zangen, Kühler- und Unterbodenschutz sowie Forstreifen. In den 1960er-Jahren wurde es immer wichtiger, das Holz schnell und effizient aus dem Wald zu holen. Die ersten Varianten, speziell für die Anforderungen des Forstes, wurden entwickelt.

Meist waren dies auf Schlepperbasis modifizierte Fahrzeuge, die zum Teil eine Rahmenknicklenkung besaßen, die die Beweglichkeit im Wald wesentlich verbesserten. Immer spezieller auf den Einsatz abgestimmte Forst-Spezialschlepper prägten bald das Bild der industriellen Waldernte. Vom mittelschweren Forstschlepper bis zum kleinen Durchforstungsschlepper mit sehr kurzem Radstand war ab den 1970er-Jahren alles zu haben. In den 1980er-Jahren kamen viele weitere Entwicklungen hinzu, so das Lastschaltgetriebe oder eine Schwenk-Rücke-Ein-

Technische Daten: Valmet Forwarder 840 (rechts)

Motor:	66 CTA, 6-Zylinder-Turbo mit Commonrall
Leistung:	168 PS bei 2000 U/min
Drehmoment:	700Nm bei 1500 U/min
Zugkraft:	155 kN
Geschwindigkeit:	23 km/h
Durchschnittsgewicht:	15.600 Kilogramm
Höchstzuladung:	12.000 Kilogramm
Kran:	CRF 8.1
Greifer:	G28

richtung. Ausschlaggebend für den Einzug der Vollerntemaschinen in Deutschland waren die schweren Orkane „Vivian“ (26. Februar 1990), Wiebke (1. März 1990) und „Kyrill“ (18. Januar 2007). Da die schnelle Aufarbeitung der zu bewältigenden Windwürfe kaum möglich war, nahm der Anteil der Holzvollernter laufend zu.
Heute arbeiten Firmen wie Valmet, Timberjack, Tigercat oder Ponsse mit ausgetüftelten Baukastensystemen und exportieren ihre Produkte weltweit, was sich auch in den Produktnamen niedergeschlagen hat. So heißen diese Forstgeräte heute Forwarder (Tragschlepper), Harvester (Holzvollernter) oder Dual-Loaders (Kombifahrzeuge).

Internationaler Einsatz

In Skandinavien werden Holzvollernter seit den frühen 1980er-Jahren eingesetzt. So wird die Holzernte in diesen Ländern heute komplett hochmechanisiert durchgeführt. Im restlichen Europa werden circa 50 Prozent der Waldflächen durch vollautomatisierte Vollernter bearbeitet. Hier ist die Tendenz stark ansteigend. Auch in Nordamerika zählt man eher in geringer Stückzahl auf Holzvollernter. Da hier die Dimensionen der Bäume wesentlich größer sind als in Europa, greifen die Amerikaner zu den sogenannten „ Feller Bunchers“ (Holzfäller-Sammler). Die mit überdimensionalen Fällköpfen ausgestatteten Fahrzeuge können Bäume bis zu einem Meter Durchmesser fällen. Ein weiteres Einsatzgebiet der Erntemaschinen sind tropische Plantagen, wo sie zur Ernte von Kiefern- und Eukalyptusbeständen eingesetzt werden. Dort lassen die Dimensionen der Bäume und eine für die Befahrung erschlossene Fläche Arbeitsleistungen von bis zu 50 Festmetern in der Stunde zu. Beim Einsatz geschulter und erfahrener Maschinenführer ist der Einsatz heute äußerst bestandschonend, da mit diesen Maschinen eine kontrollierte Fällung möglich ist.

Oben: Das umweltfreundliche zehnrädrige Transportsystem Ponsse 10w entspricht den modernen Herausforderungen bei möglichst schonenden Waldarbeiten. Speziell auf sehr weichem Waldboden schont der Universaltransporter mit dem mitgeführten Ladekran die Umwelt durch die breiten Auflagen der Gummiantriebsketten. Auch dieses Fahrzeug ist für den Betrieb mit nur einer Fachperson konzipiert.
Unten: Ein amerikanischer „Feller Buncher“ des Typs Tigercat 5600 bei der Arbeit in einer Pinienplantage in South Carolina.

Die Rückseite der Medaille: Tropenwald schützen heißt Zukunft sichern, denn Tropenwälder sind die größten Schatzkammern der Erde. Tropenwälder liefern Nahrung und Arzneimittel und stabilisieren das Klima der Erde. Wir alle nutzen deren Reichtum wie selbstverständlich, Tag für Tag. Doch durch den Einsatz immer effektiverer Erntemaschinen ist die Balance der Natur bedroht. OroVerde, die Tropenwaldstiftung, macht mit einem Plakat, das zum Nachdenken anregt, auf den unüberlegten Raubbau aufmerksam.

DESIGN-STUDIEN: DYNAMIK UND INSPIRATION

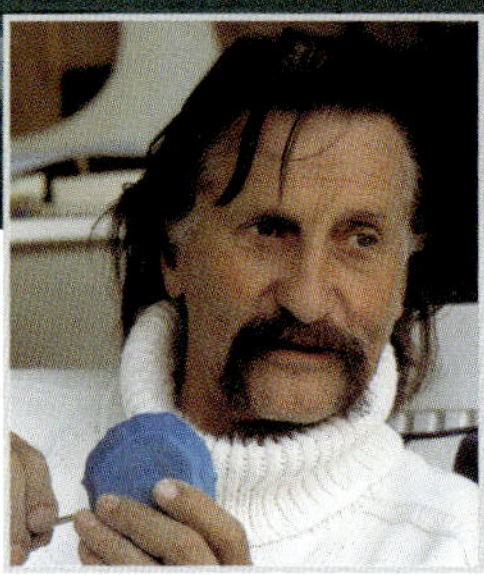

Professor Luigi Colani baute zwischen 1997 und 2002 mehrere Super-Trucks auf DAF- und Mercedes-Actros-Basis. Der oben abgebildete „Spitzer Silo Truck" ist seit 2002 zu bewundern.

Wenn man an Stromlinienstudien von Lastkraftwagen denkt, fällt einem sofort der Name „Colani" ein.

Luigi Colani wurde am 2. August 1928 in Berlin geboren und gilt als der größte Designer Deutschlands. Bekannt wurde er durch seine aerodynamischen und biomorphen Formen für Gegenstände und Fahrzeuge. Zu Beginn der 1950er-Jahre entwarf er Karosserien für bekannte Automobilfirmen wie Fiat, Alfa-Romeo, Lancia, Volkswagen und BMW. Verschiedene Möbel, Brillen, Ferngläser, Geschirr, Kugelschreiber und Fernseher folgten. 1972 baute er einen Formel-1-Boliden, den March 721 des Eifelland-Teams, um. Rolf Stommelen sollte den Wagen in „Ufo-Optik" fahren, wegen Überhitzungsproblemen wurde der Formel-1-Renner aber wieder in seinen Urzustand zurückversetzt.

Zu dieser Zeit widmete sich Colani auch dem Flugzeugbau. Der Durchbruch gelang ihm im Jahr 1976 mit dem für Privatleute konstruierten Fanliner. Der Fanliner, der von dem Mönchengladbacher Unternehmen Rhein-Flugzeugbau gebaut wurde, entwickelte durch den integrierten Mantelpropeller, der von einem Wankelmotor angetrieben wurde, ein jetähnliches Flugverhalten. 1981 entwickelte er auf Citroën-2CV-Basis einen stromliniengünstigen Kleinwagen, der es auf einen Durchschnittsverbrauch von nur 1,7 Litern auf 100 Kilometer brachte.

Technische Daten: Colani DAF XF 105.460	
Motor:	MX 340 S1
Leistung:	460 PS/340 kW
Getriebe:	Handschaltung mit mechanischer Differenzialsperre, 16 Gänge
Nutzlast:	14.200 Kilogramm
Radstand:	3800 Millimeter
Tankkapazität:	2 Tanks (850 + 430 Liter)
Schadstoffklasse:	Euro 5
Bremse:	Zweikreis-Druckluftbremsanlage mit belüfteten Scheiben vorn und hinten

Colani-Stromlinien-Trucks

Ab den 1950er-Jahren arbeitete Luigi Colani auch an der Entwicklung von Stromlinien-LKWs. Dabei verfolgte er zielstrebig eine simple und dennoch logische Idee: durch eine bessere

Heute beschäftigen sich viele Designer weltweit mit LKW-Studien. So auch der Chinese Haishan Deng, der mit seinem „Bionic Chameleon Truck" 2008 den „Design Award" in seiner Kategorie gewann.

Formgebung der kastenförmigen Lastkraftwagen ließe sich einiges an Treibstoff einsparen. So erzielen erste Studien in der von Colani favorisierten fließenden Naturform cW-Werte von 0,38. Dabei gestaltete der Designer zielsicher ein prägnantes und futuristisches Aussehen der Zugmaschinen. Trotz der zukunftsweisenden Idee konnte Colani die Industrie lange Zeit nicht von seinen Entwürfen überzeugen.
Erst im Jahr 1978 stellte Colani auf der IAA in Frankfurt einen ersten aerodynamischen LKW vor, der viel Anerkennung fand. 1995 folgte eine weitere Colani-Vision eines Sattelschleppers mit Mercedes-Benz-Chassis, bis schließlich der Colani DAF Aero 3000 im Jahr 2001 mit völlig neuen Ideen aufwartete. Die Design-Studie des aerodynamischen Silotank-LKWs, der heute für die Firma Spitzer fährt, wurde der Öffentlichkeit im Jahr 2002 vorgestellt und war Colanis siebte LKW-Studie. Den vorläufigen Abschluss bildet der Colani Super Truck von 2006.

Bunt geschmückte Trucks

Dekorierte Trucks gibt es eigentlich überall auf der Welt. Doch vor allem im Vorderen Orient bis nach Indien und Pakistan sind die bunt geschmückten Einzelstücke nicht wegzudenken. Mit ihren bunten Lichtern, grellen Farben und allerlei Zierrat und Schmuck sind sie oftmals nicht nur ein Transportmittel, sondern das Aushängeschild ganzer Familien.
Auch in Japan hat diese Art, Lastkraftwagen zu dekorieren, Einzug gehalten. „Dekotora" ist hier die Abkürzung für die bunten japanischen LKWs. Sie kommen mit Neon- und UV-Licht daher, dabei leuchten sie in extravaganten Farben oder glänzen

Dekorierte Trucks im Vorderen Orient, in Indien und Pakistan

Oben: In Japan ist diese Art von Kunst-LKWs sehr häufig im täglichen Verkehr anzutreffen.
Unten: „Super-Dekotoras", wie auf diesem Bild, sieht man meist nur in speziellen Ausstellungen.
Rechts: In Japan gibt es viele Bausätze oder Fertigmodelle der im „Dekotora"-Design gehaltenen Lastwagen.

Fahrzeuge wurden zu einer Form der modernen Kunst im Retro-Design.
So haben die Monstermaschinen viele Reflektoren in allen Regenbogenfarben am Frontaufbau. Stahlseile sind aus Edelstahl und an den Enden verchromt. Zusätzlich haben die Kabinen zylindrische Verzierungen, „Rockets" genannt. Oft sind die Arme der Seitenspiegel in einer auffälligen Art abgeändert und muten so eher wie Waffen an. Auf den Dächern der Frontkabinen kann man nicht selten Dachöffnungen in Form von Visieren erkennen. Doch die vordere Stoßstange ist das wichtigste Mittel, um einen „Dekotora" beeindruckend aussehen zu lassen. So sind in den gigantischen Stoßfängern viele farbige Lichter, Neonröhren und Punktlichtstrahler eingebaut.
Auch das Chassis und die Karosserie werden heutzutage umgebaut und haben mit einem herkömmlichen LKW nichts mehr gemeinsam. Nicht selten sehen Dekotoras wie Schiffe auf dem Trockenen aus und einige haben Ähnlichkeiten mit Cadillacs aus den 1970er-Jahren. Auch am Heck der Design-LKWs findet man wieder unzählige rote Lichter, Laternen oder Blitzlichter, mit Edelstahl oder vergoldeten Zubehörteilen. Aber nicht nur äußerlich sind die Transporter bunt geschmückt, auch im Inneren der Trucks findet man für den europäischen Geschmack teils übertriebene Deko-Elemente. Meist sind es die Besitzer kleiner Transportunternehmen oder reine Hobbyisten, die nur aus Spaß ihre Fahrzeuge in wahre Kunst-Monster verwandeln. Der Boom in Japan fing im Jahr 1976 an, als dort ein Film in die Kinos kam, in dem ein junger Trucker mit seinem grell dekorierten Truck durch ganz Japan fuhr. Dieser Film wurde in Japan zu einem Kassenschlager. Zunächst wurden Sightseeing-Busse und Militärfahrzeuge zu „Dekotoras" umgebaut. Danach war der Aufstieg der Kunst-Trucks nicht mehr aufzuhalten und in Japan entstand eine neue Zubehörindustrie.
In den späten 1990er-Jahren wurden die Dekotora-Trucks sehr stark vom Gundam-Design, einer japanischen Anime-Serie mit riesigen Robotern als Hauptdarstellern, beinflusst, und die

die teilweise auch ungewöhnliche, am Computer programmierte Lichtspiele erzeugen.
Lackiert sind die Fahrzeuge in aufwendigen Farben wie Glimmerglanz-, Perlmutt- oder Metalllackierungen. Viele Motive wie Tiere, Pflanzen, Landschaften, Persönlichkeiten oder religiöse Symbole prangen an den Seitenwänden der Anhänger oder Sattelauflieger. Es gibt drei unterschiedliche Kunstrichtungen beim Optimieren der Design-Trucks. Sie nennen sich Kansai-Stil, Kanto-Stil (zwei Regionen in Japan) und Retro-Stil. Anzutreffen sind die Kunst-LKWs in Japan nicht selten im täglichen Verkehr oder auf den vielen Dekotora-Treffen auf der Insel.

Geboren im Windkanal

Heute werden LKWs von Anfang an am Computer mit einer 3D-eigenen System-Software entwickelt. Danach werden aerodynamische Veränderungen des Computermodells in einem virtuellen Windkanal getestet. Erst wenn alle Daten optimiert sind, gehen die Ingenieure dazu über, Prototypen im Maßstab 1 : 1 zu entwerfen.
Mit diesen Originalmodellen geht es dann bis zu 2500 Stunden in den Windtunnel. Bei diesen Versuchen geht es aber nicht nur um die Aerodynamik als Luftwiderstand, sondern auch um die Geräuschentwicklung der Karosserie und des Motors bei verschiedenen Geschwindigkeiten. Dabei lauschen Tontechniker mit Hunderten von Supermikrofonen jeden Quadratzentimeter des Fahrzeugs ab. Jedes Geräusch wird analysiert, isoliert und dann entfernt. Zusätzlich sorgen doppelte Außenhüllen und Schallbrücken für eine niedrige akustische Frequenz. So kann ein Fernfahrer heute seinen Alltag in Ruhe genießen.

Technische Daten: Freightliner Cascadia	
Motor:	Detroit Diesel DD15, Reihen-6-Zylinder
Hubraum:	14,8 Liter
Leistung:	560 PS bei 1850 U/min

BUGGYS: LKWS FÜR DAS LAND UND DAS WASSER

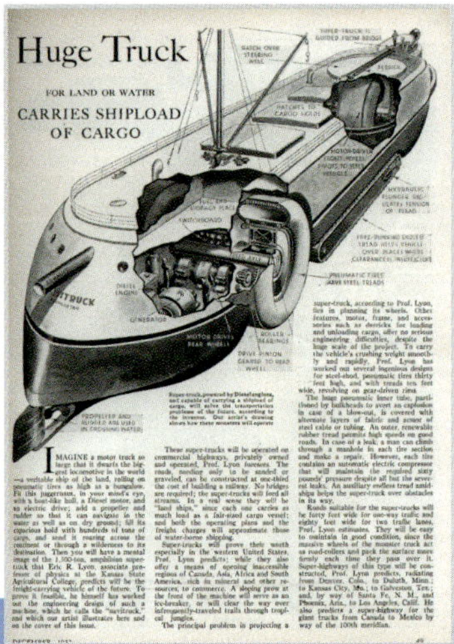

Huge Truck

FOR LAND OR WATER

CARRIES SHIPLOAD OF CARGO

Super-truck, powered by Diesel engines, and capable of carrying a shipload of cargo, will solve the transportation problems of the future, according to the inventor. Our artist's drawing shows how these monsters will operate

IMAGINE a motor truck so large that it dwarfs the biggest locomotive in the world —a veritable ship of the land, rolling on pneumatic tires as high as a bungalow. Fit this juggernaut, in your mind's eye, with a boat-like hull, a Diesel motor, and an electric drive; add a propeller and rudder so that it can navigate in the water as well as on dry ground; fill its spacious hold with hundreds of tons of cargo, and send it roaring across the continent or through a wilderness to its destination. Then you will have a mental image of the 1,500-ton, amphibian super-truck that Eric R. Lyon, associate professor of physics at the Kansas State Agricultural College, predicts will be the freight-carrying vehicle of the future. To prove it feasible, he himself has worked out the engineering design of such a machine, which he calls the "navitruck," and which our artist illustrates here and on the cover of this issue.

These super-trucks will be operated on commercial highways, privately owned and operated, Prof. Lyon foresees. The roads, needing only to be sanded or graveled, can be constructed at one-third the cost of building a railway. No bridges are required; the super-trucks will ford all streams. In a real sense they will be "land ships," since each one carries as much load as a fair-sized cargo vessel; and both the operating plans and the freight charges will approximate those of water-borne shipping.

Super-trucks will prove their worth especially in the western United States, Prof. Lyon predicts; while they also offer a means of opening inaccessible regions of Canada, Asia, Africa and South America, rich in mineral and other resources, to commerce. A sloping prow at the front of the machine will serve as an ice-breaker, or will clear the way over infrequently-traveled trails through tropical jungles.

The principal problem in projecting a super-truck, according to Prof. Lyon, lies in planning its wheels. Other features, motor, frame, and accessories such as derricks for loading and unloading cargo, offer no serious engineering difficulties, despite the huge scale of the project. To carry the vehicle's crushing weight smoothly and rapidly, Prof. Lyon has worked out several ingenious designs for steel-shod, pneumatic tires thirty feet high, and with treads ten feet wide, revolving on gear-driven rims.

The huge pneumatic inner tube, partitioned by bulkheads to avert an explosion in case of a blow-out, is covered with alternate layers of fabric and armor of steel cable or tubing. An outer, renewable rubber tread permits high speeds on good roads. In case of a leak, a man can climb through a manhole in each tire section and make a repair. However, each tire contains an automatic electric compressor that will maintain the required sixty pounds' pressure despite all but the severest leaks. An auxiliary endless tread amidships helps the super-truck over obstacles in its way.

Roads suitable for the super-trucks will be forty feet wide for one-way traffic and eighty feet wide for two traffic lanes, Prof. Lyon estimates. They will be easy to maintain in good condition, since the massive wheels of the monster truck act as road-rollers and pack the surface more firmly each time they pass over it. Super-highways of this type will be constructed, Prof. Lyon predicts, radiating from Denver, Colo., to Duluth, Minn.; to Kansas City, Mo.; to Galveston, Tex.; and, by way of Santa Fe, N. M., and Phoenix, Ariz., to Los Angeles, Calif. He also predicts a super-highway for the giant trucks from Canada to Mexico by way of the 100th meridian.

Schon in den 1930er-Jahren träumten Erfinder von Land-Wasser-LKWs, so groß wie Lokomotiven, die auf Luftreifen mit einem Durchmesser von 30 Metern fahren sollten. Dabei sollte der Rumpf wie bei einem Boot gestaltet sein und ein Dieselmotor sollte den elektrischen Strom für den Antrieb des Propellers und der Rudersteuerung im Wasser erzeugen. So sollte das skurrile Fahrzeug durch die Wildnis des Kontinents, wie den USA, und über Flüsse und Seen Hunderte von Tonnen Fracht transportieren können.

Eric R. Lyon, Professor für Physik am Kansas State Agricultural College, entwarf 1933 einen 1500-Tonnen-Amphibien-Super-Truck, da er glaubte, dass in der Konstruktion dieser riesigen Fahrzeuge die Zukunft des Frachtwesens läge. Dabei setzte Lyon auf die Wirtschaftlichkeit seiner Idee. Denn die Konkurrenz, die Eisenbahn, brauchte Brücken, Verladestationen und Schienenstränge, das war bei seiner Erfindung, dem Super-Lastwagen, alles nicht nötig. Auch in unzugänglichen Gebieten wie Kanada, Asien, Afrika und Südamerika, die reich an Bodenschätzen waren, sollte sich der Super-Truck bewähren.

Links: Der Huge-Truck, eine gigantische Idee von Professor Eric R. Lyon aus dem Jahr 1933, die nicht in Erfüllung ging.

Unten: Touristen sind von dem mächtigen Schlamm-Buggy, wie hier in Lake County, Florida, begeistert.

Technische Daten: Marshmaster MM-2

Motor:	Turbo-Diesel
Leistung:	87 PS
Getriebe:	hydrostatisch
Länge:	4450 Millimeter
Breite:	2438 Millimeter
Höhe:	2377 Millimeter
Bodenfreiheit:	81 Zentimeter
Zuladung:	590 Kilogramm
Geschwindigkeit:	13 km/h (Land)
	3,2 km/h (Wasser)

Eine Superautobahn von Mexiko nach Kanada mit einer Breite von 80 Metern für zwei Fahrspuren sollte einen reibungslosen Verkehrsablauf garantieren. Doch die so weit fortgeschrittenen Pläne scheiterten an fehlenden Investoren.

Tourismus und Arbeitseinsätze

Von diesen amphibischen Super-LKWs ist man heute abgekommen. Doch die Land-Wasser-Fahrzeuge haben andere Gebiete erobert. Im Tourismusgeschäft bringen sie auf unzähligen Öko-Safaris wissensdurstige Urlauber, die die natürliche Schönheit der Landschaft und der darin lebenden Tiere erleben wollen, sicher durch teils gefährliche Gebiete.
Amphibische Kettenfahrzeuge, wie der Marshmaster MM-2, bringen das Personal und die Ausrüstung durch mit Schlamm gefüllte Sümpfe und Torfmoore. Ein integrierter schwimmfähiger Ponton als Rahmen, der die Maschine stabil und hoch über der Wasseroberfläche hält, hilft dabei, das vorgegebene Arbeitsziel sicher zu erreichen. Die Amphibienfahrzeuge werden heute vor allem von Bauunternehmen, kommunalen Behörden, Umwelt-, Öl- und Gasunternehmen sowie von Elektrizitätsversorgungsunternehmen eingesetzt.

Sumpf-Buggy-Rennen

Entwickelt wurde der Sumpf-Buggy von Ed Frank aus Naples, Florida, in den 1930er-Jahren. Ursprünglich war der „Swamp-Buggy" ein unbeholfen wirkendes Fahrzeug auf hohen Ballonreifen. Es wurde von Ed Frank für die Jagd und Sonntag-Nachmittag-Touren für Touristen in die Everglades benutzt. Eine Zeitung in den 1940er-Jahren behauptete, dass der Sumpf-Buggy das einzige sinnvolle Verkehrsmittel abseits befestigter Straßen in den weiten Sumpfgebieten sei.
In dieser Zeit bauten immer mehr Jäger solche Buggys zusammen, um die schlammigen Sümpfe zu überqueren, bis Raymond Bennett, ein Nachbar Ed Franks, im Jahr 1943 ein erstes Rennen organisierte. Rund ein Dutzend Jäger versammelte sich zu diesem Spektakel an einem der größten Sumpflöcher in der Nähe von Naples. Der Preis war eine neue Schotflinte, gestiftet von einem lokalen Waffenhändler.

Am 12. November 1949 fand dann das erste offizielle Swamp-Buggy-Rennen statt. Fast 50 Starter hatten sich zu diesem Rennen gemeldet. Bereits in den 1950er-Jahren war diese Art von Rennen so berühmt geworden, dass das Fernsehen die Sumpfrennen übertrug und Hollywood-Stars wie Gary Cooper an den Veranstaltungen als Piloten teilnahmen. Heute heißt das jährliche Spektakel die „O'Mud-Mile" und findet im Florida Sports Park statt. Die berühmte Oval-Meile ist circa 60 Meter breit. Doch die Tiefe des Sumpfs ist schlecht abzuschätzen, da das braune Wasser keine Sicht zulässt. An drei Streckenabschnitten, wie direkt vor der Tribüne in der tückischen „Sippy Hole", ist es bis zu sechs Meter tief. Oft verschwinden hier die Rennbuggys bis zu den Auspuffrohren und Lenkrädern im Schlamm. Diese Schlamm-Buggy-Rennen finden jedes Jahr im Januar, März und Oktober statt.

RENNTRANSPORTER: SIE SIND IMMER DIE ERSTEN

In Australien ist alles größe, als in den anderen Ländern der Welt. Dies gilt auch für den australischen Motorsport. So misst der Renntransporter der Rennfahrer James Courtney und Shane van Gisbergen ganze 26 Meter. Als Zugmaschine dient ein MAN.

Schon in den 1950er-Jahren entdeckte kein Geringerer als Mercedes-Benz-Rennleiter Alfred Neubauer die Vorteile eines schnellen Transportfahrzeuges. Da an den Rennfahrzeugen vor den Einsätzen bis zur letzten Minute gearbeitet wurde, wünschte sich Neubauer ein Fahrzeug, das die einsatzbereiten Rennwagen so schnell wie möglich vom Werk in Stuttgart zur aktuellen Rennstrecke und umgekehrt wieder zurück zur Wartung bringen sollte. So entstand der berühmte Schnelltransporter von Mercedes-Benz. Ein Beispiel beim Großen Preis von Monza zeigt, wie mobil Mercedes-Benz damals schon war. 1955 hatte Mercedes-Benz extra vier Fahrgestelle zum Training mitgebracht, zwei mit normalem, eine mit verkürztem und eine mit längerem Radstand. In der neu gebauten Steilwandkurve in Monza zeigte sich, dass das lange Chassis ideal war. Kurzerhand rief Alfred Neubauer in Stuttgart an und ließ ein weiteres Chassis mit verlängertem Radstand anfertigen. Die Lieferung kam prommt am nächsten Tag in Monza an, denn der neue Renntransporter konnte mit dem eingebauten 300SL-Motor eine Spitzengeschwindigkeit von bis zu 170 km/h fahren. Fango auf Mercedes-Benz gewann an diesem Wochenende seine dritte Weltmeisterschaft. Als sich Mercedes-Benz Ende 1955 aus der Formel 1 zurückzog, wanderte der Schnelltransporter aufs Altenteil. 1967 wurde das „Blaue Wunder", wie er im Volksmund hieß, verschrottet.

„Blaues Wunder" hieß der von Mercedes-Benz in den 1950er-Jahren für die „Silberpfeile" konstruierte Renntransporter.

Technische Daten: Mercedes-Benz Schnelltransporter

Motor:	6-Zylinder-Reihenmotor M 198 mit hängenden Ventilen und Einspritzung
Hubraum:	2998 Kubikzentimeter
Bohrung/Hub:	85 x 88 Zentimeter
Leistung:	192 PS bei 5800 U/min
Getriebe:	synchronisiertes 4-Gang-Getriebe
Bremsen:	4 Trommel-, 1 Kardan-Scheibenbremse
Länge:	6750 Millimeter
Breite:	2000 Millimeter
Höhe:	1750 Millimeter
Radstand:	3050 Millimeter
Gewicht:	2100 Kilogramm (fahrfertig)
Geschwindigkeit:	bis 170 km/h

Das größte Motorhome

Für den indischen Formel-1-Rennstall Force India wurde zum Europarennen am 27. April 2008 in Barcelona das höchste Motorhome gebaut. Die Firma Tartler Zelte AG baute nach den Wünschen des F1-Teams einen dreistöckigen, aus 260 Glasplatten bestehenden Glaspalast. Das Resultat war eine Fläche von 350 Quadratmetern bei einer Grundfläche von elf mal elf Metern. Das Mediencenter war 9,5 Meter hoch.

Von 1993 bis 2001 wurde das fahrende Zeitdokument in etwa 6000 Arbeitsstunden von den Verantwortlichen des Mercedes-Benz-Museums zunächst rekonstruiert und von der Firma MIKA GmbH in Mölln wieder aufgebaut. Zum 100-jährigen Markenjubiläum des Unternehmens wurde das Unikat der Öffentlichkeit vorgestellt.

Das Rennen vor dem Rennen

Im Motorsport, ob bei den Automobilen oder bei den Motorrädern, sind die Renntransporter, Servicemobile und Motorhomes nicht mehr wegzudenken. Kein Team kann auf die Boliden verzichten, denn sie transportieren die Rennwagen, sind die Werkstatt an der Strecke und das Zuhause der Piloten während der Pausen an den Rennwochenenden und nicht zuletzt Mediencenter der Teams.
Doch bevor das Rennen um gute Zeiten im Training und die besten Startplätze der Konkurrenten beginnt, sind die ersten Rennen des Wochenendes schon gelaufen. Sie sind Zeitrennen und sie werden nicht von den Piloten in ihren schnellen Rennfahrzeugen gefahren, sondern von den Fahrern der riesigen Service-, Renntrucks und Motorhomes vom Teamstützpunkt zur aktuellen Rennstrecke oder auch direkt von Rennstrecke zu Rennstrecke. Wie in den 1950er-Jahren bei Mercedes-Benz mit dem Schnelltransporter, so hat sich auch heute nichts geändert. Ein gutes Beispiel ist die härteste Rennserie der Welt: der Sprint-Cup in den USA. Der Zeitplan ist zermürbend. In acht Monaten werden 36 Punkte-Rennen gefahren, zusätzlich gibt es noch drei bis vier Promotionveranstaltungen. Während des ganzen Jahres muss in der Neben- wie auch in der Hauptsaison noch getestet werden. Das heißt für ein komplettes Rennteam, jedes Wochenende auf einer anderen Rennstrecke zu sein. So überbieten sich die internationalen Top-Teams Jahr für Jahr mit den größten, luxuriösesten und schönsten Motorhomes. Diese Motorhomes, bei denen Glas und zu den Teamfarben passende Designs vorherrschen, kosten gut elf Millionen Euro (Formel 1). Doch das ausgegebene Geld kommt wenigstens bei McLaren-Mercedes wieder rein. So wurden im McLaren-Mercedes Motorhome in einem Zeitraum von fünf Jahren Deals im Gesamtwert von einer halben Milliarde Dollar abgeschlossen.

Oben: In den 1960er-Jahren waren die Renntransporter noch handliche Fahrzeuge.
Unten: Heutzutage, und das nicht nur in den USA, gestaltet sich der Einzug der Renntransporter und Motorhomes wie ein Volksfest.

LKWS UND MOTORSPORT: PASST DAS WIRKLICH?

Der Jet Truck von Les Shockley ist wirklich ein Ungetüm. Der auf ein 41130-Chromeoly-Chassis aufgebaute Peterbild hat drei J34-48-Turbinen von Pratt & Witney, die das Fahrzeug auf 376 Meilen in der Stunde beschleunigen.

Wenn man auf der Autobahn oder während der Fahrt auf der Landstraße einem Lastkraftwagen begegnet, denkt man nicht im Traum daran, dass diese Ungetüme auch im Motorsport eingesetzt werden. Doch nicht nur in Amerika ist der Motorsport mit hochgezüchteten LKWs an den Wochenende ein dauerhaftes Spektakel geworden.

Dragster-Racing

Der Dragster-Motorsport begann, wie soll es auch anders sein, in den USA. Nördlich von Santa Barbara auf der Highway No. 101, die auf einer Strecke von einer halben Meile gesperrt war, standen im April des Jahres 1949 zwei Fahrzeuge, zwei Fahrer und ein Mann mit einer grünen Flagge. Nach exakt einer viertel Meile war ein anderes Bild zu sehen. Hier waren viele Menschen, Fotografen, rote Zielwimpel – es war dort alles sehr hektisch, an diesem Nachmittag. Der eine Fahrer war Tom Cobbs, er hatte einen Ford Roadster mitgebracht. Der andere Fahrer hieß Fran Hernandez, er war mit einem Eigenbau-Chassis mit 296-PS-Mercury-Power angereist. Beide Männer wollten zeigen, wer das schnellste Automobil hatte. Als die grüne Startflagge zuerst in der Luft kreist und sich dann ruck-

Technische Daten: MACK R Truck

Motor:	MACK EM6 300
Hubraum	19 Liter
Leistung:	300 PS
Getriebe:	5 Gänge
1/4 Meile:	in 11,9 Sekunden
Geschwindigkeit:	175,4 km/h
Karosserie:	Glasfiber
NHRA-Klassen:	Funny Truck
	Top Diesel

Der Renault Racing Truck von Frankie Vojtisek fährt für das Frankie Truck Racing Team. Die Saison 2008 schloss er mit einem 8. Gesamtplatz ab.

Technische Daten: Renault Race Truck 2008

Motor:	New Premium DXi13, Renault-Volvo Powertrain
Hubraum:	12.800 Kubikzentimeter
Leistung:	1100 PS
Vorderachse:	Renault
Hinterachse:	Meritor
Getriebe:	ZF
Bremsen:	Knorr
Geschwindigkeit:	160 km/h

artig senkt, denkt keiner der beiden Piloten daran, dass sie im Moment Motorsportgeschichte schreiben.

Heutzutage gibt es zahlreiche Gruppen von Dragster-Klassen. Auch die Lastwagen sind in dieser Rennszene angekommen. Hier tummeln sich „Funny-Trucks“ und „Top-Diesel“ in großen Startfeldern in Übersee und Europa. Diese Truck-Dragster erreichen heute mit bis zu 500 PS Geschwindigkeiten von über 200 km/h auf einer viertel Meile. Noch „heißer“ geht es im wahrsten Sinne des Wortes bei den „Jet-Trucks“ zu. Hier lag die Höchstgeschwindigkeit des mit 36.000 PS ausgerüsteten „Shock-Wave-Trucks“ bei 605,112 km/h. Die viertel Meile durchfuhr der Power-Truck, der mit drei Pratt-&-Whitney-Jet-Turbinen ausgestattet war, in 6,36 Sekunden und erreichte dabei eine Geschwindigkeit von fast 412 km/h. Dabei werden Beschleunigungswerte von mehr als drei „G“ entwickelt, die den Werten eines Spaceshuttles beim Start entsprechen. Bei einem Renndurchgang verbraucht der Jet-Truck über 500 Liter Diesel.

LKW-Rennen

Auch die Rundstreckenkurse wurden von den Trucks erobert. In Europa trägt die Fédération Internationale de l'Automobile (FIA) die Truck-Racing-Europameisterschaft aus. Auch hier waren die USA die Vorreiter des Truck-Sports, wo er jedoch auf unbefestigten Pisten ausgetragen wurde. Niederländische Sportfans waren von den Wettbewerben so begeistert, dass sie den Sport nach Europa brachten.

Die Holländer organisierten im Jahr 1980 eine Demonstrationsveranstaltung in Zandvoort. Ein Jahr später wurde das Stichting Truck Racing Power Festival (STPF) als Organisation gegründet und plante das erste Truck-Rennen in Europa auf der Rennstrecke bei Nijmegen. Das Zuschauerinteresse war überwältigend. Zunächst war an nur ein Rennen pro Jahr gedacht worden, doch bei diesem großen Erfolg wurden in der Folge mehrere Rennen pro Jahr organisiert. Parallel entwickelte sich der Truck-Rennsport auch in Frankreich, wo in Le Mans 1981 ein 24-Stunden-Rennen für LKWs stattfand. 1983 nahmen das erste Mal englische Piloten an den nationalen Rennen in den Niederlanden teil. 1984 gab es bereits eine britische Meisterschaft. Aufgrund der rasanten Zunahme an Veranstaltungen entschloss

Die Rallye Dakar ist die berühmteste Wüstenrallye der Welt. Auch hier werden LKWs für Serviceaufgaben, aber auch bei der offiziellen Teilnahme am Rennen eingesetzt. Das Bild zeigt einen Renault Kerax aus dem Jahr 2007 mit der Startnummer 568, die dreiköpfige Crew besteht aus Marc Leeuw, Harmen Scholtalbers und Dirk Garnelink.

man sich 1985 zur European Truck Racing Organisation zusammen und richtete im gleichen Jahr erstmalig eine Truck-Europameisterschaft mit sieben Wertungsläufen aus. 1994 übernahm die FIA die Schirmherrschaft über die nun FIA-Europapokal genannte Rennserie. Ab 2006 erhielt sie einen vollwertigen Status als FIA-Europameisterschaft.

In den frühen Jahren des Truck-Racings wurde der Sport noch mit nahezu serienmäßigen Lastwagen (Sattelzugmaschinen) betrieben. Meist kamen die „Renn-Lastwagen" mit ihren Aufliegern auf eigener Achse an die Rennstrecke, kuppelten dort die Anhänger ab und fuhren ihre Rennen mit den Zugmaschinen. Damals wurde noch in den drei Klassen A (bis 300 PS), B (300 bis 360 PS) und C (360 bis 400 PS) gefahren. Später gestaltete man die Einteilung praxisgerechter über den Hubraum (bis 12 Liter, 12 bis 14 Liter, über 14 Liter).

Ab 1994 griffen die ersten Werkteams in das Renngeschehen ein und die Lastwagen wurden speziell für die Rennen präpariert. Dadurch sah sich die FIA genötigt, die Race-Trucks in zwei Klassen einzuteilen: in die seriennahe „Race Class" und die Prototypen-Kategorie „Super Race Class". Nach einigen Jahren erreichten die Super-Boliden der zweiten Klasse Leistungen von 1500 PS bei einem Drehmoment von 5000 Nm. Die Beschleunigung der rund fünf Tonnen schweren Boliden erfolgte in weniger als vier Sekunden von 0 auf 100 Kilometer in der Stunde. Da sich die Prototypenklasse mit der Zeit als Sackgasse herausstellte, wurde die Klasse im Jahr 2006 aus dem Reglement genommen. Seitdem gehen nur noch Trucks der seriennahen Klasse an den Start.

Technische Daten: Renault Kerax 4 x 4 (Serie)

Motor:	DXi11-6-Zylinder-Diesel
Leistung:	500 PS
Drehmoment:	2450 Nm
Schadstoffklasse:	Euro 5
Gesamtgewicht:	19.000 Kilogramm

Trucks für die Wüste

Die Rallye Dakar, die berühmteste Wüstenrallye der Welt, findet seit dem 26. Dezember 1978 statt. Ursprünglich wurde die Rallye Dakar von Paris aus gestartet. Ab 1980 waren auf der langen Route von Paris nach Dakar im Senegal zum ersten Mal nicht nur Geländewagen, Buggys und Motorräder unterwegs, sondern es wäre auch Lastwagen als offizielle Rallyeteilnehmer vertreten. Der Charakter der Wüstenrallye war im Vergleich zu den Läufen der Rallye-Weltmeisterschaft ein echtes Langstreckenrennnen, bei dem einzelne Etappen teilweise bis zu 800 Kilometer am Tag hatten. Diese besondere Rallye fand 2008/09 das erste Mal nicht in Afrika, sondern in Südamerika statt.

Ein weiteres internationales Highlight ist die Wüstenrallye „Baja 1000". Die jährlich in Amerika stattfindende Rallye ist ein ultimativer Härtetest für Mensch und Maschine. Über 1600 Kilometer muss das große Feld von über 400 Piloten nonstop von Ensenada im mexikanischen Bundesstaat Baja California nach La Paz an der mexikanischen Westküste zurücklegen. Gefahren wird mit seriennahen Geländewagen, übergroßen „Unlimited Buggys" mit über 700 PS und modifizierten „Trophy-Trucks". Während der langen Wegstrecke werden kleinere Reperaturarbeiten während der Tankstopps und Reifenwechsel vorgenommen. Die circa 1000 Meilen lange Gesamtstrecke wurde 2006 von McMillin/Gordon in einer Zeit von 19 Stunden, 15 Minuten und 27 Sekunden bewältigt. Auch der deutsche Rennstall „All German Motorsports" nimmt regelmäßig an dieser Veranstaltung teil und gewann 2004 die Baja 1000.

Akrobaten im LKW

Truck-Trial ist das Fahren im Grenzbereich im Gelände. Zu den Eigenschaften eines Gewinners gehören eine gute Technik, fahrerisches Können und eine gehörige Portion Glück. Die Geschicklichkeitsprüfungen im schweren Gelände gibt es bereits seit den 1980er-Jahren. Bei diesen Wettbewerben gibt es kein Zeitlimit. Es dürfen weder Streckenbegrenzungen oder Markierungen berührt werden noch darf das Fahrzeug zum Stillstand kommen. Bei dieser Motorsportart erlebt der Zuschauer die Langsamkeit im Truck-Sport. Fast im Zeitlupentempo bewegen sich die schweren allradgetriebenen Spezialfahrzeuge über Hindernisse im vorgegebenen Gelände. So müssen sich die Fahrer immer voll und ganz auf die Strecke und ihr Fahrzeug konzentrieren, um eigentlich unpassierbare Gefällestrecken unter die Räder zu nehmen. Dabei sind spektakuläre Stürze vorprogrammiert.

Die europaweit ausgetragene Rennserie findet im Moment eine stetig wachsende Fangemeinde. Dabei stehen an der Strecke mehr als 100.000 Zuschauer und eine weitere Million Menschen verfolgen das Spektakel an den Bildschirmen per Liveübertragung.

Klasseneinteilung der deutschen Trial-Meisterschaft

Seriennahe Fahrzeuge	
Klasse S1	Spurweite ab 1550 bis 1750 mm (bei 3 Achsen auch unter 1550 mm), Radstand ab 2300 bis 3400 mm
Klasse S2	Spurweite ab 1751 mm, Radstand 2800 bis 3299 mm
Klasse S3	Spurweite ab 1751 mm, Radstand 3300 bis 4399 mm (bei serienmäßiger Gesamtbreite ab 2400 mm bereits ab Radstand 3200 mm)
Klasse S4	Spurweite ab 1751 mm, Radstand ab 4400 mm
Klasse S5	Spurweite ab 1751 mm, Radstand ab 4800 mm (Fahrzeuge mit 4 und mehr Achsen)
Prototypen	
Klasse P1	Spurweite ab 1550 bis 1750 mm (bei 3 Achsen auch unter 1550 mm), Radstand ab 2300 bis 3799 mm
Klasse P2	Spurweite ab 1550 mm; Radstand ab 3800 mm

Der spätere Gewinner der Klasse S3, Attila Albert, überwindet in einem 120 PS starken Steyr 680 M3 (Baujahr von 1963 bis 1968) einen Graben und eine Steinhalde.

TREIBSTOFFKNAPPHEIT: DIE LÖSUNG SIND HOLZGASSCHLEPPER

Das Imbert-Prinzip

Bei der Teilverbrennung von Holz, Holzkohle und Holzteer durch Luftmangel entsteht ein brennbares Gas. Das erzeugte Gas wird nach der Abkühlung, bei der Wasserdampf und Kohlenwasserstoffe zu Holzgaskonzentrat kondensieren, dem Verbrennungsmotor zugeführt. Vor allem von Georges Imbert wurde solch ein System für den mobilen Verkehrsbereich entwickelt und bereits 1923 in einen Opel eingebaut.

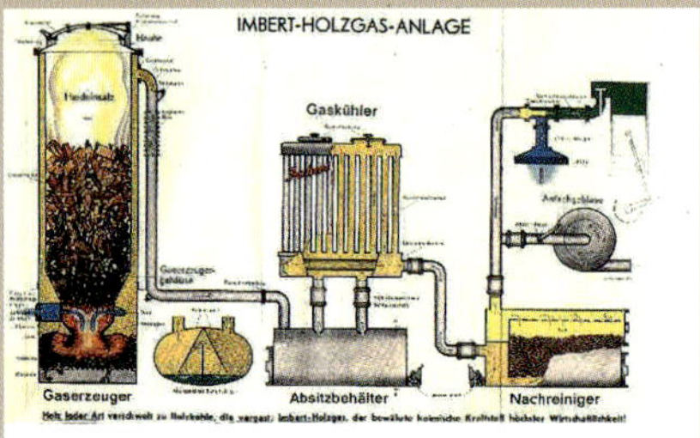

Technische Daten: Lanz D 9006 Reingas

Motor:	liegender 1-Zylinder/2-Takt-Glühkopf-Diesel ohne Ventile
Hubraum:	13.804 Kubikzentimeter
Bohrung/Hub:	260 x 260 Millimeter
Leistung:	40 PS bei 630 U/min
Getriebe:	6 Vorwärts-, 2 Rückwärtsgänge
Länge:	3855 Millimeter
Breite:	1792 Millimeter
Höhe:	2295 Millimeter
Leergewicht:	3500 Kilogramm

Auf Anordnung des Reichsministeriums für die Herstellung von landwirtschaftlichen Schleppern musste am 30. Juni 1942 der Bau von Dieselmotoren mit flüssigen Brennstoffen eingestellt werden. Damit die deutsche Landwirtschaft die dringend benötigten Erzeugnisse aber auch weiterhin zur Verfügung stellen konnte, wurde die Umrüstung der Motoren auf Holzgas verlangt.

Die Idee dazu, feste Brennstoffe zu vergasen und anschließend das brennbare Gas zu verheizen, stammte bereits aus dem 18. Jahrhundert. Erste funktionsfähige Motoren wurden im Jahr

1884 in England in Automobile eingebaut. Um 1920 boten die großen deutschen Motorenbauer serienmäßig Gaserzeuger für feste Brennstoffe an. Auch in Frankreich, England und Italien wurde an der Entwicklung von Gasgeneratoren weitergearbeitet und in Deutschland wurde 1935 eine große Versuchsfahrt mit heimischen Brennstoffen wie Stein-, Anthrazit- und Braunkohle, Torfkoks, Holzkohle, Holz, Torf und Braunkohlebriketts durchgeführt. Über eine Prüfstrecke von 12.000 bis 14.000 Kilometer zeigten 38 als Generatorfahrzeuge ausgerüstete Lastkraftwagen, die ein Eigengewicht zwischen 4,5 und 13 Tonnen hatten, was in ihnen steckte. Das Ergebnis zeigte klar, dass besonders Holz und Holzkohle für die Generatoren geeignet waren. So beschränkte sich die Weiterentwicklung vor allem auf Holzvergasergeneratoren für LKWs und Busse.
Ab Mitte 1941 wurde von der Forschungsstelle für „Gasschlepper-Entwicklung" ein Standard-Holzerzeuger zum nachträglichen Einbau in landwirtschaftliche Ackerschlepper entwickelt. Dieser Standardgenerator bestand aus Einzelteilen der Firmen Imbert, Zeuch, Wisco, Südgas, Miag und Deutz. Ab 1942 konnten dann die landwirtschaftlichen Betriebe über Bezugsscheine auch neue Ackerschlepper mit Holzgasbetrieb bekommen. Dadurch konnte in Deutschland in den letzten Kriegsjahren die Produktion von landwirtschaftlichen Erzeugnissen einigermaßen aufrechterhalten werden.
Nach dem Krieg verschwanden die Holzgasschlepper von den Höfen in Deutschland. Lediglich die Firma Normag verkaufte bis 1948 einen Schlepper für „heimische Brennstoffe".

Die Wirkungsweise

Holzgas-Generatoranlagen arbeiten als Sauggasanlagen. Der sich nach unten trichterförmig verjüngende Gaserzeuger wird mit Holzkohle und darüber mit trockenen Holzstücken befüllt. Nach dem Entzünden der Holzkohle beginnt die Vergasung der Kohlestücke. Im oberen Füllbereich wird das Holz durch die Verbrennungswärme verschwelt. Durch den Saughub des Motors wird der Generatoranlage brennbares Gas entzogen und gleichzeitig wird Frischluft durch die Feuerzone geleitet. Das entstandene Holzgas mit einem durchschnittlichen Heizwert von 1200 bis 1400 kcal/Nm³ wird gereinigt, abgekühlt und gefiltert. Über einen Gas-Luft-Mischer wird das Gas mit der zur Verbrennung benötigten Luft vermischt. Die Gemischmenge und somit auch die Drehzahl werden über die Betätigung eines Fußhebels geregelt.

Technische Daten: Fahr HG 25 Holzgas	
Motor:	2 Zylinder/4-Takt-Ottomotor
Generator:	Einheitsgenerator EG 60
Hubraum:	3980 Kubikzentimeter
Leistung:	25 PS bei 1500 U/min
Getriebe:	5 Vorwärtsgänge, 1 Rückwärtsgang
Spur:	von 1270 bis 1446 Millimeter
Leergewicht:	2550 Kilogramm

Technische Daten: Bührer BG 4 Holzgas

Motor:	4-Zylinder/4-Takt-Ford-Benzinmotor
Hubraum:	3285 Kubikzentimeter
Bohrung/Hub:	98,3 x 108 Millimeter
Leistung:	50 PS
Getriebe:	4 Vorwärtsgänge
Baujahre:	1937 bis 1942

BÜH
HOLZ

KETTENSCHLEPPER: FÜR DIE LANDWIRTSCHAFT

Eine weitere Tochtergesellschaft von Holt, die Holt-Caterpillar, begann am 12. Januar 1910 mit der Herstellung des Holt-Modells 45 „Caterpillar". Der Traktor wurde in East Peoria gefertigt.

Die Anfänge der Raupenschlepper im Einsatz in der Landwirtschaft lässt sich heute nicht mehr rekonstruieren. Eine erste namentliche Erwähnung führt in das Jahr 1770, als der englische Erfinder Richard Lovell Edgeworth, der Mitglied des irischen Unterhauses war, mit einer „selbstlegenden Endlosschiene" experimentierte. Dabei liefen Schienensegmente selbsttätig um ein angetriebenes Holzrad. 1826 ließ der Brite Sir George Cayley eine „Universal Railway" patentieren, die auf der Idee von Edgeworth basierte. Auch in Russland machte man sich Gedanken zu „mobilen Schienen". Dmitry Zagryazhsky ließ sich eine Kutsche mit beweglichen Einzelgliedern patentieren. Das Patent erlosch jedoch bereits 1839 wieder. Eine weitere Spur führt ins Jahr 1846, als der Amerikaner James Boydell das Patent einer „Track-Laying Steam Traction Engine" beantragte. 1901 erfand Alvin Lombard das erste erfolgreiche Fahrzeug mit

Technische Daten: LHB Leichtraupe „Robot"

Motor:	MODAG-4-Takt, 2-Zylinder-Diesel Type R 2 V 212
Leistung:	25 PS bei 1800 U/min
Drehmoment:	10,2 mkg
Triebwerk:	Blockgetriebe mit Frontantrieb
Getriebe:	5 Vorwärtsgänge, ein Rückwärtsgang
Höhe:	1670 Millimeter
Breite:	1435 Millimeter
Länge:	2900 Millimeter
Gewicht:	1750 Kilogramm (betriebsfertig)

Landwirtschaftliche Kettenschlepper aus Deutschland

Firma	Typ	Motor	Leistung	Gänge	Höchstgeschw.	Gewicht	Spez. Bodendruck
Blanck & Söhne	Unirag	F&S 500 D	10 PS	3 + 1	12,0 km/h	520 Kilogramm	0,34 kg/cm²
Deutz	F4L 514	Deutz F4L 514	60 PS	5 + 3	7,5 km/h	5475 Kilogramm	0,43 kg/cm²
Famo/Rathgeber	Boxer	Kämper	52 PS	4 + 1	7,2 km/h	4300 Kilogramm	0,35 kg/cm²
Famo/Rathgeber	G 36	Perkins L-4	36 PS	4 + 2	9,1 km/h	3100 Kilogramm	0,34–0,30 kg/cm²
Hanomag	K 55	D 57	55 PS	3 + 1	6,9 km/h	4650 Kilogramm	0,35–0,57 kg/cm²
Hanomag	K 90	D 93	90 PS	5 + 4	9,6 km/h	8700 Kilogramm	0,32–0,39 kg/cm²
LHB	Robot	Modag R2V 212	22/24 PS	5 + 1	19,4 km/h	1750 Kilogramm	1 kg/cm²
Titus, Worms	R 60	MWM RHS 418 Z	60 PS	5 + 1	10,0 km/h	–	–

Gleiskette. Das Fahrzeug, eine Kombination aus Dampflokomotive und LKW nannte er „Lombard Steam Log Hauler“. Den ersten Kettenschlepper, der auch in der Praxis eingesetzt werden konnte, stellte der Amerikaner Benjamin Holt in Stockten im Jahr 1904 vor.

Der Umbau dieses Dampfkettenschleppers auf einen Gasolin-Motor mit einem modifizierten Raupenfahrwerk mit einer einfachen Lenkkupplung führte 1907 zur Serienfertigung und zu einer völlig neuen Gattung von Zugmaschinen in der Land- und Forstwirtschaft. Der „Caterpillar“, das Synonym für den Raupenschlepper schlechthin, war geboren. Der Holt-Caterpillar stand weltweit Pate für eine ganze Reihe an kettengetriebenen Schwertraktoren.

Das Jahr 1913 war in Deutschland das Debüt der Schlepper mit Gleisketten für den Einsatz in der Landwirtschaft. Die Firma Caterpillar, die den Holt-Caterpillar seit 1912 in Budapest, Ungarn, für Europa fertigen ließ, stellte der Öffentlichkeit mit dem „Holt“ eine bahnbrechende Konstruktion vor. Im Jahr 1925 taten sich die Firmen Holt und Best unter dem Namen „Caterpillar-Tractor-Company Peoria/Illinois“ zusammen und traten den weltweiten Siegeszug an.

Technische Daten: Deutz Diesel-Raupenschlepper

Motor:	4-Zylinder/4-Takt-Diesel F4L 514
Hubraum:	5322 Kubikzentimeter
Leistung:	60 PS bei 1650 U/min
Bohrung/Hub:	110 x 140 Millimeter
Lenkung:	mittels zweier Lenkkupplungen
Getriebe:	5 Vorwärts-, 3 Rückwärtsgänge
Höhe:	2185 Millimeter
Breite:	1954 bis 2260 Millimeter
Länge:	3585 Millimeter
Gewicht:	5570 bis 6270 Kilogramm

Der Siegeszug der Raupen

Von da an stand die Weiterentwicklung von Raupenschleppern nicht mehr still. Im

Prospektbild des Deutz-60-PS-Raupenschleppers.

Die Firma Ritscher aus Sprötze war ein Spezialist für Kettenanbaugeräte. Im Bild ist ein Ritscher 536/45 mit Grabenreinigungsgerät aus dem Jahr 1953 zu sehen.

Technische Daten: Ritscher 536/45

Motor:	3-Zylinder/4-Takt, Deutz F3L 514 Dieselmotor
Hubraum:	3990 Kubikzentimeter
Bohrung/Hub:	110 x 140 Millimeter
Kühlung:	luftgekühlt
Leistung:	45 PS bei 1600 U/min
Getriebe:	5 Vorwärtsgänge, ein Rückwärtsgang

nachfolgenden „Raupenfieber" arbeiteten große Stahlschmieden und kleine Werkstätten gleichermaßen an einer Vielzahl unterschiedlichster Schwerzugmaschinen. Dazu zählten Firmen wie Büssing, Dinos, Pöhl, Dürrkopp oder die Schwäbischen Hüttenwerke. Auch die Firma Stock Motorpflug AG in Berlin baute eine neuartige, eigenwillige Raupenkonstruktion, den „Raupenstock", mit Vorderradantrieb, einem Benzolmotor und einer Leistung von 28 PS. Doch vor allem die großen Kettenschlepper von Lanz, Hanomag und LHB (Linke-Hofmann-Busch)/Famo wurden für große Arbeitstiefen und den Einsatz auf schweren Böden eingesetzt. Nach Kriegsende war vor allem Hanomag mit dem Typ K 50 sehr erfolgreich. Die Firma Deutz begann ab 1953 mit der Fertigung von Kettenschleppern. Die 60 PS starke Raupe war das erste Modell einer langen Reihe.

Eine besondere Konstruktion wurde von der Firma LHB im Jahr 1951 unter der Bezeichnung „Robot" entwickelt. Die 25 PS starke Leichtraupe wurde nicht nur im Wald und auf dem Feld eingesetzt, sondern durch ihre Höchstgeschwindigkeit von fast 20 km/h auch als Straßenschlepper. Auch die Gleisketten entwickelten sich immer mehr zu elastischen Gummiraupen. Bis zu 40 deutsche Hersteller befassten sich mit Raupenschleppern.

Keinen Erfolg hatten die Anbauraupen, wie sie MAN, Deutz und der Kettenspezialist Ritscher aus Sprötze anbot. Denn mit der Zeit verdrängten die immer stärker werdenden Systemschlepper die Kettenschlepper aus ihrem historisch gewachsenen Einsatzgebiet der Landwirtschaft, da auch hier die Motoren und dadurch die Zugleistungen immer größer wurden.

Moderne Gleisketten

Heute werden die Raupenschlepper vor allem als Planierraupen in der Bauwirtschaft oder zum Beispiel auch bei den mobilen Raketenstartrampen eingesetzt. Man unterscheidet bei

Technische Daten: Landrover Defender 110 TD5

Motor:	5-Zylinder/4-Takt-Diesel
Leistung:	122 PS bei 4200 U/min
Drehmoment:	200 Nm bei 1950 U/min
Länge:	4599 Millimeter
Breite:	1790 Millimeter
Höhe:	2059 Millimeter (Normalausführung)
Leergewicht:	2059 Kilogramm
Geschwindigkeit:	129 km/h

Die bekanntesten Firmen, die für den legendären Landrover Gleisketten liefern, sind Cuthbertson und Versatracks in England.

den geschlossenen Ketten, die aus modularen Gliedern bestehen, zwischen Verbinderketten (Double Pin) und Scharnierketten (Single Pin) sowie zwischen gespannten und nicht gespannten Ketten.

Moderner Kettenschlepper

Als moderner Kettenschlepper ist eigentlich nur der Claas Challenger übrig geblieben. Während einer ersten Zusammenarbeit im Jahr 1999 zwischen Caterpillar und Challanger vermarktet Claas die Landmaschinen in Europa. 2002 übernimmt Claas 50 Prozent der Caterpillar-Anteile. Heute ist der Challenger eine selbstständige Marke in der AGCO-Corporation.

Im September 2007 konnte ein Raupentraktor Challenger MT875B mit einer 14 Meter breiten Egge einen Weltrekord aufstellen. In 24 Stunden wurde mit einer durchschnittlichen Arbeitsgeschwindigkeit von 26,8 ha/Std. und einer Arbeitstiefe von zwölf Zentimetern eine Gesamtfläche von 644 Hektar bearbeitet. Dabei verbrauchte der Traktor 2846 Liter Diesel.

Weltrekord im Jahr 2007

Im September 2007 konnte ein serienmäßiger Raupentraktor Challenger MT875B, ausgerüstet mit einer 14 Meter breiten Egge mit XXL-Scheiben von Gregoire Besson, in Timisoara, Rumänien, einen neuen Weltrekord aufstellen, bei dem er 644 Hektar Land in 24 Stunden bearbeitete. Dabei wurde bei schlechten Sichtverhältnissen in der schweren bis mittelschweren Tonerde durchgehend eine Arbeitstiefe von zwölf Zentimetern erreicht. Es wurde eine Kartierungssoftware verwendet, die sämtliche Hindernisse des 740 Hektar großen Feldes protokollierte und die optimale Traktorposition zur Verkürzung der Wendesequenz ermitteln konnte. Der Challenger ist zurzeit der leistungsstärkste und technologisch fortgeschrittenste Traktor.

Zahlen und Fakten zum Weltrekord

Bearbeitete Gesamtfläche:	644 Hektar
Arbeitsgeschwindigkeit:	26,8 ha/Std.
Gesamtkraftstoffverbrauch:	2846 Liter Diesel
Kraftstoffverbrauch pro Stunde:	118,6 Liter
Kraftstoffverbrauch pro Fläche:	4,42 l/ha
Laufbandschlupf:	2 Prozent
Fahrgeschwindigkeit:	19,2 km/Std.
Arbeitstiefe:	12 Zentimeter

KNICKLENKER: SEINER ZEIT VORAUS

Der allradgetriebene Knicklenker-Schlepper Typ HP von Lanz aus dem Jahr 1925 gehört heute zu den ganz seltenen Raritäten und ist nur noch in wenigen Exemplaren erhalten.

Technische Daten: Lanz Ackerbulldog Typ HP

Motor:	liegender 1-Zylinder/2-Takt-Glühkopfmotor ohne Ventile
Kühlung:	Verdampfungskühlung
Hubraum:	6220 Kubikzentimeter
Bohrung/Hub:	190 x 220 Kubikzentimeter
Leistung:	15 PS bei 500 U/min
Länge:	2550 Millimeter
Breite:	1345 Millimeter
Höhe:	2130 Millimeter
Gewicht:	1960 Kilogramm (leer)

Eine erste Erwähnung der Knicklenkung führt in das Jahr 1685, als der bei Nürnberg lebende Uhrmacher Stephan Farfler eine ähnliche Technik in einem dreirädrigen Rollstuhl verwendete. Im Jahr 1835 übernahm der englische Wagenbauer William Bridges Adams diese Lenkungsart für seine Pferdewagen. Doch die komplizierte Trennung des Wagenaufbaus mit dem Rahmen und die daraus resultierende kostspielige Herstellung machten die Verwendung beim Automobil- und Lastwagenbau uninteressant.

Erst Gelenke, die eine Bewegung auch um die Querachse ermöglichten, machten den Einsatz der Knicklenkung, bestehend aus zwei Rahmengestellen mit nicht lenkbaren Achsen, für Schlepper und Militärfahrzeuge möglich. Doch die Fahrzeugindustrie in Deutschland machte viele Jahre keinen Gebrauch von dieser Art von Fahrzeuglenkung. Dagegen entstanden in den USA vor dem Zweiten Weltkrieg zahlreiche Patentschriften, die zur Konstruktion von vielen unterschiedlichen Fahrzeugen führten.

Ein interessanter Vertreter der „Knicklenker" war der Deutz D 16006. Er entstand aus einem Radladermodell und hatte einen V8-Motor mit 160 PS.

Der von Massay Ferguson produzierte MF 4840 mit 14,8 Litern Hubraum und 320 PS ist ein wahrer Gigant in der Welt der allradgetriebenen Traktoren.

Eine interessante Lösung ohne Erfolg

Der Lanz Knicklenker Typ HP war eine technisch hochinteressante Lösung. Seine Bauweise machte ihn bereits in den 1920er-Jahren zu einem hervorragenden Ackerschlepper. Doch da er für kleine Bauernhöfe zu teuer und für große Höfe in der Leistung zu schwach war, wurde das Projekt nach 723 gebauten Einheiten wieder eingestellt. Ein weiterer interessanter Vertreter der Knicklenker war der Deutz D 16006 aus dem Jahr 1972. Bei diesem Schlepper baute Deutz einen Radlader aus der Baumaschinenproduktion um und drehte das Fahrgestell. Der für Großbetriebe beim schweren Pflugeinsatz gedachte Allradschlepper blieb bis 1975 im Deutz-Programm. Da die Knicklenker bis heute vor allem Vorteile durch eine hohe Bodenfreiheit und eine bessere Handlichkeit gegenüber herkömmlichen landwirtschaftlichen Fahrzeugen haben, ist das Angebot auch heutzutage noch sehr groß.

Die Knicklenkung ermöglicht dem Teleskoplader von John Deere mit einer Länge von fast 5,5 Metern einen Wenderadius von 4,16 Metern.

Technische Daten: John Deere Teleskoplader 3800

Motor:	John Deere/4045H
Hubraum:	4525 Kubikzentimeter
Leistung:	120 PS bei 2200 U/min
Drehmoment:	454 Nm bei 1400 U/min
Getriebe:	5 Vorwärts-, 3 Rückwärtsgänge
Geschwindigkeit:	35 km/h
Länge:	5465 Millimeter
Breite:	2230 Millimeter
Höhe:	2725 Millimeter
Gewicht:	6380 Kilogramm

VERÄNDERUNGEN: VON DER MUSKELKRAFT ZUR MOBILEN DAMPFMASCHINE

Der 10.20 Titan war ein Leichttraktor von International Harvester aus Milwaukee in den USA. Der Wasservorrat der Kühlung befand sich im zylinderförmigen Tank über der Vorderachse und wurde durch die Zirkulation des Kühlwassers geregelt.

Technische Daten: I.H. TITAN 10-20	
Motor:	liegender 2-Zylinder-Motor
Kraftstoff:	Kerosin
Leistung:	20 PS/14,8 kW bei 500 U/min
Bohrung:	165 Millimeter
Hub:	203 Millimeter
Getriebe:	2 Gänge
Gewicht:	2372 Kilogramm
Höhe:	1700 Millimeter
Geschwindigkeit:	4,5 km/h

Über Jahrtausende waren Landwirte auf ihre eigene und später auf die Kraft ihrer Zugtiere angewiesen. Doch dieser Muskelkraft, egal ob bei Mensch oder Tier, waren schnell Grenzen gesetzt. Bereits im 16. Jahrhundert entwarf der Regensburger Peter Opel einen riesigen Pflug, der für den Betrieb mit 92 Zugpferden vorgesehen war, die von 26 Helfern in Zaum gehalten werden sollten. Doch all diese Überlegungen sollten nichts nützen. Erst der Einzug der Dampftechnik in die Landwirtschaft, Anfang des 19. Jahrhunderts, ermöglichte den Bauern den notwendigen technischen Fortschritt.

So entstanden die ersten Dampflokomobile, die vor allem Dreschmaschinen antrieben. Ein weiterer Vorteil war, dass diese Fahrzeuge mobil eingesetzt und so immer an den aktuellen Einsatzort transportiert werden konnten.

Mit einem Zwei-Maschinen-Seilzugverfahren und einem Kipppflug kultivierte man ab 1856 das Ödland.

Technische Daten: Deutz INTRAC 2003	
Motor:	Deutz F4L 912, 4-Zylinder/4-Takt-Diesel, luftgekühlt
Hubraum:	3768 Kubikzentimeter
Bohrung/Hub:	100 x 120 Millimeter
Leistung:	60 PS bei 2300 U/min
Radstand:	2200 Millimeter
Gewicht:	3200 Kilogramm (Allrad)
Getriebe:	8 bis 12 Vorwärts-/4 Rückwärtsgänge

Deutz stellte im Jahr 1972 eine neue Generation von Schleppern vor. Der INTRAC 2003 blieb bis 1974 mit mäßigem Erfolg im Programm.

Amerika wieder als Vorreiter

In der ersten Hälfte des 19. Jahrhunderts waren durch die rasante Expansion des neuen Kontinents „Amerika" die menschliche und die tierische Arbeitskraft ebenfalls schnell überfordert. So wurden im Bundesstaat Louisiana bis 1838 bereits 274 stationäre dampfbetriebene Lokomobile eingesetzt. Doch die Mechanisierung schritt durch den hohen Bedarf in Amerika zunächst schneller fort als in Europa.

So stellte Cyrus Hall McCormick aus Virginia bereits im Jahr 1831 eine Idee nach den Plänen seines Vaters vor. Dieses alsbald in großer Zahl hergestellt Gerät sollte die Getreideernte nachhaltig revolutionieren, da es dreimal so viel leistete wie ein Landarbeiter mit Sense.

Ein weiterer Wegbereiter der modernen Landtechnik war der Schmied John Deere aus Vermont. Er hatte sich früh der großen Pionierbewegung in Richtung Westen angeschlossen. Doch war er mit den herkömmlichen landwirtschaftlichen Geräten angesichts des schweren und klebrigen Präriebodens nicht zufrieden. So konstruierte er einen selbstreinigenden Stahlpflug. Durch diese Erfindung mussten die Farmer beim Pflügen nicht ständig anhalten, um die Gerätschaften von der klebenden Erde zu säubern. Auch Jerome Increase Case war zu dieser Zeit mit einem Treck nach Westen gezogen und hatte sich als Besitzer eines kleinen Fabrikationsbetriebes im Staat Wisconsin niedergelassen. Dort begann er sehr erfolgreich, eine kleine, von ihm entwickelte Dampfmaschine zu produzieren, die das Korn nicht nur drosch, sondern gleichzeitig auch reinigte.

Ein Highlight ist die im Jahr 2007 von Fendt vorgestellte Konzeptstudie TRISICX Vario. Der 7,61 Meter lange Radtraktor wird von einem Motor mit 540 PS angetrieben und erreicht eine Spitzengeschwindigkeit von über 60 km/h.

Neue Berufe und Vereine entstehen

Da sich zu dieser Zeit kaum ein Bauer die frühen Dampfkolosse leisten konnte, mussten die Maschinen mit Zugtieren von Ort zu Ort gezogen werden. Dieses abenteuerliche Ereignis machte Fachkräfte erforderlich, und es entstand der Beruf des Dampfdreschers, der auf eigene Rechnung mit den erforderlichen Maschinen und Mannschaften in der Erntezeit von Hof zu Hof zog. Später wurde der Beruf zum Lohnunternehmer als Helfer des Bauern, der mit Dreschtrommeln, Bindern, Hebewerken und Häckselbänken durch die Lande zog. Später wurden sogar Wohnwagen mit Liegepritschen zum Übernachten der Arbeiter eingesetzt. Mit den langsam fahrenden Lokomobilen dauerten Fahrten von Arbeitsplatz zu Arbeitsplatz oft sehr lang. Denn die Fahrzeuge fuhren kaum schneller, als ein Fußgänger lief.
Im Übrigen war die Arbeit an einem Dampflokomobil nicht ungefährlich. Durch Bedienungsfehler, fehlerhafte Wartung der oft mehrere Tage ununterbrochen laufenden Maschinen oder auch durch Herstellerfehler kam es immer wieder zu Kesselexplosionen, bei denen nicht wenige Maschinisten ihr Leben verloren. So entstanden um 1860 „Vereine zur Verhütung von

Oben: Aufgrund der zunehmenden Globalisierung und der Liberalisierung in der Agrarpolitik muss immer kostengünstiger produziert werden. Hier hilft die moderne Erntetechnik eines Claas-Lexion-600-Mähdreschers.
Mitte: Funktionsprinzip eines Mähdreschers.
Unten: Seit 2008 begeistert die Claas-Jaguar-Baureihe mit hervorragenden Leistungen und hoher Häckselqualität.

Großmähdrescher mit fast 500 PS, einer Schnittbreite bis zu neun Metern und Tankinhalten von bis zu 11.000 Litern Kornfassungsvermögen, wie hier Maschinen von John Deere, sind heute in Amerika der Standard.

Dampfkesselexplosionen", aus denen im Laufe der Jahrzehnte die „technischen Überwachungsvereine" von heute hervorgingen.
Auch in Europa folgten die Techniker und Ingenieure den Vorbildern und entwickelten immer neue Ideen. So baute der versierte englische Mechaniker Thomas Aveling einen Kettenantrieb als Verbindung zwischen Dampfmaschine und Antriebsachse ein. John Fowler aus Leeds, England, entwarf im Jahr 1856 den ersten mit Zahnrädern getriebenen Antrieb.

Lokomobilbau in Deutschland

Auch in Deutschland beschäftigte man sich mit den Dampfmaschinen. Rudolf Wolf und Heinrich Lanz gelten hier als Wegbereiter. In der zweiten Hälfte des 19. Jahrhunderts sind noch die britischen Hersteller von Dampfmobilen den anderen Herstellern in der Technik weit überlegen. Doch das sollte sich bald ändern. Rudolf Wolf war im Maschinenbauhandwerk groß geworden, ehe er sich in Magdeburg selbstständig machte.

Das Fendt Agrobil S war 1970 die erste selbstfahrende Erntemaschine für die gesamte Futterernte.

Technische Daten: Fendt Agrobil S

Motor:	Deutz F4L 912, 4-Zylinder/4-Takt-Unterflurmotor
Hubraum:	3768 Kubikzentimeter
Leistung:	80 PS bei 2800 U/min
Getriebe:	18 Vorwärts-, 6 Rückwärtsgänge
Radstand:	3440 Millimeter
Leergewicht:	4000 bis 4300 Kilogramm
Stückzahl:	112 Einheiten

Im Laufe der letzten Jahre entwickelten sich die landwirtschaftlichen Fahrzeuge immer mehr zu Spezialmaschinen, wie hier der Gregoire-G120-Olivenernter aus den USA.

Er konnte mit einem entscheidenden Vorteil aufwarten. Seine Dampfmobile galten als besonders zuverlässig. Zur gleichen Zeit konkurrierte mit Wolf eine in Mannheim ansässige Firma, die Heinrich-Lanz-Maschinenfabrik, die in Deutschland englische Maschinen verkaufte. Heinrich Lanz baute 1879 die erste eigene Dreschdampfmaschine. Da er von Anfang an großen Wert auf die Verwendung von hochwertigen Materialien legte, verlagerte sich das Geschäft sehr schnell von einem Import- zu einem Exportgeschäft. Schon in den ersten Jahren verkaufte Lanz nach Algerien, Syrien, Mexiko, Südamerika und China. 1885 lieferte das Unternehmen die 1000. Dampfdreschgarnitur aus. Bei der Weltausstellung in Paris im Jahr 1900 war Lanz vertreten und lieferte gleichzeitig das 10.000. Lokomobil aus. 1910, zur Weltausstellung in Brüssel, waren es schon 25.000 gelieferte Lokomobile. Parallel hatte die Wolf AG in Magdeburg 14.000 Maschinen gefertigt und ausgeliefert.

Erste Konkurrenz der Dampfschlepper

Die ersten Automobile bevölkerten bereits um 1900 die europäischen Straßen, als das Ersetzen der landwirtschaftlichen Dampffahrzeuge durch auf Erdöl basierende Verbrennungsmaschinen noch regelrecht vor sich hin schlummerte. 1896 stellte Hornsby-Akroyd einen ersten Traktor mit einem Zylinder im Glühkopfverfahren vor.

Technische Daten: Ropa-euro-Tiger V8-3

Motor:	DaimlerChrysler V8 Dieselmotor, OM502LA
Leistung:	604 PS/436 kW bei 1690 U/min
Getriebe:	hydrostatischer Antrieb über 2-Gang-Schaltgetriebe mit Allradschaltung
Länge:	14.950 Millimeter
Breite:	3000 bis 3300 Millimeter
Höhe:	4000 Milimeter (Transportstellung)
Tankinhalt:	1440 Liter Diesel
Kapazität:	2 ha/Std.
Bunkerinhalt:	26 bis 29 Tonnen

Für den Straßentransport der Rodeaggregate aus der Ropa-euro-Tiger-Baureihe gibt es spezielle Tranport- und Koppelsysteme, die längs hinter dem Transportwagen nachgezogen werden.

Der zweireihige Selbstfahrer Grimme Varitron 270 ist für die widrigsten Bodenbedingungen konstruiert. Angetrieben wird der Selbstfahrer durch einen 280 PS starken Mercedes-Motor.

Ab dem Jahr 1903 begann die Avel Agricultural Motor mit der Serienfertigung eines Dreiradtraktors mit einem Zweizylinder-Boxermotor mit einer Leistung von 20 PS. Der kleine Benzinschlepper konnte immerhin fast drei Tonnen Gewicht ziehen. Diese Traktoren wurden ab 1913 auch in Deutschland verkauft. Ab 1911 hatten auch die deutschen Unternehmen nachgerüstet und teils große Prototypen von Motortragpflügen entwickelt.

Moderne Landtechnik

Mittlerweile haben hoch spezialisierte Maschinen in die Landtechnik Einzug gehalten. Sie zeichnen sich durch ihre große Mobilität aus. Heute sind diese Landmaschinen entweder selbstfahrend oder werden von einem hoch technischen Schlepper gezogen.

Moderne Traktoren verfügen über Dünge-, Saat- und Erntemaschinen zum Zweck der zielgerichteten Ausbringung der richtigen Mengen. Satellitengesteuerte Navigations- und Kartierungssysteme (Precision Farming) erwirken einen hohen Automatisierungsgrad. Im Zuge des Strukturwandels werden die zu bewirtschaftenden Ackerflächen pro Betrieb immer größer und die dafür eingesetzten Maschinen entsprechend leistungsfähiger.

Für mittlere und kleine landwirtschaftliche Betriebe lohnt sich die Beschaffung der neuen Maschinengeneration durch die damit verbundenen Investitionskosten meist nicht. Diese Betriebe schließen sich daher oft in Maschinenringen zusammen oder beauftragen Lohnunternehmen für die speziellen Aufgaben.

Die westeuropäische Landtechnik-Industrie repräsentiert etwa 4500 Produktionsbetriebe. Davon haben knapp über 1000 Betriebe mehr als 20 Mitarbeiter. Insgesamt werden circa 135.000 Personen in dieser Branche beschäftigt. Davon entfallen circa 25.000 Beschäftigte auf den deutschsprachigen Raum. Mit einem Umsatz von rund fünf Milliarden Euro steht Deutschland mit 25 Prozent an erster Stelle vor Italien mit 21 Prozent.

Im Jahr 2005 wurden in der EU 143.000 landwirtschaftliche Fahrzeuge zugelassen, davon 37.000 in Frankreich, 32.000 in Italien und 23.000 in Deutschland. Bei den Mähdreschern werden in Deutschland jährlich circa 2000 Einheiten verkauft.

TRAKTOR-PULLING: KRAFT OHNE ENDE

In der Standardklasse (englisch: Farm-Stock) des Traktor-Pullings werden ganz normale Trecker eingesetzt. Auch die Leistung dieses originalen Ursus C 45 darf nicht modifiziert sein.

Es war in Amerika in den 1940er-Jahren, als nach der erfolgreichen Technisierung der Landwirtschaft einige Farmer wissen wollten, wer den stärksten Traktor hat. Meist trafen sie sich am Sonntag nachmittags zu ihren Spaßwettkämpfen nach dem Motto „Pull on Sunday, Plow on Monday". Zunächst kämpften immer zwei Traktoren gegeneinander, indem sie mit einer Kette verbunden wurden, und ähnlich wie bein „Seilziehen" jeder in die andere Richtung ziehen musste. Der Pilot, der den Gegner über die Mitte der Kette zog, hatte gewonnen. Immer mehr Farmer interessierten sich für die neue Motorsportart, bei der auch ihr Schlepper zeigen konnte, was er an Leistung hatte. Da das Wettkampfsystem sehr zeitaufwendig war, wurden die Wettbewerbe immer länger und in den 1970er-Jahren für Fahrer und Zuschauer anstrengend.

Ein schnelleres und effizienteres Wettbewerbssystem musste her und man brauchte auch nicht lange auf eine gute Idee zu warten. Man band einen großen Felsbrocken an das Heck der Traktoren. Doch auch diese Methode wurde nur kurze Zeit angewandt, da sie vor allem sehr ungenau war. Dies war die Geburtsstunde des Bremswagens, auch „Sled" genannt. Im Laufe der Zeit wurde die Technik des „Sleds" immer komplizierter. Der Bremswagen oder -schlitten sorgt heute dafür, dass der Zugvorgang des Schleppers je nach zurückgelegter Strecke immer schwieriger wird und der Trecker so an die Grenze seiner Leistungsfähigkeit geführt wird.

Die Pulling-Tractors wurden immer schneller, stärker und teurer. 1977 wurde das Traktor-Pulling auch in Europa eingeführt.

Der „TRACTOR X" aus England startet in der Mini Modified Tractor Class. Der Amerikaner Joe Arruda setzt den mit einem 454-Chevy-Motor ausgestatteten „Puller" seit 2004 ein und holte sich 2005 den 5. Meisterschaftsplatz.

Der moderne Bremswagen

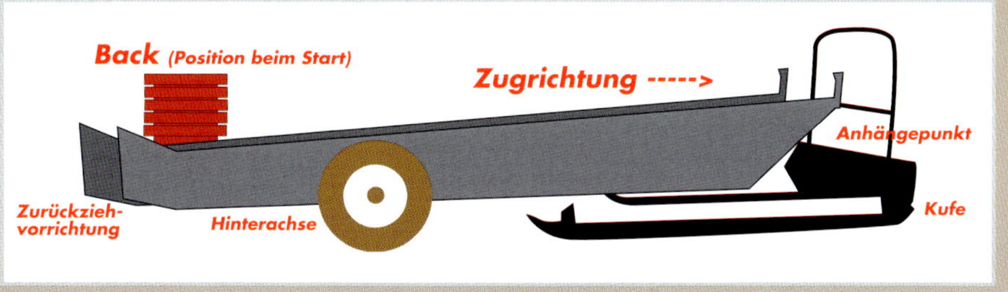

Der Bremswagen hat eine Hinterachse mit zwei Rädern und vorne anstatt einer Vorderachse eine Gleitkufe. Das Gewicht, auch „Back" genannt, liegt am Anfang der Messfahrt hinten auf der Hinterachse. Während der Fahrt bewegt sich nun das Gewicht über ein Getriebe, das von der Hinterachse angetrieben wird, langsam nach vorne und belastet so die Gleitkufe unter dem Vorderteil des Gewichtswagens immer stärker. Dadurch erhöht sich die Reibung zum Boden und das Ziehen des Bremsschlittens wird immer schwerer. Je nach Gewichtsklasse sind die Gewichte auf dem Gewichtswagen nach dem Eigengewicht der Zugmaschine variabel einstellbar, so können sowohl kleine als auch große Trecker mit dem gleichen Schleppwagen an ihre Grenzen geführt werden. Zusätzlich gibt es noch die Möglichkeit, Dorne in das Erdreich zu treiben, wodurch der Zugwiderstand nochmals steigt.

Die stärksten Traktoren hatten damals bereits Motoren mit teils über 25.000 PS. 1880 wurde die DTTO (Deutsche Trecker Treck Organisation e. V.) gegründet und ein Reglement für eine Deutsche Meisterschaft ausgearbeitet.

Der Wettkampf

Beim Traktor-Pulling geht es darum, den stärksten Traktor mit dem geschicktesten Piloten herauszufinden. Auf einer 80 bis 100 Meter langen und circa zehn Meter breiten Wettkampfpiste aus erdigem Boden, am besten lehmig, wird der Bremswagen über die vorgeschriebene Strecke gezogen.

In der Klasse der „Garden Puller" startet der „Crazy Devil", in den für die nötige Zugleistung ein Opel-Motor eingebaut wurde.

Ziel ist es, den Schleppwagen mit der vorgespannten Zugmaschine, ohne anzuhalten, über die gesamte Strecke zu ziehen. Das nennt man dann einen „Full Pull". Erreichen mehrere Teilnehmer einen „Full Pull", muss unter erschwerten Bedingungen (oft die nächsthöhere Gewichtsklasse) nochmals angetreten werden. Wer in diesem Fall die weiteste Distanz schafft, ist der Sieger in seiner Klasse.

Tractor-Pulling – Klassen (DTTO)

Freie Klassen
bis 950 kg, bis 2500 kg, bis 3500 kg, bis 4500 kg, bis 5400 kg
Super Stock
bis 3500 kg
Two Wheel Drive
bis 2600 kg
Pro Stock
bis 3500 kg
Trucks
bis 8500 kg, bis 10.500 kg
Garden Puller
Stock bis 350 kg, Stock bis 500 kg, Super Stock bis 500 kg, Freie Klasse bis 500 kg, Kompakt Diesel bis 600 kg
Standard-Traktoren
bis 6000 kg

DAMPFWALZEN: SPEZIALISTEN IM STRASSENBAU

In den 1930er-Jahren waren Straßenwalzen mit Dampfantrieb üblich. Sie waren schwer genug, um den Boden zu verdichten. Aber auch zum Aufreißen von Asphaltdecken wurden Dreiradstraßenwalzen verwendet (kleines Bild). Heute sieht man sie meist schön restauriert auf Ausstellungen, wie hier die „Sophia Maria" aus dem Jahr 1929 in den Niederlanden (großes Bild).

Im Straßen- und Wegebau werden schon ab etwa 1830 Walzen zum Verdichten von Erdreich durch ihr Eigengewicht eingesetzt, um die Tragfähigkeit und Dauerhaftigkeit des Untergrunds zu gewährleisten. Damals wurden die schweren Walzen noch von Pferden oder anderen Zugtieren gezogen. Anfangs bestanden die Walzen aus Stein, später baute man sie aus Gusseisen. Um noch mehr Druck auf das lose Erdreich zu bekommen, konnten die Verdichtungsgeräte entweder mit zusätzlichen Steinen oder mit Wasserballast beschwert werden. Die Dampfwalzen wurden um 1860 entwickelt und waren schnell sehr erfolgreich. Die Grundlagen der Dampfwalzen bildeten die zu dieser Zeit aufkommenden Lokomobile, bei denen teils nur die Vorderräder durch eine Eisenwalze ersetzt wurden.

Mitten im Zeitalter der Dampfwalzen konstruiert und baut Hans Hamm im Jahr 1911 die erste motorgetriebene Straßenwalze. Sie wird ein bahnbrechender Meilenstein in der Geschichte der Straßenbaumaschinen.

Jedes Jahr ein tolles Spektakel, das Straßenwalzen-Rennen während des Lanz-Bulldog- und Dampf-Festivals in Eschach/Seifertshofen, das das Schwäbische Bauern- und Technikmuseum der Familie Kiemele durchführt.

Anfang des 20. Jahrhunderts verdrängten langsam Straßenwalzen mit schweren Dieselmotoren die Dampfwalzen. Dabei führten die Techniker bei den Walzen nun auch zwei Walzräder aus Eisen an der Hinterachse ein. Eine erste auf diesem Prinzip basierende Dreiradwalze wurde 1911 von der Fima Hamm in Deutschland auf den Markt gebracht, die damit der älteste immer noch aktive Walzenbauer ist. Auch diese Straßenwalzenart wirkte nur mit ihrem statischen Gewicht auf den Untergrund. 1932 wurde die erste Tandemwalze, eine Walze mit zwei durchgehenden Walzen vorne und hinten, entwickelt. Diese Walzen haben bereits die bis heute übliche Knicklenkung. Obwohl die technische Entwicklung der Straßenwalzen sehr schnell vorangeht, können die beim Betrieb auftretenden Vibrationen bis 1958 nicht auf den Belag umgesetzt werden. Erst eine Tandemvibrationswalze ermöglicht eine wirkungsvollere und schnellere Verdichtungsarbeit. Dabei haben die Walzenkörper innen eine Vibrations- und Oszillationseinheit, die bessere Verdichtungsergebnisse ermöglicht. Die Walze kann nun neben ihrer Flächenpressung auch eine dynamische Energie in die Straßendeckschicht einleiten. Für kleinere Arbeiten werden auch Einzelvibrationswalzen als Anhänger hinter Raupen oder Traktoren gezogen.

Eine neue Generation von Straßenwalzen wurde schließlich im Jahr 1976 eingeführt. Hierbei handelt es sich um Walzenzüge, wie sie heute noch der Standard beim Straßenbau sind. Diese Walzenzüge sind wieder nur mit einer Walzenbandage ausgestattet. Eine Hinterachsluftbereifung treibt die Baumaschine an. Antriebs- und Walzeinheit sind über Einzelrahmen und eine Knicklenkung miteinander verbunden. Die Fahrerkabine befindet sich dabei in der Mitte der Maschine, der Motor im Heck.

Moderne Walzenzüge, wie die von CAT, gehen bei ihren Verdichtungsarbeiten mit hoher Geschwindigkeit und Steigfähigkeit zu Werke.

Technische Daten: CAT CS56 Walzenzug

Motor:	6-Zylinder-C6.6-Diesel
Hubraum:	6,6 Liter
Bohrung/Hub:	105 x 127 Millimeter
Länge:	5860 Millimeter
Breite:	2300 Millimeter
Höhe:	3070 Millimeter
Bodenfreiheit:	537 Millimeter
Einsatzgewicht:	14.493 Kilogramm
Geschwindigkeit:	11,4 km/h (Schnellstufe)

AUTOKRÄNE: FÜR BAUSTELLEN UND FÜR SCHWERTRANSPORTE

Der zurzeit stärkste Teleskopkran ist der LTM 11200-9.1 von Liebherr. Mit dem neunachsigen Fahrgestell und einem achtteiligen Ausleger erreicht er riesige Dimensionen (großes Bild). Dagegen sahen die Anfänge kurz nach dem Zweiten Weltkrieg eher bescheiden aus (kleines Bild).

Technische Daten: Liebherr LTM 11200-9.1	
Fahrmotor:	Liebherr, 8-Zylinder-Turbo-Diesel
Leistung:	500 kW
Kranmotor:	Liebherr, 6-Zylinder-Turbo-Diesel
Leistung:	270 kW
Einsatzgewicht:	108 Tonnen
Gesamtballast:	202 Tonnen
Antrieb/Lenkung:	18 x 8 x 18
max. Traglast:	1200 Tonnen bei 2,5 Metern Radius
Tekeskopausleger:	18,3 bis 100 Meter
Gitterspitze:	24 bis 126 Meter
Geschwindigkeit:	75 km/h

Autokräne oder auch Fahrzeugkräne sind unentbehrliche Helfer beim Transport von schweren Lasten. Sie werden überall da eingesetzt, wo herkömmliche Mittel versagen. Gerade bei der Montage von Kernkraftwerken, Funktürmen, Freilandleitungsmasten oder Windenergieanlagen sind sie nicht mehr wegzudenken. Außerdem ermöglichen die mobilen Kräne die Bergung von verunfallten Straßen- oder Schienenfahrzeugen in unwegsamem Gelände.

Die Fahrzeugkräne werden dabei in vier Gruppen gegliedert. Die kleinste Gruppe dieser Spezialfahrzeuge sind die Autokräne. Dies sind nicht geländegängige und schnell fahrende Straßenfahrzeuge, auch „Truck Crane" genannt. Die zweite Gruppe ist der ersten Gruppe sehr ähnlich. Diese geländegängigen Fahrzeuge (Rough-Terrain-Crane) sind langsamer als die Fahrzeuge der ersten Gruppe, aber die Aufbauten sind meist wesentlich größer. Die dritte Gruppe, die All-Terrain-Crane (AT-Crane), vereinen die Vorzüge beider vorangegangenen Gruppen miteinander. Sie besitzen eine große Geländetauglichkeit und sind schnell von einem Ort zum nächsten Einsatz umzusetzen. Alle drei Arten von Kränen sind mit Gittermastausleger oder hydraulisch ausfahrbarem Teleskopausleger bestückt, die aus einem Unter- und einem Oberwagen bestehen. Autokräne haben bis zu zehn Achsen und gelten in der Straßenzulassungsverordnung als Räderfahrzeuge. Da Mobilkräne eine zulässige Achslast von bis zu zwölf Tonnen pro Achse erreichen, können sie bei einer Traglast ab 50 Tonnen nur einen Teil des Zusatzballasts mitführen. Zusätzliche Gegengewichtteile werden dann auf getrennten Transportfahrzeugen mitgeführt.

Den größten Anteil bei den Autokränen machen die AT-Kräne aus. Sie haben bis zu neun Achsen, die alle hydropneumatisch abgefedert und in der Mehrzahl angetrieben sind. Während des Kranbetriebs sind die Achsen hydraulisch blockierbar. Die unabhängige Lenkbarkeit der hinteren Achsen zu den Vorderachsen ermöglicht sehr kleine Wenderadien und ein seitliches Versetzen des Krans auf engstem Raum. Durch die großvolumi-

Der von Kässbohrer gebaute Autokran KS 36 basierte auf dem Fahrgestell des Henschel HS 3-180 TA aus dem Jahr 1955.

Technische Daten: Henschel HS 3-180 TA	
Motor:	Typ-520-DOT-6-Zylinder-Diesel
Hubraum:	11.045 Kubikzentimeter
Bohrung/Hub:	125 x 150 Millimeter
Leistung:	180 PS bei 2000 U/min
Getriebe:	6-Gang-ZF-AK-6-75- und 2-Gang-Verteilergetriebe
Radstand:	3400 + 1400 Millimeter
Gesamtgewicht:	29,5 Tonnen

gen Räder mit groben Profilen ist eine starke Übertragung der Vorschubkräfte möglich. Auch die Bodenfreiheit ist gegenüber den herkömmlichen Autokränen wesentlich größer. Zusätzliche sperrbare Differenziale ermöglichen eine gute Traktion in schwierigem Gelände.
Der Antrieb von großvolumigen Dieselmotoren auf die Antriebsräder erfolgt heute über ein Automatikgetriebe mit Drehmomentwandler oder über automatische Wandler-Lastschaltgetriebe. Von dort überträgt ein Verteilergetriebe mit Geländestufen die Antriebskraft über Gelenkwellen auf die Achsantriebe. Im Kranbetrieb werden die im Drehkranz vom Oberwagen eingeleiteten Kräfte vom verwindungs- und biegesteifen Kastenrahmen in die Abstützungen abgeleitet. Die Abstützträger mit den hydraulischen Stützzylindern und Stahlgussballastplatten am Ende des drehbaren Kranaufbaus vergrößern die Standfestigkeit erheblich und erhöhen so die Standsicherheit des Fahrzeugs im Einsatz. Dabei kann die Menge der Gegengewichte durch variable Ballastgruppen der einsatzbedingten Tragelast angepasst werden.
Die Hauptbaugruppen des Oberwagens setzen sich aus Hubwerk, Drehwerk, Wippwerk und aus dem Auslegersystem zusammen. Die tragende Schweißkonstruktion des Oberwagens ist die Drehbühne. Sie trägt im Kranbetrieb die Hauptkräfte aus dem Ausleger. Ebenfalls auf dem Oberwagenrahmen ist die Kranführerkabine befestigt. In der Kabine unterstützen elektronische Anzeigen den Kranführer, indem sie ihm alle wichtigen Krandaten anzeigen und Grenzzustände rechtzeitig signalisieren. Ein Lastmomentbegrenzer verhindert zusätzlich ein Überlasten des Krans. Dieser Begrenzer schaltet bei Kippgefahr, lastmomentvergrößernden Kranbewegungen oder bei einer Überschreitung von höchstzulässigen Belastungen automatisch ab.

Gittermastkräne

Die Auslegersysteme mit Gittermasten können am vielfältigsten eingesetzt werden. Sie lassen sich auf verschiedenen Höhen aufbauen und können dadurch den unterschiedlichsten Aufgaben angepasst werden. Der leistungsfähigste straßenfahrbare, in Europa eingesetzte Autokran mit Gittermasten war der Gottwald AK 850-103, der 1982 für die Firma Schmidbauer KG gebaut wurde. Die Tragfähigkeit betrug 1100 Tonnen und der „Riese" existiert nur viermal weltweit. Das zehnachsige Grundgerät allein wiegt 96 Tonnen und ist 22,88 Meter lang, vier Meter hoch und drei Meter breit. Allein der Haken des Krans wiegt 24 Tonnen. Heute ist die Firma Demag bei Gittermastkränen über 300 Tonnen mit großem Abstand Marktführer.

Auf einer Öl- und Gasbohrinsel in Oklahoma-City wird mit zwei großen Liebherr-Autokränen, einem LTM 1200 und einem LTM 1220, gearbeitet. Beide Kräne haben eine gemeinsame Tragkraft von 43.000 Kilogramm. Die Teleskoplänge der beiden Auslegerarme beträgt dabei 197 Meter.

Teleskopkräne

Diese Art von Kränen ist für kurze und rasch wechselnde Einsätze und Hebearbeiten aller Art geeignet. Sie werden für Traglasten von bis zu 1000 Tonnen gebaut und erreichen mit ihren eingebauten Spitzenauslegern Hubhöhen von weit über 100 Metern. Die großen Vorteile von Teleskopkränen sind die kurzen Rüstzeiten (hydraulisches Ein- und Ausfahren des Teleskops und der Stützen) sowie der geringe Platz- und Personalbedarf. Die Bedienung der Steuerung für die hydraulischen Antriebe erfolgt elektronisch von einer Person vom Cockpit aus über angesteuerte Proportionalventile, die bis zu vier Kranbewegungen gleichzeitig ermöglichen.

Der Teleskopausleger selbst besteht aus einer Stahlkonstruktion, in deren Grundkörper bis zu fünf Teleskopstufen ineinander gelagert werden können. Da das Profil der modernen Ausleger oval im Grundschnitt ist, haben diese Fahrzeugkräne eine hervorragende Tragfähigkeit bei einem wesentlich geringeren Auslegergewicht als die bisherigen runden oder rechteckigen Querschnittprofile. Um die Teleskopstufen zu bewegen, werden sie mit im hohlen Innenraum der Stufen liegenden Hydraulikzylindern gleichzeitig oder nacheinander auseinandergeschoben. Eine Sonderform stellen Mobilteleskopkräne dar, die als Grundkörper auf einem Bagger basieren. Anstelle eines Baggerarms ist dort jedoch ein Teleskopausleger mit einem Kranhaken montiert.

Oben: Der dreiachsige Grove GMK 3055 hat eine Tragfähigkeit von bis zu 55 Tonnen. Der Kran besteht aus sechs Teilen und kann bis zu 43,2 Meter ausgezogen werden.
Mitte: Der 50-Tonnen-Grove ist als allradgetriebener Autokran für schweres Gelände ausgerüstet.
Unten: Auch Liebherr ist bei den Autokränen an der Weltspitze dabei. Eines der kleineren Modellen ist der LTM 1040-3 mit einer Höhe von 35 Metern und einer Traglast von bis zu 40 Tonnen.

Raupenkräne

In der vierten Gruppe sind die schwersten Kräne vereint. Dies ist die Gruppe der Raupenkräne. Sie werden dort eingesetzt, wo große Lasten über kleinere Strecken verschoben werden müssen und Autokräne nur schlecht bewegt werden können. Meist sind Raupenkräne bei Montagen im Hoch- oder Anlagenbau zu finden. Sie sind langsam und schwer und können nicht auf öffentlichen Straßen bewegt werden. Für den Transport zum Einsatzort sind Lastwagen, Tieflader oder Schwerlasttransporter notwendig. Beim Aufbau der Kräne sind lange Rüstzeiten für den Aufbau und viel Personal erforderlich. Der Vorteil dieser Kräne ist die Aufstandsfläche der Raupenketten, da sich das Raupenfahrwerk durch eine verhältnismäßig geringe Bodenpressung auszeichnet. Der Antrieb des Fahrwerks erfolgt hydrostatisch. Die Raupen sind gegenläufig zueinander steuerbar, wodurch das große Gerät auf kleinstem Raum um die eigene Achse gedreht werden kann. Als Oberbau dient meist ein übergroßer Gittermastkran. Der Antrieb erfolgt über einen Dieselmotor im Oberwagen, der über Pumpenverteiler sämtliche Winden, das Drehwerk und das Fahrwerk antreibt.

Die größten Kräne der Welt

Terex Demag CC 8800
Die größte Tragfähigkeit hat der Terex Demag CC 8800 mit 1250 Tonnen und einem maximalen Lastmoment von 22.000 mt. Im Jahr 2007 wurde ein CC 8800-1 durch Zusatzkomponenten in einen „Twin" verwandelt. Die Tragfähigkeit des „Twin" betrug 3200 Tonnen bei einem Lastmoment von 44.000 mt.

Windkraftanlagen

Aufgrund fehlender Baustellenstraßen und in schwierigem Gelände werden Raupenkräne heute in Deutschland vor allem beim Aufbau von Windkraftanlagen eingesetzt. Raupenkräne erreichen hier die höchsten Anforderungen bei der Traglast, der Hubhöhe und der Reichweite.
Bei der Errichtung eines kompletten Windparks kommen diese Spezialkräne vorzugsweise von der Firma Terex-Demag zum Einsatz, wie beispielsweise der Terex-Demag CC 2800-1 NT. Die Bezeichnung NT steht hier für „Narrow Track" oder frei übersetzt für „freie Straße".
Der CC 2800-1 NT kann voll aufgerüstet auf Wegen von nur fünf Metern Breite von einer Windkraftanlage zur anderen fahren. Dadurch werden Abbau, Transport und Wiederaufbau des Krans eingespart und es können im gleichen Zeitraum deutlich mehr Anlagen errichtet werden. Nachdem die Windkraftanlagen aufgebaut sind, werden die Kräne demontiert und zur nächsten Baustelle transportiert.

Mobile Kräne im Einsatz

Um unvorhergesehene Probleme zu vermeiden, müssen vor dem eigentlichen Einsatz Informationen über Anfahrweg, Einsatzbedingungen vor Ort, Hubkoordinaten des Lastentransports sowie Eigenschaften und Anschlagmöglichkeit der Last eingeholt werden. Die Maße von Durchfahrtshöhen und -breiten, höchstzulässigen Fahrbahn- und Brückenbelastungen sind zu berücksichtigen. Die gewonnenen Angaben dienen als wichtige Grundlage für einen sicheren und reibungslosen Einsatzablauf.
Beim Einsatz in Innenstädten ist es notwendig, abzuklären, ob Straßenteil- oder Straßenvollsperrungen nötig sind.
Um eine Kommunikation mit dem Kranführer zu gewährleisten, sind Einweiser und Kranführer mit Sprechfunkgeräten ausgerüstet.
Eine unentbehrliche Hilfe beim Betreiben von Mobilkränen, die oft einen Wert von einer Million Euro haben, ist für die Bauunternehmen ein gut ausgebildeter Kranführer. Auf dem Kranführer lastet die gesamte Verantwortung am Einsatzort nicht nur für die teure Maschine, sondern auch für die im Umfeld arbeitenden Menschen.
Darüber hinaus gehören zu den Aufgaben des Kranführers auch die Wartung, Pflege und das Beseitigen einfacher Störungen. In Deutschland gibt es bis heute noch kein Berufsbild des Kranführers und daher auch keine geregelte Ausbildung für diesen Beruf. Meist werden jüngere Kranführer unter Aufsicht und Anleitung von erfahrenen Kranführern mit zunächst einfachen Tätigkeiten beauftragt, damit sie die nötige Erfahrung bekommen.
In Österreich ist eine Ausbildung mit einer Prüfung im Rahmen des Arbeitnehmerschutzgesetzes nötig. Die Ausbildungzeit umfasst 33 Stunden. Der hohe technische Entwicklungsstand moderner Kräne stellt heute besonders hohe Ansprüche an das Bedienungspersonal.

Die erste Windanlage mit Hybridturm wurde im Jahr 2008 errichtet. Der Rotor hat einen Durchmesser von 93 Metern. Die Anlage erreicht eine Gesamthöhe von 180 Metern. Zur Unterstützung für den Aufbau der Windkraftanlage wurde ein Raupenkran von Liebherr aus der LR-Serie verwendet.

MULDENKIPPER: IMMER NEUE REKORDE

Oben: Diese geländegängigen Nutzfahrzeuge, auch „Dumper" genannt, werden zum Abtransport von Abraummaterial vor allem in Kiesgruben, Steinbrüchen und im Tagebau eingesetzt.

Unten: Viele funktionstüchtige Militärfahrzeuge der Alliierten waren nach dem Zweiten Weltkrieg in Europa abgestellt. Sie wurden nach dem Krieg für zivile Aufgaben verwendet. Oft wurden sie, so wie diese amerikanische International-Sattelzugmaschine, mit einer Meiller-Kippmulde ausgerüstet und mit Dieselmotoren bestückt.

Die Geschichte der großen „Dumper" beginnt eigentlich erst nach dem Zweiten Weltkrieg. Davor wurden normale Dreiseitenkipper verwendet. Betätigt wurde der Kippvorgang zu dieser Zeit noch mechanisch per Hand. Erst später kamen hydraulische Kipppressen und Hydraulikpumpen auf.

Die deutsche Firma Meiller, die der Schmied und Hammerwerkbesitzer Lorenz Meiller in der Münchener Vorstadt Au im Jahr 1850 betrieb, tat sich in den 1930er-Jahren in der Entwicklung der Kippsysteme besonders hervor.

Wiederaufbau nach dem Krieg

Der Bedarf an Lastwagen mit Kippvorrichtungen war nach dem Zweiten Weltkrieg in Deutschland enorm. Ruinen mussten abgerissen, der Bauschutt musste weggebracht werden und neues Material zum Bau der dringend benötigten Wohnungen musste an die Baustellen transportiert werden. So liefen die Geschäfte der LKW-Bauer gut und der Bestand an Kipper-LKWs wuchs auf den Straßen und auf den Baustellen vor allem auch durch den glücklichen Umstand, dass viele LKWs der Alliierten nach dem Krieg in Depots abgestellt in Deutschland blieben. Da sie meist mit durstigen Benzinmotoren ausgestattet waren, wurden sie auf Dieselmotoren umgebaut und gleichzeitig mit neuen Aufbauten versehen, bevor sie wieder zum Einsatz kamen.

Henschel in Kassel durfte zum Beispiel auf Befehl der Alliierten keine Lastwagen bauen, sondern nur Dieselmotoren. Da der neue 100-PS-Sechszylinder-Diesel sehr gut unter die Haube der GMC-Dreiachser passte, der mehr als 500.000-mal gebaut worden war, war dieser Laster bald der Favorit unter den Fahrgestellen, die für Kipperaufbauten herhalten mussten. Auf die Fahrgestelle kamen Hinterkipper, Muldenkipper, Dreiseiten-Muldenkipper mit seitlichen Pendelbordwänden oder angeschrägten Wänden sowie normale Standarddreiseitenkipper mit Holzbordwänden. Neben den GMC-„Jimmys“ mit fünf Tonnen Nutzlast kamen vor allem Mack-Diamond-T-Schwerlastzugmaschinen beim Umbau zu Großraumkippern zum Einsatz. Diese beiden amerikanischen LKW-Typen hatten einen entscheidenden Vorteil, sie hatten alle beide einen Allradantrieb vorzuweisen.

Erst Mitte der 1950er-Jahre kam die deutsche Nutzfahrzeugindustrie mit eigenen Produkten wieder in Schwung. Wobei die Firma Meiller die Nummer eins im Bau von Kippmulden mit geeigneter Kipphydraulik wurde. Die schweren, für mehr als 20 Tonnen Nutzlast ausgelegten Mulden wurden nun auf Krupp-, Kaelble- oder Faun-Fahrgestelle montiert.

Eine Besonderheit aus den USA: Absetzkipper

Das neuartige System der Absetzkipper holte sich Franz Xaver Meiller während einer Studienreise durch die Vereinigten Staaten. Bereits im Jahr 1953 wurde mit der Produktion des neuen Transportsystems begonnen. Die Idee war, den Betrieb mit Wechselanhängern nach und nach einzustellen, denn nun konnten die Behälter einfach auf einer Baustelle abgesetzt und nach der Befüllung wieder abgeholt werden. Die Idee wurde ein voller Erfolg und so baute die Firma Meiller die passenden Laderausrüstungen für weiter- und neu entwickelte Trägermaschinen weiter aus.

Die große Konkurrenz

Anfang der 1960er-Jahre begannen IHC (International Harvester Corporation), Allis Chalmers und Caterpillar verstärkt auf den europäischen und deutschen Markt vorzudringen. Da die internationalen Firmen alle Teile aus eigener Fertigung einsetzten und zudem auch noch preisgünstiger waren, kam die deutsche Baumaschinenindustrie sehr schnell in Absatzschwierigkeiten. Nun waren die internationalen Großkipper gefragt. Bereits 1962 hatte Caterpillar den Muldenkipper CAT 769 mit einer Nutzlast von 31,8 Tonnen und einer Leistung von 400 PS vorgestellt. Der mit einem Dieselmotor angetriebene Kipper erreichte eine Spitzengeschwindigkeit von 66,8 km/h. Schon damals gehörte eine ölpneumatische Radaufhängung zur Standardausrüstung. Um bei den superschweren Muldenkippern den starken Reifenverschleiß in den Griff zu bekommen, entwickelte die Firma

Oben: Auch Mack-Fahrgestelle mussten nach dem Krieg für den Bedarf an Muldenkipper herhalten.

Mitte: Einer der ersten Absatzkipper auf einem LK6600-Fahrgestell von Daimler-Benz.

Unten: Bei diesem MAN-Muldenkipper ist der große Felsbrocken am Ende der Ladefläche hängen geblieben. Eine gefährliche Situation für den Fahrer, aus der nur noch ein zusätzlicher Bagger helfen kann.

Technische Daten: MAN Diesel 1570 DHK

Motor:	6-Zylinder-Dieselmotor Typ D 2146 M 1
Hubraum:	9659 Kubikzentimeter
Bohrung:	121 Millimeter
Hub:	140 Millimeter
Leistung:	172 PS bei 2200 U/min
Getriebe:	6-Gang ZF AK 6-55
Radstand:	4100 oder 4600 Millimeter
Gesamtgewicht:	22.000 Kilogramm
1. Baujahr:	1963

Euclid 1967 einen völlig neuen Fahrzeugtyp. Der neue R-X hatte eine variable Nutzlast zwischen 77 und 95 Tonnen bei einer Motorleistung von bis zu 1000 PS. Vordere Zwillingsbereifung und ein Allradantrieb sowie eine Rahmenknicklenkung waren absolut neu bei Muldenkippern dieser Größenordnung. Kurz vor Ende der 1960er-Jahre, im Jahr 1968, wurde ein neuer Rekord bei zweiachsigen Muldenkippern erreicht. Der „Lectra Haul" M-200 der Firma Unit Rig & Equipment Co. erreichte bei einer Nutzlast von 181 Tonnen ein Gesamtgewicht von 317 Tonnen. Diese „Giganten" wurden bis 1980 im sibirischen Kohletagebau eingesetzt.

Ein weiteres Highlight war der 1970 auf dem Baumaschinenmarkt eingeführte CAT 773. Dieser große Bruder des CAT 769 hatte eine Nutzlast von 45,5 Tonnen. Die neuen, vollständig abgedichteten ölgekühlten Scheibenbremsen gewährleisteten sichere Fahrt auch auf langen Gefällestrecken .

Eine außergewöhnliche Lösung sind die Salztransporter in Mexiko. In der Saline der Exportadora de Sal S.A. bauen die weltweit größten Salzgewinnungsbetriebe im Tagebau das „weiße Gold" ab. Auf den gänzlich flachen Pisten und bei Distanzen von bis zu 25 Kilometern transportieren Dart-Bodenentleer-Züge von bis zu 61 Metern Länge und einer Gesamtnutzlast von 380 Tonnen das Salz von den Abbaugebieten in die Fabriken. Den heutigen Rekord für Muldenkipper hält im Moment der Liebherr T282B. Seine Gesamtmasse beträgt maximal 592 Tonnen bei einer Nutzlast von 360 Tonnen. Der Antrieb erfolgt dieselelektrisch mit einer Leistung von 3650 PS.

Technische Daten: Caterpillar 773 B	
Motor:	V12-Zylinder-Cat-Dieselmotor, Type D3412 BiTurbo
Hubraum:	27 Liter
Leistung:	650 PS
Kapazität:	50 Tonnen (Muldenkipper)
Ladeleistung:	600 bis 700 Tonnen pro Stunde
Gesamtgewicht:	92,5 Tonnen
Bauzeit:	1988 bis 1995
Nachfolger:	CAT 773 D

Links: Der Caterpillar 773 B erreicht ein Fahrzeuggewicht von 92,5 Tonnen. So kann dieser Muldenkipper mit einem entsprechenden Bagger eine Ladeleistung von 700 Tonnen erreichen.

Unten: Der fast zehn Meter lange Mulden-Hinterkipper CAT 730 mit Knicklenkung gehört mit 16,9 Kubikmetern Muldeninhalt eher zu den kleineren Dumpern.

Haishan Deng und sein „Super Tipper Truck"

Obwohl auch bei den Baumaschinen die Größen und Gewichtsladungen immer schneller steigen, ist das Konzept der Muldenkipper immer noch das gleiche wie in der Frühzeit der ersten Baufahrzeuge. Der 29-jährige Designer Haishan Deng aus China, der 2007 mit dem „Red Dot-Award" ausgezeichnet wurde, hat sich diesem Thema während eines Praktikums bei F. X. Meiller in München, Deutschland, angenommen und dabei völlig neue Grundlagen für ein Kipper-Konzept geschaffen, den „Super Kipper Truck". Inspiriert durch die Bewegung von Insekten und mit Elektromotoren in allen Rädern ausgestattet kann dieser Lastwagen seine Ladung auf vier verschiedene Arten entladen. Haishan Deng selbst sagt: „ Ich habe nach einem Konzept gesucht, welches sich darauf konzentriert, mehrere Möglichkeiten zur Be- und Entladung zu beinhalten. Heute kann ein LKW nur nach hinten oder auf eine Seite entladen werden. Dieses traditionelle Konzept zum Kippen erfordert viel zu viel Zeit für den Fahrer. Daher musste eine innovative Idee her, die die LKW-Ladung auf unkonventionelle Weise leert. Der 'Super Kipper Truck' löst dieses Problem, indem man ihn in allen vier Richtungen entleeren kann. Durch die Rad-Elektromotoren entfällt zudem die Notwendigkeit, einen großen zentralen Antrieb einzubauen. Damit kann die Form des LKWs völlig neu konzipiert werden."

SCHAUFELBAGGER: RIESEN IN AKTION

Oben: In Deutschland schlägt die Tagebautechnik alle Rekorde. Zur Unterstützung beim Abbau wird auch der Demag HD 800 eingesetzt. Unten: Der amerikanische Buyrus Erie 50-B wurde von 1929 bis 1951 in verschiedenen Versionen gebaut. Zuerst kam als Antrieb ein Dampfmotor zum Einsatz. Später wurden auch Diesel- und Elektromotoren eingesetzt. Auch ein ölbefeuerter Dampfbetrieb war bei einigen Exemplaren möglich. Der 50-B konnte mit Hochlöffel, Schürfkübel, Greifer oder mit einem Kran bestückt werden.

Technische Daten: Bucyrus Erie 50-B	
Antrieb:	Dampfbetrieb
Befeuerung:	kohle- oder ölbefeuert
Arbeitsdruck:	8,75 kp/cm²
Bauzeit:	1929 bis 1951
Kosten:	22.500 Dollar (1929)
Klasse:	1,5 Kubikmeter
Gewicht:	ca. 71 Tonnen

Um Bodenschätze zu gewinnen, wurde im Tagebau schon sehr früh in der Menschheitsgeschichte begonnen, Rohstoffe abzubauen. Zunächst geschah dies mit den Händen, danach kamen primitive Werkzeuge, meist aus Holz, dazu.
Doch bald wurden die Geräte größer, um in die Tiefen der Erdkruste bis zu 1000 Metern vorzudringen, denn der Bedarf an Kohle, Erzen, Silber und Gold wurde immer größer.

In der heutigen Zeit werden weltweit täglich 50 Millionen Tonnen Rohstoffe gefördert, das sind 16 Milliarden Tonnen jährlich. Da die in der bis zu 60 Kilometer dicken Erdkruste lagernden Rohstoffvorkommen immer tiefer unter der Erde abgebaut werden müssen, ist es wichtig, dies mit gigantischen Maschinen zu bewerkstelligen, da der Abbau sonst nicht mehr wirtschaftlich ist. Da viele der Giganten aus dem amerikanischen Sprachraum

Unumgängliche Begriffe	
USA	**Deutschland**
Excavator	allg.: Bagger
Cable Shovel	Hochlöffel-Seilbagger
Electric Mining Shovel	elektrischer Bergbaubagger
Walking Dragline	Schreitbagger
Stripping Shovel	Löffelbagger
Short Ton (sht)	0,907 metrische Tonnen

stammen, gibt es viele Begriffe und Einheiten aus diesem Sprachraum (siehe Tabelle oben).

Excavatoren und Holländer-Bagger

Die Entwicklung des kontinuierlich arbeitenden Baggers hatte ihren Ausgangspunkt in Frankreich. Poirot de Valcourt, einem früheren Mitarbeiter von Oliver Evans, wurde 1827 das Patent für einen mit einer Umlauf-Eimerkette ausgerüsteten Dampfbagger erteilt. 1859 entwickelte der französische Bauunternehmer Alphonse Couvreux aus Paris einen Eimerkettenbagger, dessen Ausleger über Flaschenzüge heb- und senkbar war. Das war die Geburtsstunde des „Höllander-Baggers". Der erste Couvreux-Bagger wurde 1860 beim Bau von Eisenbahnstrecken in Frankreich und beim Bau des Suezkanals eingesetzt. Ab 1870 wurden die „Excavatoren Couvreux'scher Bauart" von der holländischen Firma A. F. Smulders nachgebaut. Alle diese Bagger (Railroad-Shovel) wurden noch auf Schienen bewegt und zuerst von Zugtieren und später mit Dampfloks gezogen.
Erst im Jahr 1912 wurden erstmals an einem auf Holt-Basis gebauten Bucyrus-Schleppschaufelbagger, Class 14, Raupenketten installiert. Wegen des großen Gewichts von bis zu 80 Tonnen wurden gleich vier kettengetriebene Raupenfahrwerke

Im Jahr 1959 baute die LMG (Lübecker-Maschinenbau-Gesellschaft) den 1400 Tonnen schweren Schwenkbagger für die Braunkohlenwerke Roddergrube AG.

montiert. Damit begann der Siegeszug der Raupenbagger, denn das Verlegen der Schienen entfiel und die Mobilität der Maschinen wurde beträchtlich erhöht. Die 1920er- und 1930er-Jahre wurden so die große Zeit der „Stripping Shovels", der riesigen Hochlöffelbagger auf Raupenketten. Doch schon in den 1960er- und 1970er-Jahren wurden sie zugunsten der Schreitbagger verdrängt.
Seit 1955 arbeiten vor allem Großschaufelradbagger im Tagebau. Nahezu zehn Millionen Euro kostet so ein bis zu 70 Meter hoher Koloss. 116 Elektromotoren mit insgesamt 10.040 PS treiben die 6000 Tonnen schweren Giganten an, der pro Tag bis zu 100.000 Kubikmeter Abraum fördert.

Hochleistungsbagger

Auch die Löffelbagger entwickelten sich weiter. Obwohl sie im Verhältnis zu den „Riesenbaggern" recht klein wirken, kann man sie dennoch als Großgeräte bezeichnen. Bereits im Jahr 1941 wurde so ein Ungetüm als „Titan der Arbeit" vorgestellt. Der unter der Bezeichnung U 35 vorgestellte Hochlöffelbagger war mit seinen 320 Tonnen Betriebsgewicht und einer 5,5 Kubikmeter fassenden Schauffel zu dieser Zeit wohl der größte Hochlöffelbagger in Europa. Da in den 1950er-Jahren die Muldenkipper immer größer wurden, mussten auch die Löffelbagger der Entwicklung ständig angepasst werden.

Den Marion 195-M, einen Schleppschaufelbagger aus den 50er-Jahren, zeigt das obere Bild. Heute passen die Systeme perfekt zusammen: Ein Liebherr 994 Litronic belädt einen Großmuldenkipper CAT 785 C.

Heute sind Schaufel- oder Radlader vielseitige Arbeitsmaschinen, die es in unzähligen Varianten gibt. Oft ergänzen sie ihre Einsatzkapazität noch zusätzlich durch Anbaubagger am Heck.

Auch die Radlader erfahren in den 1960er-Jahren ähnlich wie die Bagger eine bemerkenswerte Größenentwicklung. Im Gegensatz zum Schaufelinhalt von vergleichbaren Baggern, die bis zu 56 Kubikmeter Schaufelinhalt erreichen, bleiben die Radlader in der Leistungsfähigkeit mit einer Kapazität von bis zu zwölf Kubikmetern weit zurück. Schon mit einem Schaufelinhalt von drei bis fünf Kubikmetern Inhalt gelten die Schaufellader bereits als Großgeräte. Dennoch werden die Radlader schnell zu erfolgreichen Baumaschinen. Der Grund ist folgender. Durch die hohe Mobilität, das niedrige Preis-Leistungs-Verhältnis gegenüber den Baggern und die sehr flexiblen Einsatzmöglichkeiten werden die Radlader schnell beliebt. So können sich die Hersteller in den 1960er-Jahren über den steigenden Bedarf an Radschleppern freuen und sie versuchen, durch größere Ladeleistungen den Verkauf immer größerer Radlader voranzutreiben. Einen riesigen Schritt in diese Richtung macht 1966 die Firma R. G. LeTourneau mit der Präsentation des SL-40. Der 67 Tonnen schwere Großlader ist 15,8 Meter lang und mit seiner Erdschaufel schafft er 18,4 Kubikmeter Abraum. Leider ließ die Ausschütthöhe von lediglich 3,3 Metern

Der Schwing-Schaufellader war mit der hydraulischen Schaufel und dem schwenkbaren Arm seiner Zeit weit voraus.

Technische Daten: Schwing-Schaufellader

Motor:	3-Zylinder-Deutz-Diesel, luftgekühlt
Leistung:	45 PS bei 1600 U/min
Drehmoment:	22 mkg bei 1200 U/min
Länge:	5700 Millimeter
Höhe:	2800 Millimeter
Breite:	2300 Millimeter
Getriebe:	4 Vorwärts-, 4 Rückwärtsgänge

sehr zu wünschen übrig. Da der Antrieb dieselelektrisch erfolgt, können die beiden Dieselmotoren als Gegengewicht sehr weit hinten am Heck platziert werden. Die Knicklenkung, die Schaufel und der Hubarm werden elektrisch über Ritzel, Zahnstangen und Zahnkränze bewegt.

Auch in Amerika werden um diese Zeit Großlader gebaut. Hervorzuheben ist hier der Dart D 600, den der Hersteller als den weltgrößten Radlader vorstellt. Beim Gesamtgewicht von 72 Tonnen scheint der Werbeslogan zu stimmen, doch die Schaufel fasst nur 10,3 Kubikmeter Felsgestein. Eine Besonderheit ist beim Dart D 600 das patentierte „balancierte Auslegersystem", das aus zwei in eine Richtung wirkenden Stickstoffzylindern besteht, die das Leergewicht von Ausleger und Schaufel ausgleichen. Nach zahlreichen Überarbeitungen wie zum Beispiel einer Kapazitätserhöhung der Schaufel auf 12,5 Kubikmeter und eine Steigerung des Gesamtgewichts auf 92 Tonnen ist der Großlader D 600 eine der erfolgreichsten Arbeitsmaschinen des 20. Jahrhunderts.

Die moderne Baumaschine

Heutzutage werden die Radlader vor allem zum Laden und Transportieren von Abraum über kurze Strecken eingesetzt. Es gibt heute Radlader von nur zwei Tonnen Gewicht – sie werden Kompaktlader genannt – bis zu Großladern von über 200 Tonnen Gesamtgewicht. Die verschiedenen Gruppen von Radladern sind sehr umfangreich und es gibt viele Baugrößen. Meist bezeichnet man Radlader zwischen 20 und 60 kW als Kleinlader. Die Leistung von Großladern bewegt sich zwischen 70 und 590 kW.

Der größte Radlader der Welt ist im Moment der LeTourneau-L-2350 mit einem Gesamtgewicht von 262,174 Tonnen. Seine Nutzlast beträgt 72,574 Tonnen bei einer Motorleistung von 2300 PS, die er von einem turboaufgeladenen, ladeluftgekühlten 16-Zylinder-Dieselaggregat erhält. Das Volumen der Schaufel umfasst 40,52 Kubikmeter. Der Gigant wird im Tagebau in der Triton North Mine in Gillette in Wyoming (USA) eingesetzt. Die LeTourneau-Baumaschinen sind dieselelektrisch angetrieben.

Technische Daten: Radlader Caterpillar-966H

Motor:	CAT C11 mit ACERT-Konzept
Leistung:	265PS/195 kW bei 1800 U/min
Drehmoment:	1215 Nm bei 1400 U/min
Hubraum:	11,1 Liter
Bohrung:	130 Millimeter
Hub:	140 Millimeter
Höhe:	3580 Millimeter
Radstand:	3450 Millimeter
Gewicht:	23.900 Kilogramm
Getriebe:	Lastschaltgetriebe, 4 Vor-/4 Rückwärtsg.

Einer der modernsten Radlader ist der Caterpillar 966H. Bei diesem Radlader wurde gegeüber dem Vorgängermodell der Kraftstoffverbrauch verringert und gleichzeitig die Motorleistung verbessert.

STRASSEN- UND WEGEBAU: AM ANFANG STEHT DER ENTWURF

Technische Daten: Caterpillar D7	
Motor:	6-Zylinder, CAT D333 Turbo-Diesel
Hubraum:	10,5 Liter
Bohrung:	121 Millimeter
Hub:	152 Millimeter
Leistung:	180 PS bei 2000 U/min
Drehmoment:	80 mkp bei 1400 U/min
Getriebe:	3-Gang-Planeten-Lastschaltgetriebe
Länge:	4150 Millimeter (Dozer ohne Schild)
Breite:	4270 Millimeter (mit 7A-Schild)
Höhe:	2900 Millimeter
Bodenfreiheit:	385 Millimeter
Gewicht:	19.000 Kilogramm

Oben: Nicht nur im Straßenbau, sondern auch auf Golfplätzen werden Bulldozer wegen des geringen Bodendrucks gerne eingesetzt. Auf diesem Bild warten ein Caterpillar D5 mit 122 PS und ein D6 mit 125 PS auf den Arbeitseinsatz.

Unten: Der Caterpillar D7 wurde in den 1950er-Jahren gebaut und weltweit verkauft und ist mit seinen 180 PS so stark, einen großen Erdhobel zu ziehen. Auf dem Bild ist der D7 beim Straßenbau in Korea im Einsatz.

Zu Beginn des 18. Jahrhunderts untersuchten französische Ingenieure die vorhandenen Straßen nach ihrer Dichtigkeit der Deckschicht, der Tragfähigkeit des Unterbaus und der Dauerhaftigkeit des Belages. Dabei kamen sie zu erstaunlichen Ergebnissen, die das weite Gebiet der Straßenbautechnik der Zukunft nachhaltig prägen sollten. Doch auch in England experimentierte man mit wirtschaftlichen Verfahren im Straßenbau. So entwickelte der Schotte John MacAdam einen Schotteruntergrund, dessen Kornaufbau von unten nach oben immer feiner wurde. Doch mit der Zunahme des Straßenverkehrs und auch der Radlast der Fahrzeuge stiegen die Ansprüche an die Straßenbefestigungen. Ein großes Problem war auch die Zunahme der Staubentwicklung der Schotterstraßen. Daher begann man, mithilfe von Bindemitteln wie Teer und Bitumen die Oberflächen zu befestigen und zu binden. Im 19. Jahrhundert kamen dann neue Baustoffe und rationellere Bauweisen hinzu.

Technische Daten: Caterpillar Sixty	
Motor:	4-Zylinder-Benzinmotor, CAT D9900
Bohrung:	165 Millimeter
Hub:	216 Millimeter
Leistung:	72,5 PS bei 650 U/min
Getriebe:	3 Gänge
Gewicht:	9300 Kilogramm
Geschwindigkeit:	6 km/h
Zugkraft:	bis 5,5 Tonnen
Bauzeit:	1919 bis 1931
Stückzahl:	18.948 Exemplare

Der hier abgebildete Caterpillar Sixty, der einen schweren Erdhobel zieht, wurde 1926 in San Leandro gebaut.

Zudem ermöglichten jetzt Baumaschinen einen erweiterten Einsatz. Nun konnten für die Straßenoberflächen trotz des stark ansteigenden Kraftfahrzeugverkehrs und der damit verbundenen immer höher werdenden Beanspruchung die Oberbauschichten besser eingearbeitet werden. Beim Bau von Straßen wurden nun drei verschiedene Deckschichten verwendet. Die Herstellung der Straßen erfolgte mit Asphalt, Beton oder Steinpflaster, meist Naturstein.

Der Erdhobel oder Grader

Der Erd- oder Straßenhobel, heute auch Grader genannt, wird zur Erstellung großer ebener Flächen eingesetzt und bereitet beim Straßenbau den Untergrund für die Straßendecke, zum Beispiel für die Asphaltdecke, vor. Typische Erdhobel haben drei Achsen. Weniger verbreitet sind die kleineren zweiachsigen Grader oder auch angehängten Erdhobel. Bei einem typi-

Im Bild sieht man einen schweren Case-Muldenfrontkipper, der von einem Bagger beladen wird. Es ist eine typische Szene des Straßenbaus im Amerika der 1930er-Jahre.

schen Straßenhobel sind der Motor und das Führerhaus direkt über den beiden Hinterachsen angebracht. Die Vorderachse ist lenkbar. Zwischen der Vorderachse und den beiden Hinterachsen befindet sich ein Planierschild, die sogenannte Schar. Diese Schar ist bei den meisten Gradern um 360 Grad drehbar, kippbar, seitlich verschiebbar und beidseitig im Bereich von 90 Grad anstellbar.

Schürfwagen oder Scraper

Falls der Erdhobel nicht ausreicht, um das Erdreich abzutragen, wird ein Schürfwagen eingesetzt. Der Scraper kann den nicht benötigten Boden flach abtragen und gleichzeitig über weitere Distanzen befördern. Es gibt verschiedene Wagentypen wie den Doppelmotorwagen, den Elevatorwagen und den Schneckenschürfwagen. Bei einem besonders schwer lösbaren Boden kann eine Schubraupe den Schürfwagen schieben. Auch Kombinationen aus zwei Schürfwagen (Push-Pull-Betrieb) oder mit einem Anhängeschürfwagen sind möglich.

Technische Daten: Caterpillar 647G Scraper

Motor:	Cat C18 (Tractor) Cat C15 (Scraper)
Leistung:	600 PS (Tractor) 451 PS (Scraper)
Zuglänge:	15.390 Millimeter
Breite:	4250 Millimeter
Höhe:	4090 Millimeter
Gewicht:	210 Tonnen
Kübelinhalt:	33,6 Kubikmeter
Geschwindigkeit:	51,5 km/h

Der Bodenstabilisierer

Diese besondere Baumaschine wird eingesetzt, um nicht oder schlecht tragfähige Böden zu verbessern. Dabei mischt das einem Erdhobel ähnliche Gerät stabilisierende Zusätze wie Kalk in den Boden. Dies geschieht durch eine in der Mitte des Fahrzeugs aufgehängte Fräswalze, über der sich der Vorratsspeicher mit dem Zusatzstoff befindet.

Schwarzdecken- und Betondeckenfertiger

Beim Bau moderner Straßenbeläge werden heutzutage Baumaschinen eingesetzt, die die Asphaltdecken in einem Arbeitsgang fertigen. Bei diesen meist raupengetriebenen Schwarzdeckenfertigern unterscheidet man zwei Gruppen: Die erste Gruppe wird von einem LKW geschoben, der auch gleichzeitig für die Befüllung des Mischgutes in den Aufnahmekübel

Der 657 war Caterpillars erster Doppelmotoren-Scraper. Er wurde ab 1969 ausgeliefert. In Deutschland konnte er über die Zeppelin-Metallwerke disponiert werden.

zuständig ist. Die zweite Art von Straßenfertigern ist ein Selbstläufer, der von einem eigenen Motor angetrieben wird. In diese Modulfertiger wird das frische Mischgut über Beschicker eingefüllt. Der Straßenfertiger verteilt und verdichtet dann den Asphalt auf einer vorab eingestellten Breite.
Ähnlich wie der Schwarzdeckenfertiger fertigt auch der Betondeckenfertiger Fahrbahnen. Er baut den Straßenbelag jedoch aus dem Baustoff Beton. Diese Baumaschinen sind größer ausgelegt als die Asphaltdeckenleger und sind in mehrere Arbeitsstationen unterteilt: Im ersten Arbeitsgang wird der gelieferte Frischbeton von der Maschine grob auf der geplanten Fläche verteilt. Im nächsten Schritt wird die Oberfläche profilgerecht abgezogen und es wird eventuell Anker oder Dübel eingesetzt. Im letzten Arbeitsschritt wird schließlich die Betonoberfläche geglättet. Diese Betondeckenfertigung kommt oft bei Brücken zur Anwendung.

Auf einem Teilstück der A 31 zieht ein Kompaktmodulfertiger F 300 CS des Herstellers Dynapac eine Deck- und Binderschicht auf den Untergrund auf. Beschickt wird der Modulfertiger durch einen MF 300 C der gleichen Firma (oben). Der Frischbeton ist angekommen. Nun muss er über die zu bearbeitende Fläche verteilt werden (unten).

Der Bankettverleger

Auch das Bankett, auch Bankette genannt, befindet sich am äußeren Rand der Straße und gehört daher zum Straßenbau. Das Bankett ist der unbefestigte Seitenstreifen, der die Verkehrsbeschilderung oder die Schutzbeplankung aufnimmt. Die Breite des Seitenstreifens beträgt 1,5 Meter.
Auch hierfür haben Bauunternehmen eigene Spezialfahrzeuge. Der Bankettverleger besitzt ein Radlaufwerk und wird an der Vorderseite von einem LKW mit Bankettmaterial versorgt. Im Inneren der Maschine bringen ein Förderband und eine Förderschnecke das Bankettmaterial zur Einbauvorrichtung. Diese Vorrichtung baut dann das Material in der festgelegten Breite ein und sorgt für eine Verdichtung des gelockerten Erdreichs.

Wie kommen die Striche auf die Straße?

Edward N. Hines, ein Mitglied der Straßenkommission des Wayne County in Michigan, USA, gilt als der Erfinder der Fahrbahnmarkierung. Er schlug 1911 vor, auf der ersten Betonstraße der Welt, der Woodward Avenue in Detroit, eine Mittellinie zur Trennung der beiden Fahrbahnen anzubringen. Erst 1925 wurden auch in Berlin die ersten Markierungen für die Fahrsteifen offiziell eingeführt, doch erst nach der Entwicklung von Markierungsmaschinen nahm die Anzahl der Markierungen stark zu. Im Jahr 1984 wurde in Deutschland auf der A 49 das erste Mal eine Markierung eingesetzt, die eine erhöhte Nachtsichtbarkeit bei Nässe gewährleistete. Das Aufbringen der Markierungen nennt man Applikation. Heute gibt es fünf unterschiedliche Verfahren: das Spritzverfahren, das Aufbringen mit Ziehschuh, das Extrusionsverfahren, das Klebeverfahren und das Verstreichverfahren.

Longest Auto Paints Road Lines

CONSIDERED the longest of motor vehicles actually in use on highways, a fleet of 288-inch wheelbase trucks were recently built for the State of Indiana. These elongated trucks are used to paint the white or yellow center lines on highways and to cover the shoulders of concrete roads with boiling asphalt. In building the machines

One of fleet of vehicles used by Indiana state highway department. With wheelbase of 288 inches and 36-inch tread, no wider than ordinary car, truck offers minimum traffic hazard when marking center lines. Masts are sights used by driver.

BETONMISCHER: SCHON DIE RÖMER SETZTEN AUF ZEMENT

Das kleine Bild zeigt einen typischen Betonmischer aus den späten 1950er-Jahren. Hier ist es ein Henschel-HS22HBM-Fahrgestell mit einem Mischeraufbau von Rex-Hünnebeck aus Lintorf. Auch in Europa sind die Betonmischer inzwischen so groß wie ihre Kollegen aus den USA (großes Bild).

Schon die Römer kannten die heutige Bezeichnung „Zement“. Sie nannten ein betonartiges Mauerwerk aus Bruchsteinen, das mit gebranntem Kalk als Bindemittel verbunden war, bereits zwischen 118 und 125 n. Chr. „Opus Caementitium“. Diese Art von Zement wurde auch beim Bau des Pantheon in Rom eingesetzt. Die Bedeutung für die hydraulischen Eigenschaften des Zements wurde von dem Engländer John Smeaton entdeckt. Seit dieser Entdeckung steht das Wort „Zement“ nicht mehr für den Zuschlagstoff, sondern das Bindemittel. Mit der Zugabe von Sand, Kies, Splitt und Wasser entsteht der Beton.

Mit Frischbeton zur Baustelle

Erste Mischfahrzeuge kamen nach dem Zweiten Weltkrieg auf. Die zweiachsigen Fahrzeuge konnten anfänglich um die 3,5 Kubikmeter Beton transportieren. Dabei wurde nicht nur vorgemischter Beton transportiert, sondern auch trockenes Material, also Zement, Sand oder Kies. Erst an der Baustelle wurde dann das Wasser zugesetzt und der endgültige Mischvorgang durchgeführt. Der Vorteil war, dass ein längerer Zeitraum zwischen dem Beladen des LKWs und dem Entladen an der Baustelle liegen konnte, da der Bindevorgang erst an der Baustelle nach dem Hinzufügen von Wasser begann.

Heute werden die Betonmischfahrzeuge in drei Gruppen unterteilt, die sich nach dem Rauminhalt der Mischtrommel richten. Die dreiachsigen Fahrzeuge haben einen Trommelinhalt von sechs bis sieben Kubikmetern. Bei den vierachsigen Betonmischern geht die Kapazität der Mischtrommel von acht bis zwölf Kubikmetern. 15 Kubikmeter und mehr Beton werden in Sattelzugaufliegern transportiert. Sie werden vor allem im Großbaustellenbetrieb eingesetzt.

Da sich der geladene Beton während der Fahrt durch die Drehung der Trommel einseitig aufbaut, bauen die Hersteller heute spezielle Fahrgestelle, die der ungleichmäßigen Belastung entgegenwirken. Entladen werden die Mischfahrzeuge über eine sogenannte Rutsche, die je nach Bedarf angebaut werden kann.

Die Erfindung der Autobetonpumpe

Die beiden Ingenieure Max Giese und Fritz Hell kamen 1927 auf die Idee, den Beton vom Betonmischer direkt zur Verwendungsstelle zu pumpen. Ausschlaggebend war das Problem, an unzugänglichen Stellen den Beton schnell vom herkömmlichen Betongießturm zur Baustelle zu bringen. Dabei achteten die beiden auch auf den Enegieverbrauch gegenüber der Gießturmmethode. Der verminderte Wassergehalt des Pumpverfahrens sparte nicht nur Kraftstoff, sondern ließ das Material auch zügiger und fester abbinden. Dabei wurde als Füllmaterial Kies oder gebrochenes Steinmaterial verwendet. Bereits in den 1920er-Jahren konnte bis zu einer Förderhöhe von 38 Metern gepumpt werden. Die Entfernung, die mit den ersten Einkolbenpumpen überbrückt werden konnte, erreichte bei den längsten Leitungen 120 Meter.

Eine Errungenschaft des 21. Jahrhunderts sind die Fahrmischerbetonpumpen (FBP). Sie sind eine Kombination aus Fahrmischer und Betonpumpe. Mit einer FBP kann in der Mischtrommel der Beton transportiert werden und mit der gleichen Maschine kann mithilfe der hinten angebauten Betonpumpe und eines Verteilermasts das Material an den Einbringungsort gefördert werden. Die Fahrmischerbetonpumpen haben ein Fassungsvermögen von bis zu sieben Kubikmetern. Die Mischertrommel, die eine Umlaufgeschwindigkeit von bis zu 14 Umdrehungen pro Minute erreicht, besteht dabei aus hochfestem Sonderstahl mit einer Wandstärke von 3,5 bis sechs Millimetern. Als Pumpsystem werden bei den modernen Fahrzeugen Rotorpumpen mit ruhigem und leisem Lauf verwendet.

Links: Heutzutage sind von großen wie kleinen Baustellen selbstfahrende Betonpumpen nicht mehr wegzudenken. Auf diesem Bild wird das Fundament eines Einfamilienhauses gegossen.

GEPANZERTE BERGEFAHRZEUGE: DURCH DICK UND DÜNN

Ein Leopard 1 A5 der dänischen Armee ist einen Abhang hinuntergefahren und in einem Sumpfloch mit einer Wassertiefe von circa einem Meter stecken geblieben. Zum Bergen des Fahrzeuges wird eine Zugkraft von mindestens 90 Tonnen benötigt. Dies ist nur mit zwei M578-Bergepanzern zu bewerkstelligen.

Die Entwicklung gepanzerter Bergefahrzeuge nach Ende des Zweiten Weltkrieges spaltete sich in zwei Hauptrichtungen. Entwicklerländer wie Großbritannien und die Ostblockstaaten setzten auf Berge- und Abschubfahrzeuge nach dem Muster des Bergepanzers Panther, welche über eine starke Winden- und Schleppkapazität verfügten, jedoch nur mit einem Hilfskran sehr begrenzter Tragkraft ausgestattet waren. Entwicklungen aus den USA sowie später auch aus Deutschland und Frankreich wiesen zusätzlich einen leistungsfähigen Kran auf, welcher in der Lage war, Triebwerkskomponenten wie auch komplette Panzertürme zu heben. Grund für diese unterschiedlichen Entwicklungen war sicherlich auch die Ansicht, dass

Dieser Renault Kerax ist ein Vorserienmodell des Instandsetzungs- und Bergungsfahrzeug der französischen Streitkräfte. An der Abschleppvorrichtung hängt ein Pandur (6 x 6) APC:

Technische Daten: Renault Kerax 8 x 4

Motor:	16-Zylinder-Dieselmotor
Hubraum:	11.800 Kubikzentimeter
Leistung:	410 PS/301 kW
Getriebe:	5 Vor- und 2 Rückwärtsgänge
Länge:	10.820 Millimeter
Breite:	2550 Millimeter
Höhe:	3950 Millimeter
Bodenfreiheit:	340 Millimeter
Gewicht:	32 Tonnen
Geschwindigkeit:	90 km/h

Reparaturarbeiten an Triebwerken oder Türmen nicht auf dem Gefechtsfeld vorgenommen werden sollten, sondern im rückwärtigen Bereich. Hier standen jedoch auch spezielle Fahrzeugkräne bereit. Kampfpanzer des Typs Leopard wiesen bereits einen innerhalb weniger Minuten wechselbaren Triebwerksblock auf, sodass der Austausch auf dem Gefechtsfeld sinnvoll erschien und mit einem leistungsfähigen und schnell einsetzbaren Bergepanzer ermöglicht werden musste. Mit der Entwicklung des Kampfpanzers Challenger 1, der ebenfalls einen kompletten Triebwerksblock aufwies, änderte man auch in Großbritannien das Konzept und rüstete zunächst die Bergepanzer Chieftain mit einem Teleskopkran aus. Die Folgeentwicklung, der Bergepanzer Challenger, wurde sofort mit einem Teleskopkran eingeführt. Mittlerweile gehen auch die ehemaligen Ostblockstaaten diesen Weg.

Windeneinsatz mit dem Bergepanzer

Bei der Berechnung der notwendigen Windenzugkraft für einen Windeneinsatz ist nicht allein das Gewicht des Schadfahrzeuges ausschlaggebend. Weitere Faktoren spielen eine entscheidende Rolle. Hierbei ist zunächst die Geländebeschaffenheit zu nennen. Ist der Untergrund relativ fest und trocken und das Schadfahrzeug nur in eine Position gerutscht, in der ein eigener Befreiungsversuch eventuell das Abwerfen einer Kette zur Folge hätte, so kann für ein 45 Tonnen schweres Fahrzeug eine Zugkraft von 30 bis 35 Tonnen ausreichen. Dies entspricht einem Zug mit einem einfachen Kabel ohne Umlenkung.

Größere Probleme gibt es jedoch, wenn der Untergrund feucht und sumpfig ist. Ein Kettenfahrzeug sinkt hier schnell so tief ein, dass es mit der kompletten Wanne aufliegt und die Ketten frei drehen. Das Fahrzeug ist in dieser Lage nicht mehr rollfähig und saugt sich zudem noch am feuchten Boden fest, was einem Vakuum zwischen Wannenboden und Untergrund gleichkommt. Für eine solche Bergung können auch bei einem 45 Tonnen schweren Fahrzeug leicht Zugkräfte von 60 bis 70 Tonnen benötigt werden. Dies entspricht einem Zug der Hauptwinde mit einer Umlenkrolle, wobei die einfache Leistung der Winde mittels Flaschenzug verdoppelt wird.

Zusätzlich kann die Situation erschwert werden, indem das Schadfahrzeug aus seiner Position vielleicht noch einen Abhang hinaufgezogen werden muss, wobei es sich leicht eingraben kann. Eventuell ist es in diesem Fall noch notwendig, das Laufwerk durch Anziehen der Handbremse zu blockieren, um ein Abwerfen der Kette zu vermeiden, wenn große Mengen an Erde oder Geröll durch den Bergeversuch in das Laufwerk gedrückt werden. In diesem Fall kann die notwendige Zugkraft bei einem 45-Tonnen-Fahrzeug mehr als 100 Tonnen betragen. Eine solche Bergung kann es erforderlich machen, dass ein Bergepanzer mit einem Dreifachzug oder zwei typgleiche Bergepanzer jeweils mit einem Doppelzug eingesetzt werden. Dies entspricht je nach Typ einer Zugkraft von 90 bis 140 Tonnen.

Ein sicherer Stand

Um eine Zugkraft zu erreichen, die fast doppelt so hoch ist wie das Eigengewicht des Bergepanzers, muss sich dieser mit seinem Stützschild im Boden verankern. Hierzu fährt er quasi auf

Technische Daten: Bergepanzer 2

Motor:	MTU-10-Zylinder-Mehrstoffmotor
Hubraum:	37.400 Kubikzentimeter
Leistung:	610 PS bei 2200 U/min
Getriebe:	4 Vor- und 2 Rückwärtsgänge
Länge:	7570 Millimeter
Breite:	3250 Millimeter
Höhe:	2690 Millimeter
Bodenfreiheit:	440 Millimeter
Gewicht:	39,8 Tonnen
Geschwindigkeit:	62 km/h

Der Bergepanzer 2 ist seit 1966 der Standardpanzer der Bundeswehr. Das erfolgreiche Bergegerät wird in Belgien, den Niederlanden, Dänemark, Griechenland, Italien, Norwegen, der Türkei, Kanada, Australien und Brasilien eingesetzt.

Dieses FV512MCRV-Bergefahrzeug der britischen Armee hebt mit seinem 6,6-Tonnen-Kran ein Warrior-„Powerpack" von einem T4-High-Mobility-Trailer.

Technische Daten: FV 512

Motor:	Perkins-V8-Zylinder-Dieselmotor
Hubraum:	17.498 Kubikzentimeter
Leistung:	550 PS/410 kW bei 2300 U/min
Getriebe:	4 Vor- und 2 Rückwärtsgänge
Länge:	6550 Millimeter
Breite:	3100 Millimeter
Höhe:	2730 Millimeter
Bodenfreiheit:	480 Millimeter
Gewicht:	27,5 Tonnen
Geschwindigkeit:	75 km/h

das Stützschild und drückt dabei den Vorderwagen bis zu einem halben Meter hoch. Zusätzlich wird die Handbremse betätigt. Durch das Einfahren der Seilwinde zieht sich nun der Bergepanzer an das Schadfahrzeug heran, wodurch das Stützschild als Anker in den Boden gezogen wird. Je nach Bodenverhältnissen ist dies aber eventuell nicht ausreichend, sodass der Bergepanzer weiter an das Schadfahrzeug herangezogen wird und wie beim Planieren große Mengen an Boden aufschiebt. Ist kein sicherer Halt zu finden, fährt der Bergepanzer die Winde wieder aus und kehrt in der Spur in die Ausgangsstellung zurück, um sich erneut, jetzt aber in der tieferen Spur, einzugraben. Bei extrem weichen oder schlammigen Bodenverhältnissen kann sich dies ein- bis zweimal wiederholen, bis der Bergepanzer in tiefere Bodenschichten kommt oder genügend Boden aufgeschoben hat, um einen sicheren Halt zu gewinnen. Erst dann kann die Winde die volle Zugkraft entfalten. Ist dieses Manöver zu aufwendig oder nicht erfolgreich, kann ein weiterer Bergepanzer als Anker eingesetzt werden. Ebenso ist es möglich, einen Kampfpanzer hinter dem Bergepanzer zu platzieren und beide mit Stahlseilen zu verbinden. Hierbei verdoppelt sich das Eigengewicht der Bergefahrzeuge. Je höher die Zugkraft und erforderliche Umlenkung, desto näher muss der Bergepanzer an das Schadfahrzeug heranfahren und begibt sich damit selbst in die Gefahr, im Morast stecken zu bleiben. Aus diesem und noch einem weiteren Grund wird er daher den größtmöglichen Abstand halten. Viele der eingesetzten Winden erreichen ihre maximale Zugkraft nur, wenn sie auf eine leere Trommel gewickelt werden. Wird bei einer solchen Winde das Kabel nicht voll ausgefahren, können nur bis zu 70 Prozent der maximalen Zugkraft erreicht werden.

Vorbereiten des Windeneinsatzes

Das Ausbringen des Windenkabels sowie das Anbringen der benötigten Verbindungselemente, Umlenkrollen und Stahlseile ist eine sehr schwere Arbeit. Zwar kann das Windenkabel mit der Winde ausgefahren werden, jedoch muss es, zumindest bei Bergepanzern älterer Bauart, von den Besatzungen zum Schadfahrzeug gezogen, um die Umlenkrolle gelegt und wieder zum Bergepanzer zurückgezogen werden. Ist kein befahrbarer Grund vorhanden, muss das Kabel, welches meist einen Durchmesser von circa 30 Millimetern hat, über eine Distanz von bis zu 100 Metern bewegt werden. Bergepanzer

Der Entspannungspanzer 65 ist eine Schweizer Entwicklung und wird nur in den gepanzerten Einheiten der Schweizer Armee eingesetzt. Er ist in der Lage, alle leichten und mittleren Armeefahrzeuge abzuschleppen. Aufgrund seines geringen Gewichts von 38 Tonnen ist er in der Lage, auch einen Leopard 2 zu bergen.

neuerer Bauart sind hierzu mit einer Hilfswinde ausgerüstet. Diese verfügt über ein Kabel von circa zehn Millimetern Durchmesser, welches wesentlich leichter zu bewegen ist. Das Kabel der Hilfswinde wird in Gegenrichtung zur Zugrichtung des späteren Hauptwindenkabels ausgelegt und mit dem Hauptwindenkabel einer Umlenkrolle, wobei die einfache Leistung der Winde mittels Flaschenzug verdoppelt wird, mit dem Bergepanzer verbunden. Bei gleichzeitigem Ausfahren der Hauptwinde und Einfahren der Hilfswinde wird das Hauptwindenkabel zum Schadfahrzeug, um die Umlenkrollen herum und wieder zum Bergepanzer zurückgezogen, wo es befestigt wird. Diese Ausrüstung ist besonders bei Bergepanzern von großer Bedeutung, die die maximale Zugkraft nur über den Einsatz von zwei Umlenkrollen erreichen. In diesem Fall muss das Hauptwindenkabel vom Bergepanzer zum Schadfahrzeug über eine Umlenkrolle zum Bergepanzer zurück sowie über eine weitere Umlenkrolle wieder zur Umlenkrolle am Schadfahrzeug gezogen werden.

Technische Daten: Challenger ARRV

Motor:	Perkins-12-Zylinder-Dieselmotor
Hubraum:	26.100 Kubikzentimeter
Leistung:	1200 PS/895 kW
Getriebe:	6 Vor- und 2 Rückwärtsgänge
Länge:	9590 Millimeter
Breite:	3620 Millimeter
Höhe:	3000 Millimeter
Bodenfreiheit:	500 Millimeter
Gewicht:	62 Tonnen
Geschwindigkeit:	60 km/h

Das am Bergepanzer Challenger ARRV angebrachte Räumschild stabilisiert das Gerät während des Einsatzes mit der Hauptwinde und dient so als Erdanker.

BRÜCKENLEGESYSTEME: HINDERNISSE ÜBERWINDEN

Oben: Ein Panzer II der Deutschen Wehrmacht überquert ein Gewässer mithilfe einer Stützbrücke des Brückenlegers IV.
Unten: Die einzelnen Teile der Faltfestbrücke werden auf einem geländegängigen schweren MAN 15 t A1.1 transportiert.

Technische Daten: MAN 15 t A1.1 mit FFB

Motor:	6-Zylinder-Turbo-Dieselmotor
Hubraum:	11.967 Kubikzentimeter
Leistung:	400 PS/294 kW
Getriebe:	16 Vor- und 2 Rückwärtsgänge
Länge:	10.270 Millimeter
Breite:	2500 Millimeter
Höhe:	2640 Millimeter
Bodenfreiheit:	410 Millimeter
Gewicht:	32 Tonnen
Geschwindigkeit:	90 km/h

Bereits im Ersten Weltkrieg erkannten die Militärs, dass die eingesetzten Panzerkampfwagen einen gravierenden Nachteil hatten, der dem Panzer noch heute anhaftet. Es handelt sich um die begrenzte Grabenüberschreitfähigkeit. Die Fähigkeit, Geländeeinschnitte zu überschreiten, liegt aus physikalischen Gründen bei 40 Prozent der Kettenauflagelänge.
So konnte zum Beispiel der im Ersten Weltkrieg eingesetzte britische Panzer Mark V mit seiner Gesamtlänge von 8,05 Metern nur Gräben und Geländeeinschnitte bis circa drei Meter überbrücken. Es waren daher Hilfsmittel erforderlich, um diesen Nachteil auszugleichen. Alle Versuche, dieses Problem mit Zusatzausrüstungen am Fahrzeug selbst zu lösen, schlugen fehl. Die britische Armee kam schließlich bereits noch während des Ersten Weltkrieges auf die Idee, die aus Geheimhaltungsgründen Tanks genannten Fahrzeuge selbst mit Brücken zu versehen.

Brückenlegepanzer – die Lösung

Der erste bekannte und in der Truppe verwendete Brückenlegepanzer war der britische Mark V „Double Star" RE mit einer

Spurbahnbrücke, die sich mechanisch über Seilzüge nach vorne abklappen ließ. Mit diesem Fahrzeug ließen sich bis zu 7,5 Meter breite Hindernisse überwinden.
Nach Ende des Ersten Weltkrieges wurden in zahlreichen Ländern Brückenlegepanzer entwickelt, die den damaligen Panzerkampfwagen auf dem Gefechtsfeld folgen sollten und die Brücken rasch ablegen und wieder aufnehmen konnten. Während des Zweiten Weltkrieges wurde auch in Deutschland verstärkt am Bau von Brückenlegepanzern gearbeitet. Die Fahrzeuge mit verschiedenen Brückenkonstruktionen auf den Fahrgestellen der Panzerkampfwagen II, III und IV hatten jedoch nur mäßigen Erfolg. Es wurden nur wenige Fahrzeuge bei den deutschen Panzerpionieren eingeführt. Auf der Seite der Alliierten hatten die Brückenlegepanzer als Spezialfahrzeuge der Panzerpioniere mehr Erfolg. Besonders bewährte sich der britische „Churchill Bridgelayer“.

Weitere Entwicklungen

Bei Ende des Zweiten Weltkrieges waren bereits alle Grundformen von Brückenlegepanzern entwickelt und erprobt. Im Osten und Westen entstanden während des Kalten Krieges auf den Fahrgestellen der damals verwendeten Kampfpanzer moderne Brückenlegepanzer. Hauptsächlich wurden als

Oben: Ein Brückenverlegefahrzeug mit verlasteten Vorbauträgerrampenabschnitten.
Mitte: Ein Brückenverladefahrzeug mit Verladekran in Aktion. Mithilfe des Ladekrans werden die Brückenabschnitte angehoben und auf dem Verlegebalken abgesetzt.
Unten: Ein Rampenabschnitt wird auf dem Vorbauträger abgesetzt.

Der Brückenlegepanzer „Biber" wird in der Bundeswehr hauptsächlich in den Panzerpionierkompanien der Brigaden verwendet.

Technische Daten: Brückenlegepanzer Biber

Motor:	MTU-10-Zylinder-Mehrstoff-Turbo
Hubraum:	37.400 Kubikzentimeter
Leistung:	830 PS/610 kW
Getriebe:	4 Vor- und 2 Rückwärtsgänge
Länge:	11.790 Millimeter
Breite:	4000 Millimeter
Höhe:	3550 Millimeter
Bodenfreiheit:	420 Millimeter
Gewicht:	45,3 Tonnen
Geschwindigkeit:	62 km/h

Brückenverlegesysteme Ausfahr-, Dreh-, Scheren- und Stützbrücken verwendet.

Die Deutsche Bundeswehr erhielt als ersten Brückenlegepanzer den amerikanischen M 48 A2 AVLB (Armoured Vehicle Launching Bridge), der mit einer Brücke der militärischen Lastenklasse MLC 60 ausgestattet war. Diese nach dem Scheren-

Links: Der Fahrer überwacht mit dem Steuergerät des MAN Leopard 1 Leguan den Verlegevorgang. Beim Ausfall des Steuergerätes kann die Brücke manuell bedient werden.

Technische Daten: MAN Leopard 1 Leguan

Motor:	MTU-10-Zylinder-Mehrstoff-Turbo
Hubraum:	37.400 Kubikzentimeter
Leistung:	830 PS/610 kW
Getriebe:	4 Vor- und 2 Rückwärtsgänge
Länge:	13.370 Millimeter
Breite:	4010 Millimeter
Höhe:	3370 Millimeter
Bodenfreiheit:	420 Millimeter
Gewicht:	50 Tonnen
Geschwindigkeit:	60 km/h

prinzip zu spreizende und zu verlegende 19,2-Meter-Brücke hatte aber den Nachteil, dass die Brücke beim Verlegevorgang zunächst sehr hoch aufgerichtet werden musste und daher für die gegnerische Aufklärung weithin sichtbar war. Aus diesem Grund entwickelte die deutsche Industrie im Jahr 1968, nach Einführung des Kampfpanzers Leopard 1, den Brückenlegepanzer Biber. Dessen 22 Meter lange und vier Meter breite Spurbahnbrücke aus Aluminium wird nach dem Schubbrückenprinzip hydraulisch verlegt.
Die deutsche Konstruktion hat sich zwischenzeitlich durchgesetzt und wird in vielen Armeen verwendet. So wird zum Beispiel die US Army, die heute noch Scherenbrücken auf dem Fahrgestell des M 60 verwendet, in Zukunft eine Spurbahnbrücke auf dem Fahrgestell des M 1 A2 einsetzen (Brückenlegepanzer „Wolverine").
Brückenlegepanzer haben sich heute bewährt und sind ein wesentlicher Bestandteil der Pioniertruppe in vielen Armeen der Welt. Sie erhöhen die Beweglichkeit gepanzerter Verbände auf dem Gefechtsfeld beträchtlich, indem sie die Möglichkeit geben, kleinere Gewässer und Geländehindernisse schnell zu überqueren.

Technische Daten: Chieftain AVLB FV 4205

Motor:	Leyland-12-Zylinder/2-Takt-Motor
Hubraum:	19.000 Kubikzentimeter
Leistung:	750 PS/551 kW
Getriebe:	6 Vor- und 2 Rückwärtsgänge
Länge:	13.740 Millimeter
Breite:	4160 Millimeter
Höhe:	3920 Millimeter
Bodenfreiheit:	500 Millimeter
Gewicht:	53,3 Tonnen
Geschwindigkeit:	48 km/h

Das Ablegen einer Scherenbrücke No. 8 durch einen Chieftain AVLB. Der Nachteil dieser Brücke ist, dass bei dieser Position die Scherenbrücke für die gegnerische Aufklärung weithin sichtbar ist.

SCHWIMMBRÜCKEN: MOBIL ÜBER DIE FLÜSSE

Oben: Das amphibische Brücken- und Übersetzfahrzeug Gillois ist kurz vor dem Einsatz im Wasser. Die Schwimmkörper sind bereits aufgeblasen.
Unten: Bei voller Belastung haben M 88 MFAB/F einen Tiefgang von 1,06 Meter.

Technische Daten: Brücken- und Übersetzfahrzeug Gillois

Motor:	Deutz-V12-Zylinder-Dieselmotor
Leistung:	220 PS/162 kW
Länge:	11.860 Millimeter
Breite:	3200 Millimeter
Höhe:	3990 Millimeter
Bodenfreiheit:	720 Millimeter
Steigfähigkeit:	50 Prozent
Brückenfz.:	26,9 Tonnen
Rampenfz.:	27,4 Tonnen
Geschwindigkeit:	64 km/h

Technische Daten: Mobile Assault Bridge M 88 MAB/F

Motor:	GM-Detroit-Dieselmotor
Leistung:	336 PS/247 kW
Länge:	13.030 Millimeter
Breite:	3650 Millimeter
Höhe:	3560 Millimeter
Steigfähigkeit:	60 Prozent
Brückenfz.:	21,8 Tonnen
Rampenfz.:	24,6 Tonnen
Geschwindigkeit:	64 km/h (Straße) 16 km/h (Wasser)

Bei der Verteidigung Deutschlands waren die meist von Nord nach Süd verlaufenden großen Gewässer wie Weser, Mittellandkanal, Main und Rhein natürliche Hindernisse für die Warschauer-Pakt-Armeen, aber auch für die NATO. Alle 35 bis 60 Kilometer kam ein 100 Meter breites und alle 100 bis 150 Kilometer ein 100 bis 300 Meter breites Gewässer. Die Flüsse bremsten und behinderten die Angriffsoperationen genauso wie die Verteidigungsoperationen. Ende der 1950er-Jahre suchte die US Army ein mobiles Nachfolgemodell für ihre auf Divisionsebene eingesetzten amphibischen Brücken- und Übersetzfahrzeuge Gillois.
Aufgrund des Bedarfs einer neuen mobilen Schnellbrücke/Fähre für die Pioniereinheiten der US Army in Europa und Südkorea entwickelten Ingenieure der Engineer Research and Development Laboratories in Fort Belvoir, Virginia, die bewegliche Angriffsbrücke M88 MFAB/F (Mobile Floating Assault Bridge/Ferry) im Jahr 1959.

Entwicklung der Übersetzfahrzeuge

Die Entwicklung von amphibischen Fahrzeugen begann Anfang der 1920er-Jahre in Großbritannien und führte 1931 zur ersten Serienversion eines „Schwimmpanzers", des leichten Aufklärungspanzers Vickers-Carden-Loyd Type 31. Allerdings

beschränkten sich die Entwicklung und die militärische Nutzung von amphibischen Fahrzeugen nur auf leichte schwimmfähige Aufklärungspanzer.
Erst 1936 mit der Entwicklung des Rheinstahl Land-Wasser-Schleppers LWS wurden neue Wege für amphibische Operationen eingeschlagen. Das Fahrzeug war so konstruiert, dass es auch im Wasser eine erstaunliche Beweglichkeit besaß und trotz seiner circa 16 Tonnen Gesamtgewicht im Wasser eine Geschwindigkeit von 12,5 km/h erreichen konnte.
Ein weiterer revolutionärer Schritt in der amphibischen Fahrzeugentwicklung gelang 1954 dem französischen General J. Gillois mit der Idee eines völlig neuen amphibischen Übersetz- und Fährengeräts. 1957 übernahm die deutsche Firma EWK (Eisenwerke Kaiserslautern Göppner GmbH) die Konstruktionspläne. Dies führte 1960 zur Einführung des Brücken- und Übersetzungsfahrzeugs Gillois PA.

Mitte: Nach dem Einfahren in die Weser steuert eine Schnellschwimmbrücke (SSB) M 3 mit Vollgas die Einsatzstelle an.
Unten: Die amphibischen Brücken- und Übersetzfahrzeuge M 2 Alligator können entweder als Fähren verwendet oder zu kompletten Brücken zusammengekoppelt werden.

Technische Daten: Schnellschwimmbrücke M 3

Motor:	Deutz-Dieselmotor, luftgekühlt
Leistung:	347 PS/265 kW
Getriebe:	6 Vorwärtsgänge und 1 Rückwärtsgang
Länge:	12.820 Millimeter
Breite:	3350 Millimeter
	6570 Millimeter (ausgeklappt)
Höhe:	3930 Millimeter
Bodenfreiheit:	700 Millimeter
Gewicht:	25,3 Tonnen
Geschwindigkeit:	80/14 km/h (Straße/Wasser)

BEOBACHTUNGSFAHRZEUGE: PANZERAUFKLÄRUNG IN DER NATO

So sah in den 1960er-Jahren ein Gefechtsstand der US-Berlinbrigade mit einem M577-Command-Post-Carrier aus.

Technische Daten: Gefechtsstandsfahrzeug M 577

Motor:	V6-Chrysler- oder Detroit-Dieselmotor
Leistung:	210 PS/154 kW
Länge:	4860 Millimeter
Breite:	2680 Millimeter
Höhe:	2720 Millimeter
Steigfähigkeit:	60 Prozent
Bodenfreiheit:	430 Millimeter
Gewicht:	11,6 Tonnen
Geschwindigkeit:	58,4 km/h

Die Wurzeln der Panzeraufklärer lassen sich bis weit in das 18. Jahrhundert zurückverfolgen. Noch weiter zurück reicht die Geschichte der militärischen Aufklärung.

Bereits vor circa 2500 Jahren erkannte der chinesische General und Philosoph Sunzi die strategische Bedeutung der Aufklärung. Er erkannte, wie wichtig es für die Bewegungen der eigenen Armee ist, dass möglichst viele Details über den Gegner im Voraus bekannt sind.

Die Bedeutung dieser Erkenntnisse spiegelte sich beim Erfolg seiner Feldzüge wider. Im Laufe der Jahrhunderte und mit dem Einzug des Pferdes in die militärische Nutzung erkannte man, dass sich Pferde nicht nur als Zugmittel, sondern durchaus auch in der Kavallerie für Aufklärungszwecke hervorragend eignen. Nicht nur, dass man vom Rücken des Pferdes aus besser sehen konnte, sondern der Vorteil lag vielmehr in der Beweglichkeit und im schnellen Überwinden von kurzen Distanzen, um der eigenen Truppe Meldung über die Stärke und den Ort des Gegners zu übermitteln.

Im Jahr 1743 wurde durch König Friedrich den Großen im „Reglement für die Preußischen Husarenregimenter" festgelegt, dass die Husarenregimenter zusätzlich zu ihrer Aufgabe der klassischen Schlachtkavallerie auch Aufklärungsdienste zu verrichten hätten. Auch Napoleon setzte seine Kavallerie vermehrt zu Aufklärungszwecken ein und im Deutsch-Französischen Krieg 1870/71 wurden erstmals Verbände eingesetzt, die nur Aufklärungsarbeit verrichteten. Während des Ersten Weltkrieges kamen außer dem Spähtrupp zu Pferd teilweise auch die ersten Luftfahrzeuge und Kraftfahrzeuge zum Einsatz und trugen zur Verbesserung der Aufklärungsergebnisse bei. Mit der Mechanisierung wurde das Pferd mehr und mehr von Geländewagen oder leichten Spähpanzern verdrängt.

Heute sind die Panzeraufklärer mit leichten Spähfahrzeugen bis hin zum Kampfpanzer ausgerüstet und berittene Kavallerie gibt es heute nur noch bei Paraden oder Feierlichkeiten zu sehen. Dennoch wurden viele der alten Traditionen und Bezeichnungen der „stolzesten Waffengattung" des Heeres aller NATO-Staaten übernommen.

Lange Jahre wurde der internationale Boeselager Wettkampf für Panzeraufklärer ausgetragen. Dieser wurde im Zeichen der Verbundenheit mit der Kavallerie nach dem Kommandeur der 3. Kavalleriebrigade Georg von Boeselager benannt. Im Jahr 1996 wurde dieser Wettkampf eingestellt.

Neues Einsatzprofil der NATO-Panzeraufklärer

In Zukunft wird die Option „Aufklärung durch Kampf" bei vielen NATO-Staaten nicht mehr weiter berücksichtigt werden und die Panzeraufklärungstruppe muss sich den neuen Anforderungen anpassen. Dies sind vermehrt Einsätze im unbekannten Terrain im Rahmen von Peacekeeping Operations. Dies erfordert ein völlig neues Einsatzprofil. Die zukünftige Hauptaufgabe wird das Überwachen der Zivilbevölkerung oder kleinerer bewaffneter Verbände von ethnischen Gruppierungen sein oder das Verhindern von Ausschreitungen. Aufkärungsfahrzeuge müssen heute in der Lage sein, autark für längere Zeit hinter den feindlichen Linien ihren Auftrag ausführen zu können.

Aber auch die Leistungs- und Konstruktionsmerkmale moderner Aufklärungsfahrzeuge haben sich verändert. Sie sollen eine niedrige Silhouette und IR-Signatur besitzen, eine hohe Geländegängigkeit mit großer Reichweite und über ausreichenden Minen- und Splitterschutz verfügen. Darüber hinaus werden eine hohe Überlebensfähigkeit und Luftverlastbarkeit beziehungsweise Lufttransportfähigkeit erwartet.

Mit Einführung des neuen Spähwagens Fennek bei der Bundeswehr und beim niederländischen Heer wird ein erster Schritt in diese Richtung getan. Beim Fennek setzt man verstärkt auf hoch technisierte Spähaufklärung. Ausgerüstet mit modernster Beobachtungs- und Aufklärungsausstattung (BAA), mit Wärmebildgerät Ophelios, CCD-Kamera und einem RAMAN-Laserentfernungsmesser ist das Fahrzeug in der Lage, Hubschrauber bis zu einer Entfernung von circa zehn Kilometern zu lokalisieren. Zusätzlich verfügt der Fennek über (BSA) Bodensensorausstattung, Ortung und Identifizierung. Mit dieser Ausstattung können bis zu sechs Sensoren im Gelände ausgelegt werden und teilen dem Spähtrupp Bewegungen und Fahrzeugtyp bis zu einer Entfernung von zehn Kilometern mit.

Noch in der Erprobung befindet sich die Mini-Drohne Aladin. Sie soll dem Spähtrupp bei der Nahaufklärung dienen und verfügt über eine Reichweite von 6000 Metern. Ab 2003 soll die Auslieferung von 612 Fahrzeugen an die Truppe beginnen. Davon erhalten die Niederlande 410 Fahrzeuge und für die Bundeswehr sind 202 Fahrzeuge vorgesehen. Ähnliche Wege schlagen die USA und Großbritannien ein. Gemeinsam entwickeln sie eine neuartige Spähplattform – Future Scout and Cavalry System (FSCS) –, die ähnlich dem Fennek mit einem ausfahrbaren Sensormast ausgerüstet ist. Die meisten NATO-Länder nutzen mittlerweile Radpanzer als Aufklärungsfahrzeuge.

Oben: In den Feuerleitpanzer M 981 FIST-V ist ein Ground Vehicle Laser Locator Designator eingebaut.

Unten: Die FENNEK-Fahrzeugfamilie ist die Antwort auf umfassende Anforderungsprofile: Hervorragende und nahezu geräuschlose Mobilität in jedem Gelände, modernste Sensorenausstattung, weitreichender Schutz, die Möglichkeit der Selbstverteidigung und hohe Autonomie kennzeichnen den FENNEK.

Technische Daten: Beobachtungsfahrzeug M 981 A3 FISTV

Motor:	GM-Model-6V-53T-Turbodieselmotor
Hubraum:	5220 Kubikzentimeter
Leistung:	275 PS/202 kW
Getriebe:	4 Vor- und 2 Rückwärtsgänge
Länge:	5310 Millimeter
Breite:	2680 Millimeter
Höhe:	3410 Millimeter
Bodenfreiheit:	430 Millimeter
Gewicht:	12,3 Tonnen
Geschwindigkeit:	65 km/h

Technische Daten: KMW FENNEK

Leistung:	177 kW
Länge:	5580 Millimeter
Breite:	2550 Millimeter
Höhe:	2290 Millimeter (gesamt)
Wendekreis:	13 Meter
Steigfähigkeit:	60 Prozent
Watfähigkeit:	über 1 Meter
Gewicht:	unter 11 Tonnen
Geschwindigkeit:	112 km/h
Reichweite:	1000 Kilometer

MINENRÄUMER: UMGERÜSTETE PIONIERPANZER

Ein Minenräumpanzer „Keiler" in Aktion. Das Fahrzeug besitzt eine schwenkbare Räumeinrichtung, die nach dem Prinzip der rotierenden, fräsenden Schlagelemente arbeitet.

Technische Daten: Minenräumpanzer Keiler

Motor:	MTU-V8-Zylinder-Dieselmotor
Hubraum:	25.280 Kubikzentimeter
Leistung:	1112 PS/818 kW bei 2200 U/min
Getriebe:	4 Vor- und 2 Rückwärtsgänge
Länge:	8670 Millimeter
Breite:	3790 Millimeter
Höhe:	3840 Millimeter
Bodenfreiheit:	250 Millimeter
Gewicht:	53 Tonnen
Geschwindigkeit:	48 km/h; 0,7 km/h (Räumgeschw.)

Eine besondere Form der Minenräumung ist das Räumen mit einem MICLIC-System. Während der Operation „Desert Storm" im Jahr 1991 kamen zum ersten Mal umgerüstete Pionierpanzer M 48 A5/M 60 Armoured Vehicle Launched MICLIC (AVLM) aufseiten der Pionierbataillone der US Army zum Einsatz.
Die Minenräumpanzer M 48/M 60 Armoured Vehicle Launched Mine Clearing Line Charge (AVLM/MICLIC) sind umgerüstete M48/M60 Armoured Vehicle Launched Bridges (AVLB) ohne Scherenbrücke. Die Umrüstung erfolgt in der Regel durch Aufsetzen von zwei MICLIC-Systemen auf einem Tragegestell am Heck eines brückenlosen Pionierpanzers M 48 A5 oder M 60.

Öffnen einer Minengasse mit dem M48/M60 AVLM

Eine der gefährlichsten Aufgaben für einen abgesessenen Pionierzug ist es, unter feindlichem Feuer in ein Minenfeld einzubrechen. Während der Minenräumaktion, „Obstacle Breaching Operation" genannt, besteht das eingesetzte Räumkommando aus einer gemischten Panzerkompanie oder gemischten mechanisierten Infanteriekompanie. Der Pionierzug nutzt dabei einen Minenräumpanzer M 48/M 60 AVLM mit zwei MICLIC-Systemen, um in das Minenfeld einzubrechen. Dabei wird der Minenräumpanzer circa 15 bis 20 Meter hinter oder flankierend am Führungspanzer eingesetzt und feuert von dort aus eines seiner zwei MICLICs in das Minenfeld. Der C4-Sprengstoff sprengt eine Gasse ins Minenfeld. Nachdem der Minenräumpanzer das zweite MICLIC-System abgefeuert hat, tritt der Pionierzug an, um mit der manuellen Sprengung weiterer Minen zu beginnen. Die geräumte Minengasse wird markiert und sollte möglichst eine Breite von mindestens 100 Metern haben.

M 58 A4 Mineclearing Line Charge (MICLIC)

Das MICLIC-System M 58 A4 mit Sprengschnur, der Verzurrung und dem elektrischen Zünder M1134A1E1 ist in einem Transportcontainer untergebracht. Die Minensprengschnur ist insgesamt 106,7 Meter lang und hat eine Gesamtmasse von 816 Kilogramm des Sprengstoffs C4. Der Sprengstoff (1400 Explosivblöcke) ist verpackt in vielen kleinen Ladungen am Nylonseil angebracht. Die Zündschnur befindet sich ebenfalls am Nylonseil.
Für den Abschuss der Sprengschnur vom Heck des Minenräumpanzers M48/M 60 wird die Werfervorrichtung mit dem

Um die zweiköpfige Besatzung nicht zu gefährden, kann der M1-Panther II mit einem von Omnitech Robotics hergestellten Standard-Robotic-System (SRS) ferngesteuert werden.

Chemiewaffen und Kampfstoffe

Der erste Einsatz von chemischen Waffen in Europa erfolgte an der Westfront zum Jahreswechsel 1915/16. In der Genfer Konvention von 1925 wurde der Einsatz von Chemiewaffen verboten. Die ägyptische Armee setzte Ende der 1950er-Jahre im Jemen Hautgifte ein. Die Franzosen benutzten im zweiten Indochinakrieg Entlaubungsmittel und Nervengifte. Während des Kalten Krieges in Europa soll die Sowjetunion in den 1970er-Jahren mit einem Bestand von 700.000 Tonnen C-Munition eine zehnfache Überlegenheit gegenüber der NATO gehabt haben. In Afghanistan setzten die sowjetische und die afghanische Armee Kampfstoffe ein. Während des Golfkrieges zwischen Iran und Irak kam es zum massiven Einsatz von Waffen. Auch heute sind ABC-Spürpanzer, wie unten der M 93 A1 Fox NBCRS der US-Armee, im Einsatz.

Technische Daten: Minenräumpanzer M 1 Panther II

Motor:	Avco-Lycoming-Vielstoff-Gasturbine
Hubraum:	19.000 Kubikzentimeter
Leistung:	1500 PS/1100 kW bei 2100 U/min
Getriebe:	4 Vor- und 2 Rückwärtsgänge
Länge:	9030 Millimeter
Breite:	3650 Millimeter
Höhe:	2140 Millimeter
Steigfähigkeit:	60 Prozent
Bodenfreiheit:	420 Millimeter
Gewicht:	40,2 Tonnen
Geschwindigkeit:	67 km/h

Treibsatz MK 22 MOD 127 mm und dem Raketenmotor aufgerichtet und abgefeuert.

Nach dem Zünden zieht der Raketentreibsatz die Sprengschnur mit den Ladungen aus dem Transportcontainer. Über die Zündvorrichtung M 34 wird der Plastiksprengstoff ferngesteuert aus einer geschützten Stellung heraus zur Explosion gebracht. Die Druckwirkung der Explosion hat zur Folge, dass die Minen detonieren und so eine minenfreie Gasse von circa zwölf Metern Breite und 100 Metern Länge für die nachfolgenden Fahrzeuge entsteht.

In den Panzerpionierbetaillonen der US Army wird als Trägerplattform für das MICLIC-System auch der M-353- oder M-200-Anhänger eingesetzt, der vom M 113 A3 oder vom M 9 ACE gezogen wird.

TRANSPORTFAHRZEUGE: LOGISTIK, DIE ENTSCHEIDENDE TRUPPENGATTUNG

Besonders in Krisengebieten kann der gepanzerte Schwerlasttransporter „Elefant" unter allen Bedingungen sicher operieren.

Technische Daten: Faun 50-3 Elefant MSA

Motor:	Deutz-MWM-V12-Dieselmotor
Hubraum:	21.600 Kubikzentimeter
Leistung:	734 PS/540 kW
Getriebe:	4 Vor- und 2 Rückwärtsgänge
Länge:	8830 Millimeter
Breite:	3070 Millimeter
Höhe:	3000 Millimeter
Gewicht:	80 Tonnen
Geschwindigkeit:	70 km/h
Fahrbereich:	600 Kilometer

Hinter dem Begriff Logistik verbirgt sich eine Vielzahl an unterstützenden Faktoren, die zum Gelingen einer jeglichen militärischen Operation beitragen. Dreht man die Uhr weit zurück, so lässt sich feststellen, dass so manche historische Schlacht nicht nur allein durch das Aufmarschieren von riesigen Heerscharen geschlagen wurde. Nicht selten kam es zu monatelangen Belagerungen und Beschießung einer Festungsanlage ohne nennenswerte Erfolge. Viel entscheidender war, wie lange sich die eingeschlossene Truppe mit Nahrung, Munition und anderen wichtigen Gütern versorgen konnte. So kam es vor, dass aufgrund von Hunger und Krankheit die umlagerten Truppen demoralisiert aufgaben. Auch heute im Zeitalter der mechanisierten Operationen wäre ein Verband ohne die Logistiktruppe schnell am Ende seiner vollen Einsatzfähigkeit. Wie wichtig und

Technische Daten: Transporter M25 „Dragon Wagon"

Motor:	Hall-Scott-6-Zylinder-Benzinmotor
Leistung:	240 PS/177 kW bei 2100 U/min
Getriebe:	6 Vorwärtsgänge, 1 Rückwärtsgang
Länge:	7500 Millimeter
Breite:	3250 Millimeter
Höhe:	3450 Millimeter
Gewicht:	22,2 Tonnen (leer)
Steigfähigkeit:	30 Prozent
Geschwindigkeit:	45 km/h
Fahrbereich:	190 Kilometer

Technische Daten: Panzertransporter MAZ-537

Motor:	D-12A-525-Dieselmotor
Hubraum:	38.800 Kubikzentimeter
Leistung:	525 PS/386 kW bei 2100 U/min
Getriebe:	3 Vorwärtsgänge, 1 Rückwärtsgang
Länge:	8960 Millimeter
Breite:	2890 Millimeter
Höhe:	2880 Millimeter
Gewicht:	21,6 Tonnen
Geschwindigkeit:	60 km/h
Fahrbereich:	650 Kilometer

unverzichtbar die Logistik ist, spiegelt sich am besten in dem Motto der Logistiktruppe wider: „Logistik ist nicht alles, aber ohne Logistik ist alles nichts!"

Auftrag der Logistiktruppen

Der Auftrag der Logistiktruppen hat sich seit der Gründung der Bundeswehr nicht wesentlich geändert. Im Mittelpunkt steht die auftragsorientierte Versorgung mit Nicht- und Einzelverbrauchsgütern (NVG/EVG) sowie Mengenverbrauchsgütern (MVG) von Bundeswehreinheiten und verbündeten Streitkräften. Sie unterstützen beim Transport von Großgerät in das Einsatzgebiet oder beim Abschieben von Schadmaterial an die Instandsetzung.

Eine weitere Aufgabe ist die Instandsetzung und Prüfung von Wehrmaterial oder auch das Bergen von ausgefallenem Gerät. Heute wird die unmittelbare logistische Unterstützung in zwei Kategorien unterteilt: zum einen in die teilstreitkräfteübergreifende Basislogistik in der Verantwortung der Streitkräftebasis und zum anderen in die Einsatzlogistik der einzel-

Technische Daten: Scania T 144 GB (6 x 4) NZ530

Motor:	Scania-8-Zylinder-Dieselmotor
Hubraum:	14.400 Kubikzentimeter
Leistung:	530 PS/390 kW
Getriebe:	9-Gang-Automatik, Drehmomentw.
Länge:	7990 Millimeter
Breite:	2600 Millimeter
Höhe:	3570 Millimeter
Gewicht:	35 Tonnen
Geschwindigkeit:	80 km/h
Fahrbereich:	600 Kilometer

Ein amerikanischer Transportpanzer M 548 mit Einachsanhänger während einer Übung im Herbst des Jahres 1974.

Technische Daten: US-Transportpanzer M 548

Motor:	GMC-6-Zylinder-Dieselmotor
Leistung:	215 PS/158 kW
Getriebe:	6 Vor- und 2 Rückwärtsgänge
Länge:	5890 Millimeter
Breite:	2540 Millimeter
Höhe:	2540 Millimeter (Dach)
Bodenfreiheit:	430 Millimeter
Gewicht:	12,8 Tonnen
Geschwindigkeit:	64 km/h
Fahrbereich:	483 Kilometer

nen Teilstreitkräfte. Einsätze vom Typ SFOR, KFOR und ISAF sind die bestimmenden Merkmale der Einsatzlogistik. Sie sind in erster Linie auf den operativen Bedarf und die Erfordernisse des Einsatzauftrags ausgerichtet. So stehen die Forderungen an die Logistik des Heeres im Zeichen der Erhaltung der Kernfähigkeit, Ausrichtung am Auftrag, Ressourcenoptimierung und Verbesserung der Wirtschaftlichkeit. Die Basislogistik beschränkt sich auf die logistische Versorgung der Teilstreitkräfte im Inland und die Sicherstellung der Anschlussversorgung im Einsatzgebiet.

Struktur der Heereslogistik

Die moderne Heereslogistik umfasst heute Logistikbataillone mit je zwei gemischten Nachschubkompanien für Nachschub von Munition, Betriebsstoff, Verpflegung, Marketenderwaren (MVG) und Ersatzteilen (NVG). Hinzu kommen zwei leichte Instandsetzungskompanien zur Durchführung von Materialerhaltungsstufen 2 und 3. Weiter zählen zur Heereslogistik das Versorgungsbataillon mit einer Nachschub- und Transportkompanie für die allgemeine Materialversorgung und eine Instandsetzungs- und Sanitätskompanie. Die Division Spezielle Operationen (DSO) verfügt pro Luftlandebrigade über ein Luftlandeunterstützungsbataillon mit je einer Luftlandeversorgungskompanie, einer leichten Luftlandeversorgungskompanie und einer Luftlandesanitätskompanie. Zur Struktur der Heereslogistik gehören die Nachschubbataillone, die für die Lagerung oder Umschlagung von Versorgungsgütern jeglicher Art und für die Postversorgung einer Division zuständig sind. Die Transportbataillone mit je vier Transportkompanien (eine gekadert) und zwei Schwerlastkompanien (davon eine gekadert), die Instandsetzungsbataillone und das Einsatz- und Ausbildungszentrum für das Gebirgstragtierwesen runden die Struktur der modernen Heereslogistik ab.

Einsatzlogistik der Brigaden

Die momentane Zuordnung der Einsatzlogistik des Heeres stellt sich etwas schwierig dar, denn der permanente Sparkurs im Verteidigungshaushalt und kurzlebige Reformen sowie geplante Reduzierungen der Streitkräfte lassen eine Gesamtbetrachtung nur für ein kleines Zeitfenster zu. Vorbei sind die Zeiten, als jede Division ein eigenes Logistikregiment (LogRgt) vorzuweisen hatte. Als eines der letzten aktiven LogRgt wird zum 1. April 2004 das LogRgt 1 in Delmenhorst außer Dienst gestellt. Demnach werden nun zur unmittelbaren Unterstützung von Heereskräften in ihrem jeweiligen Einsatzraum entsprechende logistische Kräfte und Mittel zur Verfügung stehen.

Jedes Logistikbataillon umfasst eine Stabs- und Versorgungskompanie, zwei gemischte Nachschubkompanien und zwei leichte Instandsetzungskompanien, die in der Lage sind, alle Waffensysteme, Fahrzeuge und Geräte der Brigade instand setzen zu können.

Logistik in den Führungsebenen

Für den Einsatz der einzelnen Führungsebenen des Heeres hatten diese Umformungen und Unterteilungen in Reaktions- (RK) und Verstärkungskräfte (VK) gravierende Konsequenzen. Für die Kompanien RK bedeutet das, dass pro Kompanie eine technische Gruppe mit einem Gefechtsschadeninstandsetzungstrupp, einem Bergetrupp mit Bergepanzer sowie einem Systeminstandsetzungsfeldwebel (ehem. Schirrmeister) mit einem Versorgungsfeldwebel zur Verfügung steht. Dem Bataillon wird der Instandsetzungszug entzogen und zeitaufwendige Instandsetzungsaufträge werden auf die Brigade verschoben. Es bleiben im Btl ein S4-Offizier, ein technischer Offizier und ein Nachschubzug.

Die Basislogistik der Streitkräftebasis

Als weiteres unterstützendes Organ in der Instandsetzung des Heeres sind über das Bundesgebiet Regionale Instandsetzungszentren (RIZ) und Systeminstandsetzungszentren (SIZ) verteilt, die der Streitkräftebasis (SKB) zugeordnet sind. Dem Streitkräfteunterstützungskommando der SKB unterstehen zur Sicherstellung der Logistik die Teilstreitkräfte. Für die nahe Zukunft beabsichtigt die Bundeswehr eine Zusammenfassung der SIZ mit Instandsetzungseinrichtungen der Industrie in der Heeresinstandsetzungslogistik (HIL).

Technische Daten: Schwedischer Hägglund Bv 206s

Motor:	Steyr-6-Zylinder-Dieselmotor
Leistung:	176 PS/130 kW
Getriebe:	5 Vorwärtsgänge, 1 Rückwärtsgang
Länge:	6920 Millimeter
Breite:	2000 Millimeter
Höhe:	2100 Millimeter (Dach)
Bodenfreiheit:	350 Millimeter
Gewicht:	7 Tonnen
Geschwindigkeit:	52 km/h
Fahrbereich:	300 Kilometer

Rechts und unten: Auch die schwedische Armee setzt moderne Mehrzwecktransportfahrzeuge mit Kettenantrieb ein. Der Hägglund Bv 206 kann als Transportfahrzeug der Armee oder als Überschneefahrzeug der Luftlandepioniere eingesetzt werden.

MILITÄRISCHE AUTOKRÄNE: ERSTE FAHRZEUGGENERATION

Der Faun-Kranwagen (6 x 6) LK 12/21-400 hatte einen Elf-Tonnen-Kran der Firma Wilhag. Zusätzlich verfügte er über eine Planierschaufel.

Technische Daten: Faun (6 x 6) LK 12

Motor:	Deutz-12-Zylinder-Vielstoffmotor
Leistung:	265 PS/195 kW
Getriebe:	6 Vorwärtsgänge, 1 Rückwärtsgang
Länge:	9140 Millimeter
Breite:	2500 Millimeter
Höhe:	3000 Millimeter
Gewicht:	33 Tonnen
Geschwindigkeit:	60 km/h

Im Rahmen der ersten Fahrzeuggeneration der Bundeswehr wurden ab dem Jahr 1960 für die Truppe Autokräne von Magirus-Deutz mit einer Tragfähigkeit von vier Tonnen beziehungsweise 5,5 Tonnen beschafft.
Diese Fahrzeuge, auf der Basis des LKWs 7 t (6 x 6) Magirus-Deutz „Jupiter", haben sich im Einsatz bei der Truppe bestens bewährt. Ein Teil dieser robusten Fahrzeuge ist heute noch im Einsatz. In der mittleren und schweren Fahrzeugklasse setzte die Bundeswehr Autokräne der Firma Faun ein, die sich jedoch heute nicht mehr im Truppendienst befinden.

Neue Fahrzeugkräne

Nach Indienststellung der Fahrzeugfolgegeneration in der Bundeswehr ab dem Jahr 1976 machten sich die begrenzten Einsatzmöglichkeiten der vorher verwendeten Autokräne von Magirus-Deutz und Faun zunehmend bemerkbar. Häufige Ausfälle der Geräte im Einsatz sowie die schwierige Ersatzteilbeschaffung und teure Instandsetzung setzten die Einsatzbereitschaft der alten Autokräne herab. Die Truppe forderte daher die Entwicklung neuer Fahrzeugkräne, die die vorher verwendeten Kräne ersetzen oder ergänzen sollten. Gefordert wurden Fahrzeugkräne für den Einsatz bei Heer, Luftwaffe und

Der Magirus-Deutz „Jupiter" besitzt einen Teleskopkran TW 931A.

Technische Daten: Magirus-Deutz Jupiter 178 D 15A

Motor:	Deutz-8-Zylinder-Vielstoffmotor
Leistung:	178 PS/131 kW
Getriebe:	6 Vorwärtsgänge, 1 Rückwärtsgang
Länge:	8000 Millimeter
Breite:	2500 Millimeter
Höhe:	2950 Millimeter
Gewicht:	15,25 Tonnen
Geschwindigkeit:	73,6 km/h

Marine, die als Hebezeug für Instandsetzungsarbeiten bei der Truppen- und Feldinstandsetzung sowie als Berge- und Abschleppmittel für ausgefallene Fahrzeuge und Geräte eingesetzt werden konnten.

Im Rahmen der militärischen Forderungen stellte sich heraus, dass die Truppe zwei verschieden große Fahrzeugkräne benötigte. Ein leichter Fahrzeugkran sollte in der Lage sein, das Triebwerk eines Kampfpanzers vom Typ Leopard 2 zu ziehen. Der mittlere Fahrzeugkran sollte nach Möglichkeit den kompletten Turm des Leopard 2 heben können. Zusätzlich war für beide Versionen Geländegängigkeit gefordert.

Da die Fahrzeugkräne aus dieser Zeit die Forderungen der Bundeswehr nicht erfüllen konnten, wurde zunächst mit einer bundeswehreigenen Entwicklung begonnen. Diese Entwicklung wurde 1981 abgeschlossen. Wegen fehlender Haushaltsmittel und wegen der hohen Stückkosten dieser neu entwickelten Fahrzeugkräne war das Bundesministerium der Verteidigung nicht bereit, eine Einführungsgenehmigung zu erteilen.

Alternativen

Inzwischen hatte die Bundeswehr festgestellt, dass auch der zivile Markt nunmehr Fahrzeugkräne mit einer hohen Geländegängigkeit und einer großen Leistungsfähigkeit anbot. Diese Fahrzeugkräne basierten nicht mehr auf LKW-Fahrgestellen, sondern auf speziell entwickelten, besonders steifen Kranfahrgestellen, die gemeinsam mit dem Kran als eine Einheit konstruktiv zusammengefasst waren.

Die von der Industrie angebotenen zivilen Fahrzeugkräne besaßen somit Eigenschaften, die denen der früheren Bundeswehr Entwicklung sehr nahe kamen. Um den zivilen Markt aus Kostengründen zu nutzen, wurden die militärischen Forderungen für die Fahrzeugkräne nochmals kritisch überprüft.

Auslieferung an die Truppe

Am 12. Juni 1991 wurden im Rahmen eines Festakts und in Anwesenheit zahlreicher Gäste bei der Firma Liebherr in Ehingen an der Donau die ersten Fahrzeugkräne, leicht und mittel, an die Bundeswehr und an die niederländische Armee übergeben. Insgesamt wurden in den Jahren 1991 bis 1994 statt 1250 geplanter Fahrzeugkräne nur 282 Fahrzeugkräne, leicht (FKL), und 193 Fahrzeugkräne, mittel (FKM), an die Einheiten der Bundeswehr ausgeliefert.

Die Reduzierung der Stückzahlen geschah aus Kostengründen beziehungsweise im Zusammenhang mit der Verringerung der Truppenstärke der Bundeswehr. Infolge der geringen Stückzahlen konnten nicht alle Autokräne aus der ersten Fahrzeuggeneration ersetzt werden.

Technische Daten: Fahrzeugkran, mittel (FKM)

Motor:	KHD-10-Zylinder-Dieselmotor
Leistung:	329 PS/242 kW
Getriebe:	6 Vor- und 2 Rückwärtsgänge
Länge:	10.980 Millimeter
Breite:	2750 Millimeter
Höhe:	3520 Millimeter
Gewicht:	29 Tonnen
Geschwindigkeit:	75 km/h

Die Firma Liebherr liefert die leichten Allrad-Autokräne. Von diesem Fahrzeug wurden die Magirus-Deutz-Autokräne abgelöst.

PIONIERFAHRZEUGE: WEGBEREITER UND VORKÄMPFER

Ein britischer CET schüttet einen Panzergraben zu. Dabei fährt das Fahrzeug bei den Räumarbeiten mit der Baggerschaufel rückwärts.

Gemäß Lexikon ist ein „Pionier" ein Wegbereiter oder Vorkämpfer beziehungsweise ein Soldat der technischen Truppe des Heeres. Diese Aussagen treffen auch heute noch auf die modernen Pioniertruppen der verschiedenen Streitkräfte der Welt zu.

Kampfunterstützungstruppe

Die Pioniertruppe gehört zu den Kampfunterstützungstruppen. Sie unterstützt mit technischen Mitteln die Beweglichkeit der eigenen Truppen und wird aufgrund ihrer vielseitigen Verwendbarkeit und Aufgaben unterteilt in Pioniere und Spezialpioniere.

Um ihre Aufgaben zu erfüllen, ist die Pioniertruppe vollmotorisiert und zum Teil gepanzert. Darüber hinaus verfügt die Pioniertruppe über eine umfangreiche technische Ausstattung und eine Ausrüstung mit modernen Infanteriewaffen zur direkten oder indirekten Unterstützung der Kampftruppen.

Zu den „klassischen" Aufgaben der Pioniere als technische Truppe gehören,

- die Bewegung des Feindes zu hemmen,
- die Bewegung der eigenen Truppen zu fördern,
- die Überlebensfähigkeit der eigenen Truppen zu erhöhen,
- die Operationsfreiheit der Kampftruppen zu erhalten.

Technische Daten: Combat Engineer Tractor CET

Motor:	Rolls-Royce-6-Zylinder-Turbodiesel
Leistung:	320 PS/235 kW
Getriebe:	4 Vor- und 4 Rückwärtsgänge
Länge:	7300 Millimeter
Breite:	2920 Millimeter
Höhe:	2830 Millimeter
Gewicht:	18 Tonnen
Geschwindigkeit:	52 km/h

Das Hemmen feindlicher Bewegungen geschieht in der Regel durch Anlegen von Sperren, von Minenfeldern und durch die Verstärkung von Geländehindernissen. Das Fördern der Bewegung der eigenen Truppen erfolgt durch das Herstellen und Erhalten der Funktionsfähigkeit von Verkehrsanlagen und das Überwinden von Geländehindernissen und Gewässern, von Sperren sowie das Räumen von Kampfmitteln. Die Erhöhung der Überlebensfähigkeit der eigenen Truppen wird durch den Bau von Feldbefestigungen, durch das Härten von Gefechtsständen und Unterständen sowie durch das Schaffen und Unterhalten der infrastrukturellen Voraussetzungen für Führung, Einsatzunterstützung und Unterbringung der Truppe sichergestellt.

Im Gefecht der verbundenen Waffen sorgt die Pioniertruppe für die Schadensbeseitigung zur Aufrechterhaltung der Operationsfreiheit. Ebenfalls gehören zu den Aufgaben der Pioniertruppe der Bau, der Unterhalt und Betrieb von Pipelineanlagen zur Kraftstoffversorgung der Streitkräfte sowie die Mitwirkung bei der Wasserbehelfsversorgung.

Gliederung der Pioniertruppe

In der Regel sind Pioniertruppen ab der Führungsebene „Brigade" vorhanden. Die Brigaden der Kampftruppen verfügen bei den meisten Streitkräften der Welt über Pionierkompanien, Panzerpionierkompanien oder Panzerpionierbataillone. Diese Einheiten sind mit gepanzerten Pionier-Mannschaftstransportwagen wie zum Beispiel mit dem Transportpanzer Fuchs beziehungsweise dem MTW M 113 ausgestattet. Spezielle Pionierpanzer, Minenräumsysteme und Brückenlegepanzer ergänzen die Geräteausstattung der Panzerpioniere. Auf Divisionsebene befindet sich üblicherweise ein Pionierbataillon oder eine Pionierbrigade mit Pioniermaschinen und Pionierbrücken zum Bau von Kriegsbrücken. Die Korps- oder Armeepioniere waren und sind in der Regel schwere Pionier- oder Pionierspezialbataillone.

Technische Daten: FV 4204 Chieftain AVRE

Motor:	Leyland-12-Zylinder-Vielstoffmotor
Leistung:	750 PS/551 kW
Getriebe:	6 Vor- und 2 Rückwärtsgänge
Länge:	7520 Millimeter
Breite:	3660 Millimeter
Höhe:	2890 Millimeter
Gewicht:	51,8 Tonnen
Geschwindigkeit:	48 km/h

Moderne Pioniere der Bundeswehr

Die heutige moderne Pioniertruppe der Deutschen Bundeswehr ist aufgrund ihrer Struktur und Ausstattung in der Lage, Aufgaben im Gefecht der verbundenen Waffen sowohl im Rahmen der Landes- und Bündnisverteidigung als auch bei Friedensmissionen zu erfüllen. Unter dem Gefecht der verbundenen Waffen versteht man das zeitliche und räumliche Zusammenwirken verschiedener Truppengattungen in den Gefechtsarten, den allgemeinen Aufgaben im Einsatz und den besonderen Gefechtshandlungen mit gemeinsamer Zielsetzung unter einheitlicher Führung. Darüber hinaus kommen die heutigen Pioniere der Deutschen Bundeswehr bei Friedensmissionen, bei Maßnahmen im Rahmen der Konfliktverhütung, bei Rettungs- und Evakuierungsmaßnahmen sowie bei Hilfeleistungen der verschiedenen Art wie zum Beispiel bei Naturkatastrophen zum Einsatz.

Neue Struktur

Im Rahmen der neuen Struktur der Bundeswehr wird aus den deutschen Streitkräften hauptsächlich eine Einsatzarmee. Pioniere sind in der neuen Bundeswehr auf der Ebene des

Deutlich sieht man hier die Gestellsysteme des britischen Pionierpanzers Chieftain AVRE im Heckbereich.

Technische Daten: Planierraupe M9 ACE	
Motor:	Cummins-8-Zylinder-Dieselmotor
Leistung:	295 PS/209 kW
Getriebe:	6 Vor- und 2 Rückwärtsgänge
Länge:	6250 Millimeter
Breite:	2800 Millimeter
Höhe:	2360 Millimeter
Gewicht:	16,3 Tonnen
Geschwindigkeit:	48 km/h

Ein amerikanischer ACE nimmt mit hochgeklapptem Planierschild Erdreich als Ballast auf.

Heeres und in der Streitkräftebasis vorhanden. Hauptaufgabe der Panzerpioniere bleibt die unmittelbare Unterstützung der Kampfbrigaden der mechanisierten Divisionen. Hierzu gliedern sich die deutschen Panzerpioniere in Bataillone und selbstständige Panzerpionierkompanien.
Eine Nebenrolle spielen die Luftlandepioniere als Unterstützungskräfte der Division Spezielle Operationen. Die allgemeine Pionierunterstützung, die früher in der Heeresstruktur 5

Technische Daten: Pionierpanzer 2 Dachs	
Motor:	MTU-10-Zylinder-Vielstoffmotor
Leistung:	830 PS/610 kW
Getriebe:	4 Vor- und 2 Rückwärtsgänge
Länge:	8920 Millimeter
Breite:	3250 Millimeter
Höhe:	2570 Millimeter
Gewicht:	43 Tonnen
Geschwindigkeit:	62 km/h

Der deutsche Pionierpanzer 2 „Dachs" erreicht mit seiner Schaufel eine Räumleistung von bis zu 270 Kubikmetern in der Stunde.

Der österreichische Pionierpanzer 4 KH 7FA-Pi wird mit dem Tieflöffelbagger auch bei Hochwasser eingesetzt.

Technische Daten: Pionierpanzer 4 KH 7FA-Pi

Motor:	Steyr-6-Zylinder-Turbodieselmotor
Leistung:	320 PS/235 kW
Getriebe:	6 Vorwärtsgänge, 1 Rückwärtsgang
Länge:	7490 Millimeter
Breite:	2500 Millimeter
Höhe:	3150 Millimeter
Gewicht:	22,3 Tonnen
Geschwindigkeit:	65 km/h

durch die Pionierbrigaden der Divisionstruppen gewährleistet wurde, wird durch die Pionierbrigade 100 in Minden an der Weser durchgeführt. Diese Pionierbrigade 100 untersteht dem Heerestruppenkommando und gliedert sich in:
- Stab und Stabskompanie
- zwei aktive Pionierbataillone
- zwei aktive schwere Pionierbataillone
- drei nicht aktive Pionierbataillone
- drei nicht aktive schwere Pionierbataillone

Von den nicht aktiven Bataillonen sind den aktiven Bataillonen jeweils zwei Pionierkompanien und zwei Pioniermaschinenkompanien zur Sicherstellung der Ausbildung als Verstärkungskräfte bereits im Frieden unterstellt.
Den Pionierbataillonen der Pionierbrigade 100 sind unter anderem auch die Brückensysteme wie die Faltfestbrücke, die Faltschwimmbrücke sowie die amphibische Brücke M 3 eingegliedert. Für den Bereich Einsatzunterstützung sind Spezialpionierkräfte der Streitkräftebasis vorhanden. Der Feldlagerbau und - betrieb, der Pipelinebau zur Kraftstoffversorgung sowie der Betrieb der Pipelineorganisation gehören somit zur gemeinsamen Aufgabe der Streitkräfte. Dazu verfügt die Streitkräftebasis über zwei aktive Spezialpionierbataillone aus Pipelinepioniereinheiten sowie Feldlagerbau- und Feldlagerbetriebskompanien.
Darüber hinaus ist ein Spezialpionierbataillon vorhanden, das reinrassig aus Feldlagerbau- und Feldlagerbetriebskompanien besteht. Das Personal der Feldlagerkompanien kommt aus Heer und Luftwaffe.

Territorialbereich

Pioniere auf Ebene der Verteidigungsbezirke (VBK) und Pionierbataillone der einzelnen Wehrbereiche (WBK) nehmen territoriale Aufgaben wahr. Diese Pioniertruppen haben hauptsächlich den Auftrag, bei der Sicherstellung des Aufmarsches und des Verlegens der nationalen und verbündeten Streitkräfte unter anderem durch Fördern der Bewegungen mitzuwirken.

Stärkung der Pionierunterstützung

Durch die neue Struktur der Pioniertruppe der Deutschen Bundeswehr sind eine Stärkung der unmittelbaren Pionierunterstützung auf der Ebene der Kampfbrigaden und der Erhalt der Fähigkeit zur allgemeinen Pionierunterstützung möglich geworden.
Hinzu kommen die Pionierunterstützungen für die vielfältigen Aufgaben bei Auslandseinsätzen in Krisenregionen.

ZWEIWEGEFAHRZEUGE: FÜR DIE STRASSE UND FÜR DIE SCHIENE

Oben: Auch auf Großbaustellen im Bereich der Eisenbahn sind Schienen-Straßen-Fahrzeuge unentbehrlich. Rechts arbeitet eine Zweiwegebagger am Bahndamm.
Unten: Die von der Wiener Lokomotivfabrik gebaute „Transportable Locomotive Stadthof" aus dem Jahr 1868 war eines der ersten Fahrzeuge, das sowohl auf der Straße wie auch auf der Schienen gefahren werden konnte.

Technische Daten: Transportable Locomotive

Länge:	5700 Millimeter
Dienstgewicht:	13 Tonnen
Zylinderdurchmesser:	237 Millimeter
Kolbenhub:	421 Millimeter
Kesseldurchmesser:	948 Millimeter
Kessellänge:	2212 Millimeter
Anzahl der Siederohre:	67 Rohre
Gesamtheizfläche:	26,883 Quadratmeter
Rostfläche:	0,519 Quadratmeter
Dampfdruck:	8 Bar

Schienen-Straßen-Fahrzeuge oder auch Zweiwegefahrzeuge sind Fahrzeuge die mit einem speziellen Eigenantrieb sowohl auf der Straße wie auch auf der Schiene eingesetzt werden können. In der Regel sind heute zusätzliche Achsen mit Stahlrädern vorne und hinten an den Fahrzeugen angeflanscht, die bei Bedarf hydraulisch gehoben und gesenkt werden können. Der Antrieb erfolgt durch die Reibung der Gummiantriebsräder auf der Schienenoberseite.

Einsatz der Fahrzeuge

Diese Fahrzeuge werden meist für Wartungs- und Bauarbeiten entlang der Eisenbahnschienen im unwegsamen Gelände eingesetzt. Sie erreichen ihre Einsatzorte auf der Straße und setzen dann auf die Schiene um. Dies erspart schwere geländegängige Fahrzeuge für den Einsatz. In der Regel werden heutzutage gewöhnliche Straßenfahrzeuge von Firmen umgebaut, die auf die Schienen-Straßen-Systeme spezialisiert sind.

Eine transportable Dampflokomotive

Das Prinzip von Zweiwegefahrzeugen ist so alt wie die Eisenbahn selbst. Schon 1822 kommen findige Techniker auf den Gedanken, ein Fahrzeug zu konstruieren, das jeweils den günstigsten Weg fahren soll: einmal freizügig einsetzbar auf den weit verzweigten Straßen, ein andermal über große Distanzen auf den schnellen Gleisen der Eisenbahn, die nur wenig Rollwiderstand darstellen.
Doch die Idee des Zweiwegesystems begann schon um 1868. Die in Wien ansässige Lokomotivfabrik Georg Sigl baute in diesem Jahr zwei kleine und ungewöhnliche Dampflokomotiven mit den Fabriknummern 190 und 191. Sie trugen die Namen „Stadtlhof" und „Betty". Es handelte sich um Lokomotiven für den „Eisenbahn- und Stabil-Dienst". Konstruiert wurden beide Maschinen von F. X. Mannhart, dem Chefingenieur der Georg Sigl'schen Maschinen-Fabrik in Wien.
Um die Lokomotive zum Transport fertig zu machen, benötigen zwei Arbeiter etwa zwei Stunden. Dabei wird der Kessel angeheizt und Straßenreifen werden aufgezogen.
Der Transport über die geschotterten Straßen mit mehreren Steigungen selbst geschieht mit zwei Pferdepaaren, die an die Deichsel des drehbaren Untergesells der Lok gespannt werden. Die Pferde werden zusätzlich durch die Dampfkraft der Maschine unterstützt, indem die hinteren Räder angetrieben werden. Falls es die Örtlichkeit gestattet, wird die ganze Maschine in das Eisenbahngleis eingefahren. So müssen nur noch die Straßenreifen abmontiert werden und das drehbare Untergestell muss nach vorne herausgeschoben werden. Auch für diese Arbeit werden nur circa 30 Minuten benötigt.

Der SchiStra-Bus

1931 bestellte die London-Midland & Scottish Railway bei der britischen Firma Carrier Motors Ltd. einen Omnibus für Schiene und Straße. Von diesem Fahrzeug lässt sich auch die Deutsche

Technische Daten: Schienen-Straßen-Omnibus

Sitzplätze:	43 (2. Klasse)
Leistung:	88 kW
Gesamtserie:	15 Fahrzeuge
Spurweite:	1435 Millimeter
Länge:	11.300/12.550 Millimeter*
Achsanordnung:	1A/2'A2'*
Gesamtachsabstand:	5180/11.700 Millimeter*
Dienstgewicht:	11,6/17,4 Tonnen*

* gilt für den Schienenverkehr

Ein Krauss-Maffei-Bus setzt über Hilfsrampen auf die Spurwagen auf (kleines Bild). Zwei Busse erhalten 1955 versuchsweise einachsige Schienenleitwerke, die während der Straßenfahrt hochgedreht werden können.

Reichsbahn inspirieren, die 1934 einen ähnlichen Omnibus entwirft. Doch aufgrund des Zweiten Weltkrieges kommt das Projekt nicht über die Planungsphase hinaus. Erst die Deutsche Bundesbahn befasst sich wieder genauer mit einem Schienen-Straßen-Bus. Ab 1950 werden die ersten Versuche unternommen: Dabei wird eine Kaelble-Zugmaschine mithilfe von je einem zweiachsigen Spurwagen an beiden Enden auf die Schienen gesetzt. Auch ein ausgemusterter Lastwagen der Bundesbahn muss mit einem ähnlichen Laufwerk für Testfahrten herhalten. Um den Reifenverschleiß zu messen, lässt man das Fahrzeug zwischen Schwandorf und Furth im Wald rund 120.000 Kilometer hin und her fahren. Die geringe Abnutzung der Reifen und die Laufruhe werden durchaus positiv beurteilt. Daraufhin wird Mitte 1951 der Prototyp eines Zweiwegeomnibusses in Frankfurt am Main vorgestellt. Die Bundesbahn konzentriert sich bei ihren weiteren Versuchs- und Entwicklungsarbeiten auf Personenfahrzeuge; die Industrie arbeitet gleichzeitig auf dem Gebiet des Gütertransports. Die Omnibusse für den Zweiwegeeinsatz werden bei den Nordwestdeutschen Fahrzeugwerken (NWF) in Wilhelmshaven durchkonstruiert und gebaut; für die Spurwagen zeichnet die Firma Waggon- und Maschinenbau Donauwörth (WMD) verantwortlich. Auf der Internationalen Automobilausstellung vom 13. bis zum 29. März 1953 stellt die Bundesbahn das erste Serienfahrzeug des Schienen-Straßen-Busses aus. Voller Staunen versammelt sich das Publikum um den Bus mit der Typenbezeichnung NWF-SD-130 R.

Erst als die wirtschaftliche Nutzungsdauer der Busse mit dem Winterfahrplan 1966/67 abläuft, endet der außergewöhnliche Verkehr. Eine Neubeschaffung von Bussen scheidet aus, da der

Das Konzept des Zweiwegehilfszugs ist universell einsetzbar. Der erste Prototyp wurde 1998 vorgestellt.

Technische Daten: Schienen-Straßen-Hilfszug

Motor:	MAN-Dieselmotor
Länge:	11.500 Millimeter
Breite:	2500 Millimeter
Höhe:	3930 Millimeter
Leergewicht:	14.800 Kilogramm
Zuladung:	14.800 Kilogramm
Spurweite:	1435 Millimeter
Radstand:	4100 Millimeter
Geschwindigkeit:	80 km/h

Hersteller NWF zwischenzeitlich Konkurs angemeldet hat – das Kapitel Schienen-Straßen-Bus bei der DB ist damit beendet. Als einziges Fahrzeug bleibt der Bus mit der Nummer DB 2-3 erhalten. Er kommt zusammen mit den beiden Leitgestellen 1913 und 1919 zunächst zum Verkehrsmuseum Nürnberg und später ins Museum Bochum-Dahlhausen der Deutschen Gesellschaft für Eisenbahn-Geschichte (DGEG).

Unimogs und Schwerkleinwagen

Aufgrund einschneidender Veränderungen im Betrieb und im Streckennetz sah sich die Deutsche Bahn AG Mitte der 1990er-Jahre gezwungen, neue Konzepte beim sogenannten „Notfallmanagement" zu entwerfen. Probleme bereitete vor allem die kostenintensive und unwirtschaftliche Vorhaltung eigener Lokomotiven für die Hilfszüge. Auch der Rückbau von Ausweich- und Überholgleisen machte den Einsatz der alten Hilfszüge in traditioneller Bauart immer schwieriger.
Aus diesem Grund entwickelte der Geschäftsbereich Netz der DB AG in Zusammenarbeit mit verschiedenen Firmen einen neuen „Hilfszug", der auf dem Konzept eines universell einsetzbaren Zweiwegefahrzeugs beruhte. Der Prototyp wurde am 26. März 1998 bei einer internen Veranstaltung in Augsburg vorgestellt. Das neue Zweiwegefahrzeug ist die abgewandelte Version eines serienmäßigen Lastkraftwagens von MAN. Für den speziellen Einsatz bei der Bahn wurde der LKW mit einem Schienenfahrgestell der Firma SPEFAKA in Halle ausgerüstet. Damit kann der LKW auf Ladestraßen oder Bahnübergängen vom Straßen- zum Schienenbetrieb übergehen. Die Höchstgeschwindigkeit soll beim Serienfahrzeug auf Schiene und Straße jeweils 80 Stundenkilometer betragen. Die komplette Notfallausrüstung für Hilfseinsätze befindet sich in einem aufgesetzten Container der Firma ZIKU in Riegel, die vor allem im Bau von Feuerwehrfahrzeugen tätig ist. Der Container kann auf Straße oder Schiene bis an den Unfallort herangefahren und anschließend bis auf die Schienenoberkante abgesetzt werden. Ein Führerstand am hinteren Ende des Fahrzeugs ermöglicht auch Rückwärtsfahrten im Schienenbetrieb. Der Prototyp des „Schienen-Straßen-Hilfszuges" wird in Augsburg für die geplante spätere Serienfertigung im Betriebseinsatz erprobt. Als Grundfahrzeug für den „Hilfszug" dient ein LKW-Fahrgestell vom Typ MAN 26.293 F. Dieses Fahrgestell wurde zusätzlich mit einer gelenkten Vor- und Nachlaufachse für den Straßenverkehr ausgerüstet. Das zulässige Gesamtgewicht erhöhte sich damit auf 32 Tonnen. Hinter der ersten und der letzten Achse des Lastkraftwagens ist jeweils ein zweiachsiges Schienenfahrgestell mit hydrostatischem Antrieb der Firma NEWAG montiert, das den Einsatz auf Gleisen mit einer Spurweite von 1435 Millimetern ermöglicht.
Der Lastkraftwagen entspricht den Bauanforderungen der Deutschen Bahn AG und ist als sogenannter Schwerkleinwagen mit einer maximalen Geschwindigkeit von 80 Stundenkilometern auf der Schiene zugelassen. Um das Lichtraumprofil im Schienenbetrieb einhalten zu können, ist das Fahrzeug mit einer Feder- beziehungsweise Achsblockierung ausgestattet, die das Herunterhängen der Straßenräder verhindert. Der Container mit den darin enthaltenen Notfallausrüstungen wird mit vier Stützzylindern auf- und abgesetzt. Das Material im Container ist nach der Häufigkeit des Einsatzes in A-, B- und C-Kategorien eingeteilt und ist beginnend von vorne unten bis nach hinten oben eingelagert.

Auch private Benutzer der Schienensysteme wie hier bei Alstom in Griechenland setzen auf Straßen-Schienen-Fahrzeuge.

CULEMEYER-STRASSENROLLER: DEUTSCHE REICHSBAHN PRÄSENTIERT NEUES TRANSPORTFAHRZEUG IN BERLIN

Oben: Mit der Einführung des Culemeyer-Straßenrollers kann die Deutsche Reichsbahn ihre Dienste auch auf der Straße anbieten und Güter ohne Umladen direkt dem Kunden zustellen. Das erste Fahrzeug wird am 27. April 1933 auf dem Anhalter Güterbahnhof in Berlin vorgestellt.

Rechts: Zu den Culemeyer-Straßenrollern gehören die schweren Straßenzugmaschinen von Kaelble, die es mit 65, 100 und 130 PS gab.

Bereits Anfang der 1930er-Jahre muss die DR ihre Transportleistungen auch auf die Straße ausdehnen. Um einen flexiblen Übergang der Güterwagen von der Schiene auf die Straße zu ermöglichen und um dem Kunden das lästige Umladen der Güter zu ersparen, entwickelt Johann Culemeyer den nach ihm benannten Straßenroller. Culemeyer wurde am 19. September 1883 in Hannover geboren. Nach einem Maschinenbau- und Bauingenieurstudium betätigt er sich bei Vermessungsarbeiten an der mit deutschem Kapital finanzierten Bagdadbahn. 1909 kommt er zur Eisenbahndirektion Hannover. Nach dem Ersten Weltkrieg tritt er in den maschinentechnischen Dienst ein und wird Mitarbeiter im Dezernat für Güterwagen besonderer Bauart beim Zentralamt Berlin. Nach dem Tod seines Vorgängers übernimmt Culemeyer 1927 die Leitung des Dezernats.Unter dem Eindruck eines sich verschärfenden Konkurrenzkampfs zwischen der Schiene und der Straße macht sich Culemeyer zusammen mit der Waggonfabrik Gotha an die Konstruktion des Straßenrollers.

Erste Präsentation

Der Prototyp wird in Anwesenheit des Generaldirektors der Deutschen Reichsbahn, Dr. Julius Dorppmüller, sowie im Beisein von Vertretern der Presse am 27. April 1933 auf dem Gelände des Anhalter Güterbahnhofs in Berlin vorgestellt. Das Fahrzeug besteht aus zwei achträdrigen Fahrgestellen, die jeweils eine Achse eines zweiachsigen Güterwagens aufnehmen. In dieser Form bringt der Straßenroller ein Eigengewicht von acht bis neun Tonnen auf die Waage. Das Höchstgewicht eines Güterwagens beträgt zu dieser Zeit 32 Tonnen – das ergibt eine maximale Radlast des Straßenrollers von rund 2,5 Tonnen. Zum Vergleich: Zweiachsige Lastkraftwagen erreichen zur gleichen Zeit bereits 3,75 Tonnen. Als Zugmaschine dient ein zweiachsiger Motorschlepper der Firma Kaelble aus Backnang, der immerhin 65 PS Leistung erbringt.

„Fahrbares Anschlussgleis"

Am 13. Oktober 1933 wird im rheinischen Viersen der Straßenrollerverkehr aufgenommen. Erster Kunde des „fahrba-

Übersicht über deutsche Straßenroller

DRG-Straßenroller
- GWF R40 - 4 Achsen, 16 Räder, zweiteilig, 40 Tonnen Ladegewicht
- GWF R80 - 6 Achsen, 24 Räder, zweiteilig, 80 Tonnen Ladegewicht
- GWF R80 - 8 Achsen, 20 Räder, dreiteilig, 100 Tonnen Ladegewicht, mit Zusatzfz.
- GWF R41 - 4 Achsen, 16 Räder, einteilig, 40 Tonnen Ladegewicht
- WUAG R42 - 6 Achsen, 12 Räder, einteilig, 40 Tonnen Ladegewicht

DB-Straßenroller
- SEAG LR 40 - 8 Achsen, 16 Räder, 40 Tonnen Ladegewicht
- WMD LR 40 - 8 Achsen, 16 Räder, 40 Tonnen Ladegewicht
- SEAG LR 40/2 - 8 Achsen, 24 Räder, 60 Tonnen Ladegewicht, Doppelbereifung auf den vier inneren Achsen
- SEAG LS 70 - 4 Achsen, 16 Räder, 39 Tonnen Ladegewicht, Grundeinheit
- SEAG LS 70 - 2 Achsen, 8 Räder, 20 Tonnen Ladegewicht, Zwischenelement
- SEAG LS 70 - 10 Achsen, 40 Räder, 99 Tonnen Ladegewicht, maximale Kombination
- SEAG LS 160 - 2 Achsen, 8 Räder, ~41 Tonnen Ladegewicht, zweiachsige Grundeinheit
- SEAG LS 160 - 4 Achsen, 16 Räder, 81 Tonnen Ladegewicht, vierachsige Grundeinheit
- SEAG LS 160 - 12 Achsen, 48 Räder, 247 Tonnen Ladegewicht, maximale Kombination
- Scheuerle EX Soellner - 5 Achsen, 10 Räder, 40 Tonnen Ladegewicht

DR-Straßenroller
- VEB Waggonbau Gotha R40 - 4 Achsen, 16 Räder, Nutzlast 40 Tonnen, Culemeyer
- VEB Waggonbau Gotha R80 - 6 Achsen, 24 Räder, Nutzlast 80 Tonnen, Culemeyer
- VEB Waggonbau Gotha R42 - 6 Achsen, 12 Räder, Nutzlast 40 Tonnen, Culemeyer
- VEB Waggonbau Gotha - 6 Achsen, 12 Räder, Nutzlast 80 Tonnen, einteilig, Neuentwicklung

ren Anschlussgleises" – so heißt es in der Werbung der Reichsbahn – ist die Firma Kaisers Kaffeegeschäft. Genau festgelegt sind die Fahrstrecke des Gespanns und die Höchstgeschwindigkeit mit zwölf Stundenkilometern. Als weitere Standorte der Straßenroller folgen zunächst Güstrow, Aschersleben, Schweinfurt, Elmshorn bei Altona und Pulsnitz. Um die Straßenroller und Zugmaschinen besser auszulasten, werden Betriebszentren gebildet.
Bald stellt sich heraus, dass die Leistung eines zweiachsigen Schleppers nicht ausreicht, weshalb die Reichsbahn zusammen mit der Firma Kaelble und der Lokomotiv- und Lastwagenfabrik Henschel eine wesentlich stärkere, dreiachsige Variante der Zugmaschine entwickelt. Das Ergebnis ist die erste Schwerlastzugmaschine der Welt, deren 100-PS-Leistung ausreicht, um den samt Güterwagen rund 40 Tonnen schweren Straßenroller auf einer Steigung von zehn Prozent mit drei Stundenkilometern zu befördern. Auch die Bauart des Rollers wird verbessert: Eine Kippvorrichtung erlaubt beispielsweise das Anheben eines Güterwagens, um Schüttgut über die Stirnseite auszukippen.

Straßenroller für Schwertransporte

Bis zum April 1936 haben die Transporter an 20 Orten Deutschlands bereits über 40.000 Güterwagen von den Bahnhöfen zu Fabriken und Werken gebracht. Stolz teilt die Deutsche Reichsbahn mit: „Die hierbei erzielten günstigen Ergebnisse und die große Nachfrage nach diesen Verkehrsmitteln legen die Vermutung nahe, daß die im Dienste des Haus-Haus-Verkehres stehenden Straßenfahrzeuge im zweiten Eisenbahnjahrhundert eine bedeutende Rolle im Dienste der deutschen Wirtschaft spielen werden." Sind Anfang 1935 erst zehn Straßenroller im Einsatz, so sind es am Jahresende 1937 bereits 46 Stück. Große Bedeutung erlangen die Fahrzeuge auch bei Schwertransporten: Große Dampfkessel, unzerlegte Kräne, Bagger und ganze Schiffe werden mit dem „Culemeyer" über die Straßen bugsiert.
Wenige Monate nachdem der Straßenroller seinen öffentlichen Verkehr aufgenommen hat, promoviert Johann Culemeyer mit seiner Konstruktionsarbeit zum Doktor-Ingenieur. Ab 1935 ist er Abteilungsleiter im Reichsbahn-Zentralamt; 1943 wird er zum Professor berufen. Nach dem Ende des Zweiten Weltkrieges ist Culemeyer zuletzt Abteilungspräsident beim Bundesbahn-Zentralamt Minden in Westfalen. Er stirbt am 20. Januar 1951 in Nordholz.
Der Straßenrollerverkehr aber wird auch nach dem Krieg von den beiden deutschen Bahnverwaltungen weitergeführt.

Die Reichsbahn und die Bundesbahn entwickelten den Straßenroller nach dem Zweiten Weltkrieg weiter. Das Foto entstand im Jahr 1951.

DIE FLUGHAFENFEUERWEHR: MIT RIESIGEN FAHRZEUGEN GEGEN DIE KATASTROPHE

Die Großflughafenlöschfahrzeuge der österreichischen Firma Rosenbauer International AG sind die bekanntesten Flugfeldlöschfahrzeuge überhaupt. Bereits 1866 gründete Johann Rosenbauer ein Handelshaus für den Feuerwehrbedarf in Linz. Oben im Bild sind die Flughafenlöschfahrzeuge Panther, 4 x 4, 6 x 6 und 8 x 8 abgebildet und unten sieht man den Rosenbauer Panther 8 x 8 in voll Action.

„Safety first" lautet die wichtigste Regel im Luftverkehr. Auch am Boden, auf dem Flughafen, kommt die Sicherheit an erster Stelle und damit der Feuerwehr an einem Airport eine zentrale Rolle zu: Ohne eine einsatzbereite Feuerwehr startet und landet kein Flugzeug. Daher hat an allen Airports der Welt die Flughafenfeuerwehr in der Notfallplanung eine Schlüsselfunktion.

Welches Löschmittel benutzt die Feuerwehr?

Hauptlöschmittel ist das wasserfilmbildende Schaummittel AFFF (aqueous film forming foam, Zumischung drei bis sechs Prozent). Es ist speziell geeignet zum Löschen brennbarer Flüssigkeiten der Brandklasse B. AFFF-Schäume wirken zunächst in gleicher Weise wie synthetische Schäume oder Proteinschäume, jedoch tritt aus dem Schaum innerhalb kürzester Zeit ein auf der Brennstoffoberfläche schwimmender wässriger Film. Dieser reduziert den Durchtritt der Brennstoffdämpfe erheblich und deckt nicht beschäumte Flächen durch Filmausbreitung ab. Die Schäume zeichnen sich durch hohe Fließfähigkeit und deutliche Verkürzung der Löschzeiten aus. Deshalb sind AFFF-Schäume für Großflächenbrände besonders geeignet.

24 Stunden am Tag ist die Feuerwehr im Dienst. Ihr Aufgabenbereich erstreckt sich vom Flugzeug- und Gebäudebrandschutz über technische Hilfeleistung, Unterstützung bei

Oben: Die Firma Rosenbauer baut auf diversen LKW-Chassis, wie hier das Universallöschfahrzeug ULF 12000/1000 auf einem Kenworth-Chassis, Spezialkarosserien für Libyen auf.
Mitte: Der neue Panther 6 x 6 CA-5 führt 135 Kilogramm Löschpulver mit.

Gefahrgutunfällen und im Umweltschutz bis hin zum Sanitätsdienst für den gesamten Airportbereich. Der am häufigsten vorkommende Zwischenfall auf Flughäfen passiert bei Flugzeugen beim Start oder bei der Landung, wenn es in eine angrenzende Wiese rutscht. Diese Einsätze sind rein technischer Natur. Das Hauptziel ist es hierbei, die verunfallte Maschine so schnell wie möglich zu bergen, um die Flugbahn wieder freizubekommen. Bei einer Notlandung ohne ausgefahrenes Fahrgestell wird ein Schaumteppich auf die Landebahn aufgetragen, um die Reibungswärme des Flugzeugrumpfes abzuleiten und ein Entzünden des Treibstoffes zu verhindern. Der schwierigste Fall eines Flugzeugunfalls auf oder in der Nähe eines internationalen Flughafens ist eine große Herausforderung für die Flughafenfeuerwehr, da sich auf einem der großen Airports der Welt bis zu 100.000 Menschen aufhalten können. Das ist die Einwohnerzahl einer mittleren Stadt.

Die Flugplatzfeuerwehr als Werkfeuerwehr

So vielseitig wie die Aufgaben, müssen auch Ausrüstung und Ausbildung der Feuerwehrleute sein. Die Mindestanzahl an hauptberuflichen Feuerwehrangehörigen wird von den entsprechenden Behörden vorgeschrieben, dazu kommt noch eine größere Anzahl von freiwilligen Feuerwehrangehörigen, die sich aus den verschiedensten Flughafenbediensteten zusammensetzen.
Die meisten Flughafenfeuerwehren in Deutschland sind als Werkfeuerwehren organisiert. Einige Flughafenfeuerwehren

Technische Daten: Rosenbauer Panther 8 x 8/MA-5

Leistung:	735 kW/1000 PS
Besatzung:	3 Personen
Wassertank:	bis 13.000 Liter
Schaumtank:	1600 Liter AFFF-Schaum
Löschpulver:	1000 Kilogramm

Der größte Feuerlöschzug der Fima Rosenbauer war der Panther 8 x 8/MA-5 mit einer Gesamtmasse von 40 Tonnen. Er kann bis zu 13.000 Liter Wasser und 1600 Liter Schaummittel mit sich führen.

Technische Daten: Rosenbauer Rettungstreppe E8000	
Fahrgestell:	Scania, MAN oder MB
Wassertankinhalt:	1000 Liter
Pumpe:	Rosenbauer N20
Schnellangriffseinrichtung:	30 Meter Schlauchhaspel auf Rettungsplattform
Einsatzhöhen:	3200 bis 8500 Millimeter

Mit der breiten Rettungstreppe E 8000 wird der Rettungsmannschaft ein schneller und sicherer Zugang ins Flugzeuginnere ermöglicht. Für Passagiere ist die Treppe ein bequem begehbarer Fluchtkorridor.

sind ihrem Auftrag und ihrem Status nach ausschließlich für den Flugzeugbrandschutz zuständig und nicht für den Gebäudebrandschutz, die meisten Flughafenfeuerwehren sorgen aber in der Regel gleichermaßen für Flugzeugbrandschutz, Gebäudebrandschutz und Rettungsdienst. Zu den Flughafenfeuerwehren als Werkfeuerwehren gesellen sich in neuester Zeit auch immer mehr Flughafenfeuerwehren, die der städtischen Feuerwehr, in der Regel einer Berufsfeuerwehr, zugeordnet sind und von dieser auch geführt werden. Die Flughafenfeuerwehr wird als „normale" Feuerwache geführt und mit Personal der Berufsfeuerwehr besetzt, es handelt sich somit um Beamte des Feuerwehrtechnischen Dienstes. Diese Beamten werden in aller Regel auch noch durch Betriebskräfte unterstützt, die als freiwillige Feuerwehr organisiert werden können. Die Einbindung dieser Kräfte erfolgt genauso wie bei den Werkfeuerwehren.

Technische Daten: Landebahnbeschäumungsanlage	
Schaummitteltankinhalt:	bis zu 5000 Liter
Wassertankinhalt:	bis zu 40.000 Liter
Dachwerfer:	Rosenbauer RM 60E
Beschäumungsanlage:	zwei Schwenkbalken und insgesamt 49 Schaumdüsen für 13 Meter Beschäumungsbreite

Die Landebahnbeschäumungsanlagen LBA 41000 von Rosenbauer werden zum Legen eines Schaumteppichs eingesetzt, der die Landung von Flugzeugen mit Fahrwerksproblemen erleichtern soll.

Der Flughafen München setzt unter anderem zwei Flugfeldlöschfahrzeuge MAN FLF 80/125 Snozzle ADV/Z8 ein. Die 1000 PS starken Fahrzeuge mit Ziegler-Aufbau haben einen Allradantrieb mit Sechsgang-Automatik.

Flughafenfeuerwehr München

Die Flughafenfeuerwehr betreute ab 1949 als Werkfeuerwehr den Flughafen München-Riem. 1966 wurde eine neue Feuerwache neben den Hangars bezogen. Die Olympischen Sommerspiele 1972 bedeuteten einen großen Passagierzuwachs, weswegen Mannschaft, Fahrzeuge und Geräte Anfang der 1970er-Jahre aufgestockt wurden. Erstmals beschaffte man sich zwei Großräumfahrzeuge und einen Pulverwerfer.

Mit den Planungen für den neuen Flughafen München-Franz Josef Strauß im Erdinger Moos änderten sich die Anforderungen an die Flughafenfeuerwehr. Mit dem Baubeginn des Flughafens Ende der 1970er-Jahre begleitete die Feuerwehr die Arbeiten auf dem Gelände.

1987 expandierte die Feuerwehr erneut stark im Bereich der Mitarbeiter, 1988 wurde auf der Baustelle des neuen Flughafens eine Außenwache nahe der Bauzentrale eingerichtet. 1991 wurden die Feuerwachen Süd und Nord fertiggestellt. Bis 1992 investierte die Flughafenfeuerwehr in 14 neue Fahrzeuge und andere neue Gerätschaften. Mit der Eröffnung des neuen Flughafens im Mai 1992 wurde gleichzeitig München-Riem geschlossen. Seit dem 1. Juli 1992 sind ständig beide Feuerwachen am Flughafen München-Franz Josef Strauß rund um die Uhr besetzt.

Zurzeit versehen 163 Mitarbeiter ihren 24-Stunden-Dienst in zwei Wachabteilungen. Mindestens 42 Personen sind ständig anwesend, um die Alarm- und Ausrückebereitschaft der Feuerwehr sicherzustellen.

Oben: In Amerika ist alles größer. Selbst auf regionalen Flughäfen wie hier auf dem Wittman Airport werden Großlöschfahrzeuge wie der Oshkosh DA-1500 eingesetzt.

Auf dem Rücken des Shuttle Carrier Aircraft besucht das Spaceshuttle das Amarillo Airport Fire Department vom Kennedy Space Center kommend.

FLUGZEUGZUGMASCHINEN: VOM SCHLEPPER ZUR SPEZIALZUGMASCHINE

Oben: Auch im Zweiten Weltkrieg benötigte man Flugzeugschlepper. Die amerikanische 425th Night Fighter Squadron, die in Etain, Frankreich stationiert war, setzte dazu eine Cletrac-Raupe ein.

Unten: Auf dem Swissport Zürich haben sich alle 21 Goldhofer-Flugzeugschlepper der Typen AST-1, AST-2 und AST-3 um die neue Zugmaschine AST-1 X versammelt.

Vor allem nach dem Zweiten Weltkrieg fehlte es aufdrund der schnell ansteigenden Bedeutung des Luftverkehrs an schweren Zugmaschinen zum Bewegen der diversen Luftfahrzeuge. Zu diesem Zweck wurde auf der Basis des 55-PS-Radschleppers R 55 von Hanomag eine für diese Arbeit geeignete Variante, der R 55 ATK, konzipiert. Als Antriebsaggregat wurde der Hanomag-D52-Dieselmotor verwendet. Um den Schlepper in die Lage zu versetzen, schwere Lasten ruckfrei zu ziehen, gab es eine zusätzlich zur normalen Fahrkupplung zwischen dieser und der Schwungscheibe eingebaute, von Voith in Heidelberg bezogene Turbokupplung des Typs 464 TD.

Die Eigenschaften der Turbokupplung versetzten die ATK-Radschlepper in die Lage, in jedem beliebigen Gang völlig ruckfrei auch unter Volllast anfahren zu können, ohne dabei die Fahrkupplung über Gebühr zu beanspruchen. Der zu wählende Gang ergab sich aus der jeweiligen Anhängelast. Wie alle Hanomag-Fahrzeuge zeichneten sich die ATK-Schlepper durch solide und robuste Bauweise und ständige Einsatzbereitschaft aus. Zu diesem Zweck war der ATK mit einer elektrischen Kühlwasservorwärmung bestückt, die in drei Schaltstufen an das Stromnetz angeschlossen werden konnte. Dadurch war es möglich, den Schlepper auch in der kalten Jahreszeit in ständiger Betriebsbereitschaft zu halten, was gerade auf Flugplätzen unabdingbar war.

Wegen seiner Stärke war der ATK auch ideal zum Schneeräumen auf den Start- und Landebahnen geeignet, sodass eine Schneepflugansatzplatte für Schneepflüge oder Schrägschilde zur Ausrüstung zählte. Die Anbaugeräte wurden anfangs noch mechanisch, später hydraulisch durch Druckluft vom Fahrersitz aus geregelt. Überschwere Gussfelgen an den Hinterrädern von jeweils 450 Kilogramm Gewicht erhöhten die Zugkraft erheblich. Reichte auch das nicht aus, konnten die Hinterreifen zusätzlich mit Wasser gefüllt werden. Für die ATK-Radschlepper gab es zwei Getriebeuntersetzungen, und zwar bis 17,7 km/h

Endgeschwindigkeit und für Sonderzwecke bis zu 32,5 km/h. Hydraulische, auf die Antriebsräder wirkende Bremsen, eine Druckluftbremsanlage, unterschiedliche Anhängekupplungen, eine Seilwinde mit sechs Tonnen Zugkraft mit automatischer Seilführung und Abstützvorrichtung gehörten zur Sonderausstattung. Der ATK war sowohl offen als auch in verschiedenen Fahrerhausvarianten erhältlich.

Die ersten zehn Exemplare dieses schweren Spezialschleppers in der Ausführung R 55 ATK wurden am 19. Februar 1953 an die niederländische Fluggesellschaft KLM ausgeliefert. In der Folgezeit wurden keine Serien gefertigt. Neben der Verwendung als Flugzeugschlepper auf Zivil- und Verkehrsflughäfen erfolgte sein Einsatz auch beim Militär in olivgrüner Lackierung, was dem ATK den Namen „NATO-Hanomag" eintrug. Nicht nur zum Schleppen schwerer Großflugzeuge auf der Rollbahn und beim Rangieren in den Hallen fand der ATK sein Betätigungsfeld, sondern auch beim Verschub von Waggons mit der Spilleinrichtung auf Werkanschlussgleisen, beim Verfahren schwerer Schiffbauelemente auf Werftgeländen, beim Befördern schwerer Lasten im Werkverkehr von Industriebetrieben oder bei der Arbeit als Zugmaschine in Steinbrüchen. Versuche hatten gezeigt, dass mit dieser Maschine Lasten bis zu 75 Tonnen bewegt werden konnten. Die ATK-Schwerlastschlepper bewährten sich hervorragend und befanden sich teilweise noch Jahrzehnte nach dem Auslaufen der Fertigung im Einsatz.

Schleppen mit Schleppstange

Da der Flugverkehr ab 1960 rasant anstieg und auch die Gewichte der Flugzeuge ständig stiegen, wurden stärkere Flugzeugschlepper (Pusher) benötigt. Um zum Beispiel eine Boeing 747 auf das Rollfeld oder in die Wartungshalle zu ziehen, sollte ein Schlepper mindestens ein Gesamtgewicht von 70 Tonnen haben, um die Zugkraft auf den Boden zu bekommen. Angehängt wurden die Flugzeuge an den Schleppern mit besonderen Schleppstangen an der Anhängekupplung. Auf der Seite der Flugzeuge mussten für jeden Flugzeugtyp die passenden Kupplungen mitgeführt werden. Die Kupplungen waren als Scherkupplungen ausgelegt. Das hieß: Wenn die Schubkraft des Flugzeuges zu stark wurde, löste sich die Schleppverbindung. Daher war es nötig, beim Schleppvorgang immer einen Mechaniker im Cockpit zu platzieren, der im Fall einer Lösung der Schleppverbindung das Flugzeug aus dem Cockpit bremsen konnte. Während des Abschleppens war aus Sicherheitsgründen nur eine Geschwindigkeit von 8 bis 10 km/h vorgeschrieben.

Das Zurücksetzen des Flugzeuges mit einem Pusher wird Pushback genannt. Während des Pushbacks kann der Pilot bereits die Triebwerke starten, was von einem mitlaufenden Mechaniker, dem Ramp Agent, oder vom Walk-out-Assistenten überwacht wird.

Technische Daten: Hanomag R 55 ATK

Motor:	Hanomag-4-Zylinder-Dieselmotor
Hubraum:	5702 Kubikzentimeter
Bohrung/Hub:	110 x 150 Millimeter
Leistung:	55 PS/40,25 kW bei 1300 U/min
Getriebe:	5 Vorwärtsgänge, 1 Rückwärtsgang
Länge:	4300 Millimeter
Breite:	1900 Millimeter
Höhe:	2450 Millimeter
Gewicht:	4419 bis 5200 Kilogramm (leer)
Geschwindigkeit:	17,7 bis 32,5 km/h (je nach Ausführg.)

Technische Daten: David Brown VIG 1/462

Motor:	4-Zylinder-Dieselmotor
Hubraum:	2523 Kubikzentimeter
Leistung:	37 PS
Gewicht:	ca. 4 Tonnen
Zugkraft:	bis 2,5 Tonnen

Oben: Auf dem Verkehrsflughafen Hannover-Langenhagen wurde ein Hanomag R 55 ATK mit Benze-Plexiglaskabine und Fronthydraulik eingesetzt.

Unten: Der Airfield Tractor David Brown VIG 1/462 wurde von der Royal Airforce eingesetzt und von 1948 bis 1972 gebaut.

Eine interessante Szene aus dem Jahr 1963 zeigt dieses Bild. Auch hier wurde ein David Brown Airfield Tractor (links unter dem Heck der Douglas DC-8) zum Ziehen von Containerwagen eingesetzt.

Schleppen ohne Schleppstange

Bei dieser Art des Abschleppvorgangs wird von dafür konstruierten Schleppern das Bugradfahrwerk des Flugzeugs umfasst und angehoben. Das Bugradfahrwerk wird also „huckepack" genommen. Dieses Verfahren vereinfacht das Schleppmanöver erheblich, da das Flugzeug nicht aufgrund einer brechenden Schleppstange verloren gehen kann, was den Bremser überflüssig macht. Außerdem wird hier das Manövrieren des Flugzeugs erheblich vereinfacht, da durch die fehlende Schleppstange eine drehbare Verbindung wegfällt.
Der Schlepper kann auch erheblich leichter gebaut sein, da die Bugradlast auf ihn übertragen wird und er dadurch zusätzliche Traktion erhält. Ein weiterer Vorteil dieser Methode ist eine höhere Schleppgeschwindigkeit (bis zu 30 km/h). Für den Betreiber von solchen stangenlosen Flugzeugschleppern fallen auch die Schleppstangenlogistik am Flughafen und deren Wartung weg.
Es gibt auch Flugzeugschlepper, die am Hauptrad des Flugzeugs ansetzen. Ein solches Gerät umfasst das Hauptrad mit Rollen und schiebt so das Flugzeug. Der Schlepper wird ferngesteuert von einer mitlaufenden Person, die mit dem Piloten in Sprechverbindung steht. Der Pilot steuert auf Anweisung das Bugrad und setzt beziehungsweise löst die Parkbremse.

Militärische Flugzeugschlepper

Im Großen und Ganzen entsprechen militärische Flugzeugschlepper für Kampfflugzeuge und Militärhelikopter ihren zivilen Artgenossen, dennoch gibt es einige Unterschiede.
Militärische Flugzeugschlepper sind sehr kompakt gebaut und haben einen äußerst kleinen Wendekreis, um auf kleinen Flächen (z.B. Flugzeugträgern) oder bei engen Platzverhältnissen (Flugzeugkavernen oder gepanzerte Flugzeugunterstände) arbeiten zu können. Bei einigen Flugzeugschleppern kann der Fahrer während der Fahrt das Flugzeug von der Schleppdeichsel ausklinken. Dies wurde bei den Jets Mirage 3S und Mirage 3RS der Schweizer Luftwaffe bei Alarmeinsätzen aus den Flugzeugkavernen oft angewendet. Militärische Flugzeugschlepper, die in Kavernen und Flugzeugunterständen einge-

Technische Daten: NASA-Transporter

Schon 1969 schleppte der 40 Jahre alte Transporter eine Saturn-V-Rakete zur 39B-Startrampe. Der Zwillingsraupenschlepper wurde für das Apollo-Programm entwickelt, um die mächtige, 5000 Tonnen schwere Rakete vom Vehicle Assembly Building (VAB) zum Startplatz zu befördern.

Baujahr:	1969
Motor:	2 x Dieselmotoren
Leistung:	11.000 PS
Länge:	40 Meter
Breite:	35 Meter
Deckfläche:	30 Quadratmeter
Gewicht:	2500 Tonnen
Geschwindigkeit:	2 km/h

setzt werden, werden mit Dieselmotoren betrieben (keine Zündkerzen wie bei Benzinmotoren aufgrund der Explosionsgefahr von Kerosindämpfen).

Aus Gründen des Gesundheitsschutzes der Armeeangehörigen in Kavernenanlagen sind solche Flugzeugschlepper mit zuschaltbaren Abgaspartikelfiltern ausgerüstet. Für das exakte Manövrieren in den Kavernenanlagen, Vorstollen und Unterständen sind die Flugzeugschlepper mit einem besonderen Bodenbeleuchtungsscheinwerfer ausgerüstet – mit dem Lichtkegel dieses Scheinwerfers muss der Fahrer der jeweiligen Bodenmarkierung des entsprechenden Flugzeugtyps folgen, um schnell und sicher bei den engen Platzverhältnissen fahren zu können.

Militärische Flugzeugschlepper werden auch für die Bordstromversorgung von kleinen Jets ohne Hilfstriebwerke (APU = Auxiliary Power Unit) verwendet sowie als Zugmaschinen für circa ein bis vier Triebwerkstartaggregate oder für den Ad-hoc-Transport von Mechanikern und Werkzeugen (z.B. Reserveräder und Wagenheber bei einer Reifenpanne von gelandeten Flugzeugen).

Oben: Ein kompakt gebauter Pushbacktractor des Pacific Cost Air Museum in Santa Rosa, Kalifornien.

Mitte: Der stangenlose Goldhofer-AST-3-Flugzeugschlepper kann Flugzeuge bis 220 Tonnen ziehen.

Unten: Der große Highspeed-Schlepper AST-1 mit einer Motorleistung von 500 Kilowatt kann sogar den Airbus A 380 bewegen. Er ist für Zugleistungen bis zu 600 Tonnen ausgelegt.

FRACHTFAHRZEUGE: SPEZIALTRANSPORTE IN DIE GANZE WELT

Oben: German Cargo transportierte auch weltweit Rennsportwagen mit einer DC-8.
Rechts: Der von der Reichsbahn im Jahr 1927 geschaffene „Fleiverkehr" verlädt Frachtgut vom Lufthansa-Flugzeug direkt auf den Lastkraftwagen der Reichsbahndirektion Karlsruhe.

Auf Anregung der Deutschen Lufthansa kommt 1927 ein Vertrag zustande, der eine Verbindung zwischen Luft- und Eisenbahnfrachtverkehr herstellt. Beide Unternehmen haben erkannt, dass nur durch eine zweckmäßige Kombination von erdgebundenen und Luftbeförderungsmitteln den Wünschen und Interessen der Wirtschaft entsprochen werden kann. Dabei liegen die Vorteile des Luftverkehrs vor allem in der Bewältigung der großen Strecken auf internationalen Verbindungen. Das weit verzweigte Schienennetz der Reichsbahn eignet sich hingegen für die Verteilung der Frachtstücke vom Flughafen bis zum Empfänger „auf dem flachen Land".
Erst mit der Einführung des Flug-Eisenbahn-Verkehrs besitzt jeder Bahnhof der Deutschen Reichsbahn auch einen Anschluss an alle internationalen Flugstrecken. In den Betriebsmitteilungen der Deutschen Lufthansa vom 31. August 1927 ist über das neue Angebot zu lesen: „Dadurch ist es möglich, die gesamten deutschen Wirtschaftskreise zur Benutzung des

Links: Sehr empfindliche Polo-Pferde werden in speziell für den Flugzeugtransport entwickelten Pferdeboxen verschickt.

Tausende von Küken werden in sogenannten Kükentürmen zum Beladen bereitgestellt.

Luftfrachtverkehrs heranzuziehen, und erst jetzt wird sich herausstellen, wie groß das Interesse an der Luftfrachtbeförderung tatsächlich ist."

Einfache Abfertigung

Für das Publikum gestaltet sich die Benutzung des „Fleiverkehrs" denkbar einfach: Es muss nur ein Formular für alle Beförderungsmöglichkeiten ausgestellt werden. Da beim Fleiverkehr besonderer Wert auf eine möglichst schnelle Beförderung gelegt wird, transportiert die Reichsbahn entsprechende Fracht ausschließlich als Expressgut. Die Wege zwischen der Reichsbahn und den Flughäfen übernahmen zahlreiche Spediteure per Lastkraftwagen. Über die Zukunftsperspektiven, die der Fleiverkehr eröffnet, schreibt der Berliner Börsen-Courier in seiner Ausgabe vom 25. August 1927: „Die idealste Ausnutzung des Fleiverkehrs wird in dem Augenblick möglich sein, wenn nach dem Muster der Nachtflugstrecke Berlin – Moskau ein dichtes Netz von Nachtflugverkehrsverbindungen eingerichtet sein wird. Durch den Fleiverkehr würde dabei zum Beispiel eine Verbindung ab Berlin 24 Uhr, an London und Paris 8 Uhr von allen deutschen Städten ausgenutzt werden können."
Als das Fleiper-Abkommen im Frühjahr 1936 abgeschlossen wird, beteiligen sich neben der Deutschen Reichsbahn auch die Bahnen von Schweden, Belgien, Russland, England, Ungarn, Polen und der Schweiz.

Die German Cargo

Doch nach dem Zweiten Weltkrieg müssen sich die großen Flughäfen wegen des immer stärker werdenden Frachtaufkommens immer mehr spezialisieren. So gründete die Lufthansa am 10. März 1977 die German Cargo als deren Tochtergesellschaft. Diese im Frachtbereich tätige Airline hatte eine eigene Identität und flog erstmals mit Boeing B-707 im April des gleichen Jahres. Schon zwei Jahre später konnte German Cargo vier B-707 und vier DC-8-73 vorweisen, jedoch lösten Letztere die 707 nach und nach ab. Eine fünfte DC-8, dieses Mal eine Kombiversion, stieß zur Airline und wurde gemeinsam mit Condor genutzt. Ab 1990 trafen die ersten Frachtjumbos ein, gefolgt von einigen B-737, die ebenfalls als Kombivariante flogen. In einer groß angelegten Reorganisation der Lufthansa wurde beschlossen, German Cargo wieder in die Muttergesellschaft zu integrieren und den gesamten Frachtverkehr in Eigenregie zu realisieren. Das geschah am 1. Mai 1993.

Lufthansa Cargo AG

Heute ist die Lufthansa Cargo weltweit die zweitgrößte Frachtfluggesellschaft. Das Streckennetz umfasst 450 Ziele auf allen fünf Kontinenten. Im November 1994 wurde das Logistikunternehmen als eingenständiger Teil des Lufthansa-Konzerns gegründet.
Im Jahr 2008 wurden von der Lufthansa Cargo weltweit 1,7 Millionen Tonnen Fracht und Post befördert. Dabei legte die Flugzeugflotte 8283 Millionen Kilometer zurück. Das funktioniert heutzutage nur noch mit einer computergesteuerten Logistik und mit Zubringerfahrzeugen, die für die diversen Aufgaben die entsprechenden Speziallösungen haben.

Oben: Auch auf dem New Chitose Airport Nahe Hokkaido setzt man die neuesten Spezialfahrzeuge ein. Hier zieht ein umgebauter Mitsubishi Fuso Canter sechs Containeranhänger zur wartenden Frachtmaschine.
Unten: Auch das Laden von Militärfrachtflugzeugen muss gelernt sein. Die Spezialisten des Grissom' 49 Aerial Port Flight üben das Beladen mit einem Halverson Loader und einem C-130-Frachtflugzeug.

FLUGFELDTANKFAHRZEUGE: OHNE SPRIT GEHT NICHTS!

Ein Tankwagen von Agip, beladen mit JET A-1, wartet auf dem Flughafen Berlin-Tegel auf das zu betankende Flugzeug.

Auf einigen Flughäfen wird der Treibstoff unter der Erde in großen Tanks gelagert. Dort genügt dann eine mobile Pumpe zum Auftanken der Flugzeuge.

Flugbenzin (Kerosin) ist ein auf Erdöl basierender Kraftstoff von wesentlich höherer Qualität als Heiz- oder Fahrzeugkraftstoffe. Außerdem sind dem Flugkraftstoff Zusatzstoffe beigemischt, die ein Vereisen und ein Explodieren des Treibstoffs verhindern sollen. Das Kerosin wird vorwiegend für Gasturbinentriebwerke von Düsen- und Turboprop-Flugzeugen sowie bei Hubschraubern als Flugturbinenkraftstoff verwendet. Seit Beginn des 21. Jahrhunderts können aufgrund der Entwicklung eines luftfahrtgeeigneten Dieselmotors auch Kleinflugzeuge mit Kerosin betrieben werden.

Der Name „Kerosin" geht auf den Arzt und Geologen Abraham Gesner zurück, der 1854 in Neuschottland (Kanada) aus Kohle eine leicht entflammbare Flüssigkeit gewann. Ein dabei entstehendes, wachsartiges Zwischenprodukt, das bei dem Vorgang eine bedeutende Rolle spielte, war der Grund dafür, dass er die Flüssigkeit Kerosin (griech. „Keros" = Wachs) nannte.

Das heutige Turbinenkerosin hat mit der historischen Zusammensetzung nichts mehr zu tun. Kerosin wird den Kolonnenböden des Mitteldestillats entnommen, welches bei der Erdölrektifikation gewonnen wird. Der enge Fraktionier-

Kerosinsorten für die Zivilluftfahrt

JET A:
Amerikanische Treibstoffsorte, die der militärischen Spezifikation JP-1 entspricht. Freezing Point = –40 °C.

JET A-1:
Der Treibstoff wird auf allen internationalen Flughäfen, außer in den USA, verwendet. Der NATO-Code ist F-35. Freezing Point = –47 °C.

JET B:
Für Flüge in Regionen mit extrem niedrigen Temperaturen kommt die Sorte JET B zum Einsatz. Freezing Point = –60 °C.

TS-1:
In Osteuropa kommt ebenfalls mit einem Freezing Point von – 60 °C ausgestattetes JP-1 in die Flugzeugtanks.

schnitt bewirkt, dass wenige leichte und wenige schwere Kohlenwasserstoffverbindungen im Kraftstoff vorhanden sind, weshalb dieser nicht zu früh zündet und fast rückstandsfrei verbrennt. Die meisten Moleküle zünden bei der gleichen Temperatur. Aufschluss darüber gibt eine Siedeanalyse, die im Fall des Kerosins im mittleren Siedebereich eine weit gestreckte, flache Siedelinie ergibt. Diese liegt zwischen Schwerbenzin und Dieselkraftstoff.

In Deutschland wurden 2007 circa 4,6 Millionen Tonnen Flugturbinenkraftstoff (schwer) hergestellt. Da im selben Zeitraum etwa 8,8 Millionen Tonnen Flugturbinenkraftstoff (schwer) verbraucht wurden, musste das Defizit durch Importe – hauptsächlich aus Rotterdam – gedeckt werden.

Flugbenzin für Ottomotoren

Die einzelnen AvGas-Sorten werden durch Lean Ratings charakterisiert. Bei einigen Sorten wird der Zusatz „LL“ für Low Lead (bleiarm) oder „UL“ für Un Leades (bleifrei) angehängt.

AvGas, die Kurzform von Avation Gasoline, wird für Flugzeuge mit Verbrennungsmotoren verwendet.

AvGas für die Zivilluftfahrt

Bezeich.	Farbe	°C (max.)	Oktan
AvGas 80	rot	-58	80 bis 87
AvGas 82 UL	purpur	-58	82
AvGas 91	braun	-58	91 bis 96
AvGas 100 LL	blau	-58	100 bis 130
AvGas 100	grün	-58	100 bis 130

Das AvGas wird seit den 1940er-Jahren fast unverändert in allen US-amerikanischen-, russischen- und Wankel-Flugmotoren eingesetzt. In Deutschland wurden im Jahr 2007 circa 14.000 Tonnen Flugbenzin verbraucht. Das ist eine verschwindend geringe Menge im Vergleich zum Straßenverkehr mit 21.292.000 Tonnen Benzin. Das gesamte AvGas wird komplett aus dem Ausland exportiert.

Flugfeldtankfahrzeuge

Diese Spezialfahrzeuge mit ihren Tanks gibt es in den verschiedensten Ausführungen und Größen. Einige Versionen sind reine Transportfahrzeuge, andere Fahrzeuge haben Ausrüstungen wie Pumpen, Schläuche und Armaturen wie Durchflussmesser an Bord, um ihre Ladung in die Tanks der Flugzeuge einzubringen.

Die am weitesten verbreitete Ausführung ist der LKW mit einem Tank auf der Ladefläche. Dieser Lastkraftwagen mit Tankaufbau wird als TA bezeichnet. Sattelauflieger mit Tankaufbau oder als selbsttragende Konstruktion werden DST (Drucksatteltank-

Auf einem kleineren Flugplatz wird ein Privatjet von einem Texaco-Flugfeldtanklaster aufgetankt.

auflieger) abgekürzt. Hat der Tank des Sattelaufliegers eine konische Form, wird er als DSTK (K für konisch) bezeichnet. Lastzüge mit Anhänger, die einen Tankaufbau haben, nennt man im Allgemeinen TAHs.
Beim Militär kommen auch häufig normale LKWs mit aufgesetztem Zusatztank als Tankwagen zum Einsatz. Mögliche Kurzbezeichnungen sind AT (Aufsetztank) sowie WTA, WTAH (W steht für Wechsel, das heißt, die Bauart wurde so ausgeführt, um den Tank bei Bedarf leichter vom Fahrgestell zu trennen).

Die diversen Tanksysteme sind heute so ausgelegt, dass sie jederzeit von geschultem Personal benutzt werden können.

Kerosinsorten für die Militärluftfahrt

JP-1:
Seit 1944 gibt es den Treibstoff für Jets in den USA. Der Name JP-1 setzt sich aus Jet-Propellant-1 zusammen und bedeutet so viel wie Düsenkraftstoff 1.
JP-2, JP-3:
Die beiden 1945 bzw. 1947 eingeführten Kraftstoffe sind heute veraltet. Sie werden trotz eines Freezing Points von –60 °C nicht mehr verwendet.
JP-4:
Der Treibstoff wurde 1951 eingeführt und war für Regionen mit extrem kalten Temperaturen gedacht. Sein Freezing Point lag bei –72 °C.
JP-5:
Die Spezialsorte wird wegen ihrer schweren Entflammbarkeit vor allem auf Flugzeugträgern verwendet (Freezing Point = –46 °C).
JP-6:
Es wurde für das XB-70-Programm entwickelt und ist dem JP-5 sehr ähnlich. Der Treibstoff wird nicht mehr verwendet, da er Bor enthielt. Freezing Point ist – 54 °C.
JPTS:
Das 1954 eingeführte Jet Propellant Thermally Stable wurde vor allem in sehr hoch fliegenden Spionageflugzeugen wie der Lookeed U-2 verwendet.
JP-7:
Eine weitere Spezialsorte ist das schwer entflammbare JP-7. Es wird für Flugzeuge mit hoher Überschallgeschwindigkeit und hoher Luftreibung eingesetzt.
JP-8, JP-8+100:
Das 1979 eingeführte Benzin hat das JP-4 ersetzt und wird von der NATO und der US-Luftwaffe bis zum Jahr 2025 als Standardtreibstoff genutzt. Freezing Point ist –47 °C.

Auf diesem Bild des Linzer Flughafens sieht man sehr schön, wie viele Flugfeldfahrzeuge benötigt werden und unterwegs zu allerlei Aufgaben sind.

Spezialisten im Hintergrund

Sie agieren im Hintergrund, meist perfekt, sodass sie unbemerkt bleiben – die Flugfeldfahrzeuge. Die großen Passagierflugzeuge stehen im Vordergrund der Flughäfen. Sie strahlen den Traum vom Fliegen und von fernen Ländern aus, doch ohne die stillen „Heinzelmännchen", die fleißig ihre Arbeit tun, würden die schlanken Jets ihre Passagiere und ihre Fracht nicht in die weite Welt tragen.
Unermüdlich und flink werkeln sie zwischen den Hangars und der Rollbahn, zwischen dem Vorfeld und der Rollbahn, zwischen der Abfertigungshalle und den bereitstehenden Flugzeugen auf allen Flughäfen der Welt.

Auch auf kleineren regionalen Flughäfen, wie hier auf dem Flughafen Münster-Osnabrück, warten zahlreiche Flugfeldfahrzeuge auf ihren Einsatz.

Das „Follow Me Car"

Das „Follow Me Car" ist wohl das bekannteste Flugfeldfahrzeug. Als „Follow Me Car" wird ein motorisiertes Lotsenfahrzeug bezeichnet, das den Flugzeugen auf dem Flughafen vorausfährt und ihnen somit den Weg zur Start- und Landebahn weist. Es wird außerdem eingesetzt, um Fahrzeuge zu und von

Oben: Eine Douglas DC-8 der Lufthansa erhält von einem Tempo-Matador-I-Fahrzeug Unterstützung vor dem Start.
Links: Scherenbühnen für allerlei Wartungsarbeiten gibt es in den verschiedensten Ausführungen bis zu einer Höhe von 18,5 Metern. Auch bei den Antrieben ist die Palette groß. Vom Elektromotor bis zum allradgetriebenen Fahrzeug mit Dieselmotor ist alles im Angebot der Hersteller.

Baustellen zu führen oder zur Kontrolle der Startbahn auf Fremdkörper und Beschädigungen.
Ein „Follow Me Car" erleichtert den Piloten die Navigation auf dem Boden. So werden Missverständnisse oder Irrfahrten von

Unten: Auch die Fließbänder für den Transport der Gepäckstücke sind auf den internationalen Flughäfen, wie hier in Okecie, Polen, mobil.

Technische Daten: Tempo Matador I	
Motor:	Austin-A50-4-Zylinder-Motor
Hubraum:	1489 Kubikzentimeter
Bohrung/Hub:	73 x 89 Millimeter
Leistung:	48 PS bei 4100 U/min
Getriebe:	4-Gang, Schalthebel am Armaturenbrett
Rahmen:	V-Form-Doppelr. mit Querträgern
Geschwindigkeit:	100 km/h
Bemerkung:	ab 1962 auch mit Perkins-Dieselmotor erhältlich

ortsunkundigen Piloten vermieden. Das „Follow Me Car" ist dann mit einem „Marshall", einem Einweiser, besetzt, der die Flugzeuge in ihre genaue Parkposition bringt.
Die Follow-Me-Fahrzeuge sind meistens gelb oder orange und in Teilen schwarz-gelb kariert. Typisch ist auch ein hoher Aufbau mit orangen, weithin sichtbaren Rundumleuchten. Prinzipiell kann jedes Fahrzeug als „Follow Me" verwendet werden. Einzelne Firmen bieten aber speziell zu diesem Zweck hergestellte Sonderfahrzeuge an. Oft werden auch etwas außergewöhnliche Fahrzeuge für diesen Zweck verwendet. Am Flughafen Hannover zum Beispiel gibt es einen Mini und einen Porsche Cayman.

Catering- und Reinigungsfahrzeuge

Für das Catering an Bord der zahllosen Passagiermaschinen ist es notwendig, immer frische Mahlzeiten an Bord zu bekommen. Dies geschieht mittels spezieller Cateringfahrzeuge, die sich den verschiedenen Höhen der Flugzeuge vom Großraumflugzeug bis zum Cityhopper, wie dem Dash 8, durch Hubscherenkonstruktionen anpassen können. Dadurch sind Höhenunterschiede von 1,10 bis 4,20 Metern möglich. Diese kompakten Fahrzeuge können heute von einer Person bedient werden.
Aber auch das Entsorgen des Toiletteninhalts ist eine durchdachte Technologie mit höchster Qualität. Durch ein effizientes, kraftvolles Vakuumsystem ist eine rasche und gründliche Entsorgung möglich. Diese Systeme können, kombiniert mit einem Hubkorb, für alle Flugzeugtypen eingesetzt werden. Nach dem Leervorgang wird über eine durchflussgesteuerte Dosierpumpe eine exakte Beimischung von Deo vorgenommen, um den Verbrauch zu minimieren.

Um eine ständige Wasserversorgung an Bord der Flugzeuge zu erreichen, liefern Wasserversorgungsfahrzeuge täglich Tausende Tonnen frischen Wassers an die Passagier-Jets.
Bei Unterflurbetankungseinrichtungen müssen diese nach jeder Betankung von Kraftstoffresten gereinigt werden. Dies geschieht ebenfalls mittels Wasser, das in Schieberschächten versickert und dort von Wasserentsorgungsfahrzeugen abgesaugt und abtransportiert werden kann. Meist übernehmen diese Fahrzeuge auch das Restentleeren der Kraftstoffleitungen

Oben: Follow-Me-Fahrzeuge gibt es auf allen Flughäfen. Sie bringen die Flugzeuge an ihre jeweiligen Bestimmungsorte.
Unten: Ein Airport-Traktor eilt zu seinem Einsatzort auf dem Westchaster Flugplatz in New York, um die langen Reihen von Gepäckanhängern abzuholen.

Flugzeugenteiser

Der Deicar GS-700 Clear wird auf den Flughäfen zum Enteisen der Tragflächen der Flugzeuge vor dem Start bei kalten Temperaturen eingesetzt.

Technische Daten: Deicar GS-700 Clear

Motor:	Caterpillar-4054C-Dieselmotor
Länge:	23 Ft. 4 In.
Breite:	7 Ft. 4 In.
Höhe:	9 Ft. 7 In. (Fahrzeug)
Max. Höhe:	34 Ft. 6 In. (Korbsystem)
Gewicht:	15.800 ibs. Cal
Geschwindigkeit:	20 mph
Treibstoff:	Diesel/Jet A (50 gal.)
Enteisung:	3 mph
Flüssigkeitstank:	600 US gal.

Um einen ungestörten Ablauf des Flugbetriebs auch bei widrigen Bedingungen zu gewährleisten, werden, wie auf diesem Bild gut zu sehen, große Schneeräumer zum Freimachen der Rollbahnen eingesetzt.

Auch bei der US Airforce müssen große Flugzeuge mit allerlei Material bestückt werden. Dies geschieht mithilfe von für diese speziellen Arbeiten umgebauten Fahrzeugen aus dem großen Fahrzeugpool.

und das Trockenblasen der Hydrantengehäuse. Einige dieser Fahrzeuge sind auch mit Zusatztanks zur Versorgung der Flugzeugtriebwerke mit Hydrauliköl ausgestattet.

Sichtbar und doch unsichtbar

Weitere wichtige Aufgaben übernehmen die vielen Fahrzeuge, die für die Ent- und Verladung der unzähligen Gepäckstücke verantwortlich sind. Zugmaschinen mit endlosen Reihen von Transportanhängern schlängeln sich durch den Flughafenverkehr zu den Bestimmungsorten. Fahrbahre Förderbänder unterstützen das Vorsortieren von Ladegütern. Während dieser Zeit erhalten Trafowagen das Stromnetz der Flugzeuge und erzeugen den nötigen Strom, damit die Klimaanlagen an Bord funktionieren und den Passagieren einen angenehmen Aufenthalt bieten.

Besondere Aufgaben im Winter

Im Winter und bei frostigen Temperaturen kommen ganz besondere Flugfeldfahrzeuge zum Einsatz.
Vor dem Start werden dann die Flugzeuge von vorhandenen Eisansätzen durch Enteisungsflüssigkeit oder Heißluft befreit. Der Start der Maschine muss dann innerhalb weniger Minuten erfolgen.
Im Winter treten daher auch bei gut organisierten Flughäfen häufiger Verzögerungen im Flugverkehr durch die notwendige Enteisung der Flugzeuge auf.
Ein weiteres wichtiges Sonderfahrzeug ist der Rollbahnschneeräumer. Auch diese Fahrzeuge haben teils sehr stattliche Ausmaße und verfügen über sehr starke Motoren und Allradantrieb.

FEUERWEHRDREHLEITERN: DER RETTER IN DER NOT

Trotz des Einzugs der Dampfmaschine im 19. Jahrhundert in die industrialisierte Welt dauerte es noch lange, bis die Berufsfeuerwehren auf Pferde bespannte Einsatzfahrzeuge verzichteten und auf selbstfahrende Automobile umrüsteten.

Die Entwicklung der Dampfmaschine zu Beginn des 19. Jahrhunderts veränderte die Arbeitswelt radikal, wie wohl kaum einer Erfindung je zuvor. An die Stelle der nur begrenzt verfügbaren Muskelkraft von Tieren und Menschen trat nun die Maschinenkraft durch die Dampfmaschine. Sie eignete sich zum Antrieb von Maschinen, Schiffen, Schienen- und Straßenfahrzeugen. Erst ihr Erscheinen bildete die Grundlage der sich in Europa und Nordamerika schnell ausbreitenden industriellen Revolution und der Massenfabrikation von Erzeugnissen.

Dampf für die Feuerwehr

Auch für die Feuerwehren eröffnete die Dampfkraft völlig neue Perspektiven. Schnell stellte man fest, dass mit ihrer Hilfe auch Feuerlöschpumpen angetrieben werden konnten. Etwa zeitgleich mit dem Einsatz der Dampfkraft bei der Eisenbahn brachte der schwedische Ingenieur Ericsson als Teilhaber der John Maschinenfabrik Braithwaithe & Co. in London auf einem vierrädrigen Fahrgestell einen senkrechten Dampfkessel an, der über einen stehenden Dampfzylinder zwei senkrechte Pumpenzylinder antrieb. Diese erste Dampffeuerspritze wurde im Februar 1830 erfolgreich bei einem Großfeuer in einem fünfstündigen Einsatz verwendet. Vom Anheizen des Geräts bis zur Dampferzeugung vergingen 13 Minuten. Sie konnte pro Minute 680 Liter Löschwasser fördern und in einem 27 Meter hohen Strahl austreten lassen – und das stundenlang beziehungsweise solange der Dampfdruck durch ständiges Heizen gehalten wurde.

Trotzdem dauerte es verhältnismäßig lange, bis sich die Dampfkraft bei den größeren Feuerwehren in den Städten als Löschgerät durchgesetzt hatte. Denn diese aufwendigen und entsprechend teuren Maschinen benötigten ausgebildete Maschinisten und mussten ständig in Aktionsbereitschaft gehalten werden, um im Ernstfall sofort ausrücken und an der Brandstelle Wasser geben zu können. Arbeiteten sie einmal, erwiesen sie sich als ein zuverlässiges und leistungsfähiges Löschgerät. Die mit Kolbenpumpen ausgerüsteten Dampfspritzen, die im Laufe der Zeit eine immer vollkommenere Gestalt annahmen, konnten je nach Größe bis zu 2000 Liter

Wasser pro Minute fördern. Sie waren solide und nahezu unverwüstlich, sodass dieses von Pferden gezogene Löschgerät bis in das 20. Jahrhundert hinein das Standardlöschgerät der größeren Wehren in den Städten bildete.

Deutschlands erste Dampfspritze wurde im Jahr 1863 von dem Maschinenfabrikanten Georg Egestorff in Linden bei Hannover, dem Gründer der später berühmt gewordenen Firma Hanomag, gebaut. Schon bald folgten weitere Firmen und Anfang des neuen Jahrhunderts hatte sich eine ganze Branche mit rund 20 kleineren und größeren Herstellern gebildet.

Zunehmende Spritzengewichte durch immer solidere und leistungsfähigere Konstruktionen sowie zusätzlich mitgeführte Ausrüstungsgegenstände ließen die Grenzen des Einsatzes von Pferdegespannen schon bald erkennen. Hinzu kamen die immer längeren Anfahrtswege zu den Einsatzstellen der durch den Bevölkerungszuwachs immer größer werdenden räumlichen Ausdehnung der Städte und Ansiedlungen.

Da auch gute Gespanne bei länger werdenden Wegstrecken schnell ermüdeten, wurde der Ruf nach einer maschinellen

Links: Die bei der Feuerwache Altermarkt stationierte selbstfahrende Drehleiter auf dem Hof der Wache Melchiorstraße im Jahr 1904 mit ausgefahrenem Leitersatz. Das elastikbereifte Fahrzeug verfügt über keine Spindelabstützungen zur Standsicherheit.

Unten: Die bei der Feuerwache Altermarkt stationierte, von Scheele umgebaute frühere Dampfspritze auf einer in den frühen 1920er-Jahren entstandenen Aufnahme. Das mit fünf Mann besetzte Fahrzeug weist bereits erhebliche Gebrauchsspuren auf.

Fahrzeugantriebskraft laut. Benötigt wurde ein schnelles, von der Muskelkraft von Tieren oder Menschen unabhängiges Antriebssystem, das es erlaubte, Pumpen, Leitern, Löschgeräte und Wehrmänner zu den Einsatzstellen zu transportieren. Ausschlaggebend dafür, einen Ersatz für die Pferdegespanne zu suchen, war letztendlich der enorme, durch den notwendigen Ausbau der Feuerwehren auf Städten und Gemeinden lastende, auf Dauer untragbar hohe Kostendruck der aufwendigen Tierhaltung. War daher die Überlegung nicht naheliegend, die Dampfkraft nicht nur zum Antrieb des Pumpwerkes, sondern ebenso zum Antrieb des Fahrzeuges auf der Fahrt zur Brandstelle zu benutzen?

Die Feuerwehrspritzen machen sich selbstständig

In den Vereinigten Staaten von Amerika war es bereits 1841 Paul Rapsey Hodge gelungen, erstmals eine funktionsfähige selbstfahrende Dampfspritze zu bauen. Dieses sieben Tonnen schwere Gefährt war mit einer Förderleistung von 800 Litern Wasser pro Minute zwar recht leistungsfähig, im praktischen Einsatz aber viel zu schwer und unhandlich, um erfolgreich eingesetzt werden zu können. Sie beendete ihre Laufbahn als stationäre Kraftanlage in einer Kistenfabrik. Von manchen der zahlreichen Firmen, die in den folgenden Jahrzehnten Dampfspritzen bauten, wurden auch einige selbstfahrende Fahrzeuge hergestellt. Sie alle aber hatten eines gemeinsam: Sie waren aufwendig und teuer und hatten einen durchweg hohen Verbrauch.

Auch die im Jahr 1864 von Conrad Dietrich Magirus in Ulm gegründete Feuerwehrrequisiten-Fabrik beschäftigte sich ab der Jahrhundertwende erfolgreich mit der Fertigung von Dampfspritzenkonstruktionen. 1902 wurde die erste Dampfspritze fertiggestellt. Ein Jahr später führte Magirus den ersten Kundenauftrag für zwei dampfgetriebene Feuerwehrfahrzeuge für die Berufsfeuerwehr Köln aus. Hierbei handelte es sich um eine selbstfahrende Dampfspritze sowie eine dampfautomobile Drehleiter. Die 2000Liter pro Minute leistende Dampfspritze wurde am 13. Juni 1904 bei der Feuerwache Altermarkt in Dienst gestellt. Bei ihr wurde das Einmaschinensystem angewandt, das heißt, für Fahr- und Pumpbetrieb war eine gemeinsame Dampfmaschine vorhanden. Die Drehleiter mit ihrem vierteiligen stahlverspannten Holzleiterpark und einer Steighöhe von 22 plus 2 Metern folgte am 15. September des gleichen Jahres. Sie entstand unter der Leitung des Magirus-Oberingenieurs Fritz Mayer. Die Konstruktion war sehr aufwendig, denn zu ihrem Betrieb wurden drei Dampfmaschinen benötigt: eine für den Antrieb der Hinterräder, der über Ketten

Eine Renault-Galion-Drehleiter vom Typ Gugumus aus dem Jahr 1960. Selbst in den 1970er-Jahren gehörte dieses Fahrzeug noch zum regulären Einsatzbestand.

erfolgte, die beiden anderen für das Leiteraufrichte- und das Auszugsgetriebe. Das Drehen des Leiterstuhls erfolgte noch von Hand. Ein mit Petroleum beheizter Kessel lieferte die nötige Dampfenergie für alle Maschinen. Dieser musste aus technischen Gründen unmittelbar hinter der Fahrersitzbank platziert werden. Diese Drehleiter war eine Weltneuheit, denn zum ersten Mal war es gelungen, die Dampfkraft auch für den Leiterantrieb zu verwenden. Beide Fahrzeuge zusammen bildeten den ersten dampfautomobilen Löschzug der Welt.

Schon der praktische Betrieb einer Dampfspritze stellte ihre Konstrukteure vor große technische Herausforderungen. Sie musste ständig in Bereitschaft gehalten werden, um im Fall eines Einsatzes sofort ausrücken zu können. Der zur Löschwasserabgabe nötige Druck von etwa 5 atü sollte in längstens zehn Minuten erreicht und danach möglichst konstant auf etwa 10 atü gehalten werden. Zum Anheizen verwendete man Hobelspäne und klein gespaltenes trockenes Holz. Nach Beendigung des Anheizvorgangs ging der Maschinist auf Koks oder Steinkohle (Anthrazit) über. Eine stationäre Kesselwasservorwärmung mit Gas, bei der ein Gasbrenner das Wasser in dem mit Gasheizringen durchzogenen Kessel in der Feuerwache ständig auf Siedetemperatur hielt, verringerte die Anheizphase. Diese konnte – abhängig von Heiz- und Rostfläche, Wasserinhalt und Brennstoff – zwischen fünf und zwölf Minuten variieren. Die von einigen Herstellern angebotene sogenannte „Petrolfeuerung" wurde wegen der einfacheren Bedienung und der rauchloseren Verbrennung geschätzt.

Für selbstfahrende Dampfspritzen waren Kesselvorwärmung und automatische Petroleumfeuerung unerlässlich. Meist wurde Kohlensäure als Starthilfe bis zum Erreichen des zur Fortbewegung erforderlichen Kesseldrucks in die Zylinder geleitet. Bei der Abfahrt setzte sich daher die Dampfmaschine mit Kohlensäuredruck aus mitgeführten Flaschen sofort in Bewegung. Diese Menge reichte aus, bis die Dampfmaschine so weit hochgeheizt war, dass sie selbst genügend Kraft für den Antrieb liefern konnte. Neben Petroleum lieferte auch Spiritus ein weitgehend rauchloses Feuer beim Fahrbetrieb.

Es war natürlich nicht ganz billig, die Dampfmaschinen ständig unter einem Kesseldruck von etwa 5 atü zu halten. Die Berufsfeuerwehr Köln musste für die Gasvorwärmung jährlich 1200 Mark aufwenden. Hinzu kamen die für alle Dampfmaschinen geltenden deutschen Vorschriften, wonach ein unter Dampfspannung stehender Kessel ständig beaufsichtigt werden musste. Das zog einen erhöhten Personalbedarf nach sich. Aus der

Einen bleibenden Eindruck hinterlässt die Metz-DL60-Drehleiter mit ihrer Vorbaupumpe.

Technische Daten: Drehleiter Typ Metz DL 60

Motor:	6-Zylinder-Vorkammer-Diesel
Hubraum:	14.330 Kubikzentimeter
Leistung:	180 PS/131,8 kW bei 1600 U/min
Gewicht:	24.500 Kilogramm (zuläss. Gesamtg.)
Radstand:	5160 + 1420 Millimeter
Besatzung:	6 Mann
Drehleiter:	60 + 2 Meter
Fahrgestell:	Kaelble, Backnang
Aufbau:	Metz, Karlsruhe
Baujahr:	1957

Technische Daten: IVECO Magirus 120-25 AN

Bauart:	DLK 23-12 nB
Leistung:	256 PS
Höhe:	2850 Millimeter
Breite:	2350 Millimeter
Fahrgestell:	IVECO-Magirus, München
Baujahr:	1989
Stückzahl:	100 Exemplare

Mit der Berufsfeuerwehr München entwickelte IVECO-Magirus Mitte 1970 ein besonders niedriges Fahrgestell für Drehleitern, die DLK (Drehleiter mit Korb) 23-12 nB (niedrige Bauart).

Technische Daten: Mercedes-Benz LP 1319

Bauart:	DL 30 h
Motor:	V6-Zylinder-Dieselmotor
Leistung:	192 PS
Gewicht:	14 Tonnen (gesamt)
Fahrgestell:	Mercedes-Benz
Aufbau:	Magirus-Deutz
Baujahr:	1966

Das Mercedes-Benz-Kurzhauberchassis mit Magirus-Deutz-Drehleiter-Aufbau war eine sehr seltene Kombination.

Eisenbahngeschichte ist bekannt, dass bei den deutschen Bahnen mit die strengsten Vorschriften für Kessel hinsichtlich des Betriebs und der Untersuchungsfristen herrschten, andererseits aber auch mit Abstand die wenigsten Unfälle zu verzeichnen waren. Diese Vorgaben galten daher selbstverständlich auch für die Standzeiten der Dampfspritzen bei der Feuerwache. Die in kurzer Folge beim Fahrbetrieb zu beschleunigenden und zu verzögernden Massen der Dampfmaschine und der Kolbenpumpe bewirkten starke Schwingungen, die sich auf das Fahrgestell übertrugen und aufgenommen werden mussten. Konstruktiv konnte dieses Problem weder von einer liegend noch von einer stehend angeordneten Dampfmaschine zufriedenstellend gelöst werden. Bei den großen Maschinen arbeiteten Dampf- und Pumpenkolben zumeist mit Verbundwirkung, also mit doppelter Dampfdehnung. Zu den bekannten Vorheizproblemen kam bei den selbstfahrenden Dampfspritzen hinzu, dass sich der unterschiedliche Leistungsbedarf beim Fahren und Pumpen schlecht aufeinander abstimmen ließ. Aus diesen Gründen gab es auch nur verhältnismäßig wenige dampfautomobile Dampfspritzen in Deutschland. Einzelne Exemplare wurden unter anderem auch von den Feuerwehren Berlin, Hamburg, Düsseldorf, Leipzig, Chemnitz, Mannheim, Bremen, München und Kassel beschafft. Da es bei allen dampfautomo-

Zuverlässig und unverwüstlich waren die Magirus-Deutz-Drehleitern DL 25 auf dem Mercur-125-Rundhauber-Fahrgestell.

bilen Feuerwehrfahrzeugen zu den geschilderten Problemen beim Dienstbetrieb kam, mussten schon bald Konsequenzen gezogen werden.

Die Feuerwehr fährt elektrisch

Wie fast alle der mit diesen Fahrzeugen bestückten Wehren entschloss sich auch die Berufsfeuerwehr Köln, die beiden Dampfautomobile auf den vorteilhafteren Elektroantrieb umzubauen. Als erstes Fahrzeug kam die Drehleiter im Jahr 1910 an die Reihe, die sich im Einsatz am wenigsten bewährt hatte. Der Umbau wurde in eigener Werkstatt vorgenommen. Das Fahrzeug erhielt eine neu gefederte Vorderachse mit Radnabenmotoren der Firma J. C. Braun, Nürnberg, für beide Vorderräder. Jeder Motor entwickelte eine Leistung von 7 PS. Die für den Betrieb notwendigen Batterien besaßen 84 Zellen und stammten von der Firma Gottfried Hagen. Darüber hinaus mussten für den Elektrobetrieb Fahrschalter (Kontroller), Schalttafel und Messinstrumente eingebaut werden. Im Rahmen des Umbaus wurde dem Fahrzeug eine große Schlauchhaspel vorgebaut. Durch Fortfall des Dampfantriebs konnten Gerätekästen zwischen den Achsen installiert werden.

Etwas anders verfuhr man beim 1913 erfolgten Umbau der Dampfspritze. Hier lieferten die Cölner Elektromobilwerke Heinrich Scheele in Köln-Lindenthal das batterieelektrische Fahrgestell. Die aus 80 Zellen bestehenden Batterien hatte Scheele unter eine abgerundete Haube gesetzt, die in eine schräggestellte Spritzwand mündete. Die in allen vier Radnaben installierten Elektromotoren erbrachten zusammen eine Leistung von 18 PS. In dieser Form leisteten die beiden ehemaligen Dampfautomobile der Kölner Feuerwehr noch mehrere Jahre gute Dienste.

Feuerwehrdrehleitern

Das markanteste Fahrzeug bei den Feuerwehren ist wohl die Drehleiter (DL). Die erste Drehleiter der Welt wurde am 2. Mai

Technische Daten: IFA S 4000-1

Bauart:	DL 25 h
Motor:	4-Zylinder-Wirbelkammer-Diesel
Hubraum:	6024 Kubikzentimeter
Leistung:	90 PS/66 kW bei 2200 U/min
Radstand:	2550 Millimeter
Gewicht:	8100 Kilogramm (gesamt)
Fahrgestell:	VEB „Ernst Grube", Werdau
Aufbau:	VEB Feuerlöschgerätew., Luckenwalde
Baujahr:	1962
Besatzung:	1 + 2 Mann

Die Seagrave 100' TDA „Ladder 1" wird in Bedford, USA, im Fire Department der Company 1 eingesetzt. Das moderne, aus dem Jahr 2007 stammende Fahrzeug wird durch einen Detroit-515PS-Series-60-Dieselmotor angetrieben.

Abkürzungen

DL	Drehleiter
DLK	Drehleiter mit Korb
nB	niedrige Bauart
SE	Sofortausstieg
CC	Computer Controlled
PLC	Program Logic Control
HZL	Hinterachszusatzlenkung
EHZ	elektronische Hinterachszusatzlenkung
GL	zusätzliches Gelenk im Leiterpark
GLT	zusätzliches, teleskopierbares Gelenk im Leiterpark

1802 in Paris vorgestellt. Edouard Regnier entwarf eine fahr- und drehbare Feuerleiterkonstruktion, welche durch Zahnstangen und einem Getriebe ausgefahren werden konnte.
In Deutschland war die Berufsfeuerwehr Leibzig die erste Feuerwehr mit Drehleiter. Die Drehleiter wurde noch mit einem Pferdegespann gezogen und war mit ein dreiteiligen Leitersatz versehen, der bis zu 23 Meter ausgezogen werden konnte.
Die in Ulm ansässige Firma Magirus war der erste Lieferant eines Leiterfahrzeugs mit Motor. Aber auch der Leiterbetrieb wurde vom Fahrzeugmotor genutzt. Ein automatisch mit Petroleum beheizter Kessel trieb drei Dampfmaschinen an, die für die Fortbewegung der Leitersegmente über Aufricht- und Ausziehgetriebe sorgten.
In den späten 1930er-Jahren wurden erstmals Normen für kommunale Feuerwehrfahrzeuge eingeführt. Die leichten Drehleitern (LDL) wurden auf einem leichten LKW-Fahrgestell mit einer Nutzlast von 1,5 Tonnen aufgebaut und hatten eine Leiterlänge von 17 Metern. 1943 wurde diese Drehleiter zum Typ DL 17. Diese Bezeichnung wurde zunächst auch nach dem Zweiten Weltkrieg beibehalten.
1951 präsentierte Magirus-Deutz auf der IAA die damals höchste Drehleiter der Welt, die eine Steighöhe von 52 plus 2 Metern hatte. 1953 brachte Magirus-Deutz dann die erste komplett hydraulisch bewegte Drehleiter auf den Markt. In der ersten Nachkriegsnorm, der DIN 14701 aus dem Jahr 1957, waren eine DL 18 als Nachfolger der DL 17 und eine ebenfalls handangetriebene DL 12 vorgesehen. Die DL 18 war in dieser Zeit eine bei kleineren Feuerwehren weit verbreitete Bauart. Seit den 1960er-Jahren wurden aber auch dort, bedingt durch die zunehmende Errichtung höherer Gebäude, größere Drehleitern mit maschinellem Antrieb wie die DL 30 üblich.
1980 war Magirus-Deutz mit dem Modell DLK 23-12 n. B. (n. B. = niedere Bauart) Vorreiter bei Drehleitern mit Tief-Fahrerhaus für enge Innenstädte und niedrige Durchfahrten. Im Jahr 1985 wurde die DL 18 in DL 16-4 mit Handbetrieb umbenannt. Heute sind DL 16-4 äußerst selten bei Feuerwehren vorhanden, in deren Einsatzgebiet entweder keine höhere Bebauung vorhanden ist oder enge Gassen, etwa in der Altstadt, den Einsatz einer größeren Drehleiter unmöglich machen. Sie entsprechen jedoch keiner aktuellen Norm und sind technisch gesehen mangels hydraulischen Hubs keine Hubrettungsfahrzeuge.

Die Technik der modernen Drehleitern

Heutzutage verfügen die Drehleiterfahrzeuge meist über einen Rettungskorb am oberen Ende der ausziehbaren Leitern. Diese Fahrzeuge werden allgemein DLK (Drehleiter mit Korb) und die

vielen Leitersegmente Leiterpark genannt. Dieser Leiterpark ist mit einem Drehkranz, der sich um 360 Grad drehen lässt, auf einem LKW-Fahrgestell befestigt. Um den Leiterpark zu bedienen, befindet sich auf dem Drehkranz ein Steuerstand, der von einem Maschinisten betrieben wird. Oft gibt es auch die Möglichkeit, die Leiter vom Leiterkorb aus zu steuern. Um im Betrieb der Drehleiter einen stabilen Stand zu schaffen und ein Umkippen zu verhindern, werden Abstützungen ausgefahren.
Seit Januar 2006 gelten für Drehleitern zwei neue Normen: die DIN EN 14043 für vollautomatische Drehleitern und die DIN EN 14044 für halbautomatische (sequenzielle) Drehleitern. Die halbautomatischen Drehleitern können nur eine Bewegung, vollautomatische Drehleitern alle Bewegungen gleichzeitig ausführen. Die beiden Normen ersetzen die alte Norm für Drehleitern, DIN 14701, in allen drei Teilen. Die Bezeichnung für eine automatische Drehleiter der 30-Meter-Klasse nach neuer Norm ist DLA (K) 23/12. Nach alter Norm wäre die Drehleiter als DLK 23-12 bezeichnet worden.
Am häufigsten sind in Deutschland Drehleitern der Bauart DLK 23-12 bei den Feuerwehren zu finden, da damit an allen Gebäuden unterhalb der Hochhausgrenze angeleitert werden kann. Bei Hochhäusern ist für die Menschenrettung ein zweiter baulicher Rettungsweg oder ein Sicherheitstreppenraum erforderlich.
Größere Drehleitern als die DLK 23-12 sind in Deutschland in der Regel nicht erforderlich und werden meist nur von Werkfeuerwehren benutzt, da größere Leitern die zulässige Gesamtmasse von 16 Tonnen deutlich überschreiten. Dies ist insofern wichtig, da alle Aufstellflächen und Zufahrten für die Feuerwehr nach DIN 14090 für eine maximale Belastung von 16 Tonnen bei einer Achslast von 10 Tonnen zugelassen sind. Ebenso sind kleinere Drehleitern wie beispielsweise die DL (K) 18-12 oder DL (K) 12-9 nicht weit verbreitet.

Die Drehleiterhersteller

Der weltgrößte Hersteller von Drehleitern ist das Unternehmen Iveco Magirus in Ulm. Dieses geht auf die frühere Nutzfahrzeugmarke Magirus-Deutz (in den 1950er- bis zu den 1970er-Jahren ihrerseits Marktführer für Drehleitern in Deutschland und Europa) und die von Conrad Dietrich Magirus gegründete Feuerwehrgerätefabrik Magirus zurück. Der zweite große Hersteller von Drehleitern in Deutschland ist die Firma Carl Metz GmbH, die zur Rosenbauer-Gruppe gehört. Vor der Deutschen Wiedervereinigung gab es auch eine Drehleiterproduktion von IFA in der DDR.

Internationale Drehleitern

Bei den Feuerwehren in den USA kommen vielfach Drehleitern zum Einsatz, die auf wesentlich schwereren Fahrgestellen aufgebaut sind als im deutschsprachigen Raum. Die sogenannten Ladder Trucks in den größeren Städten der USA haben oftmals eine bedeutend höhere maximale Rettungshöhe, was durch die dortige, höher aufragende Bebauung begründet ist. Anzutreffen sind dort im Gegensatz zu den Standards Mitteleuropas auch Drehleiterfahrzeuge, die auf der Basis eines Sattelschleppers entwickelt wurden und bei denen der Leiterpark mit der Spitze entgegen der Fahrtrichtung abgelegt wird.

Die „Ladder 7" des Lenoir Fire Department wird zusammen mit der „Engine 5" in der Fire Station 2 an der Norwood Street eingesetzt.

RÜST- UND GERÄTEWAGEN: FAHRZEUGE ZUR TECHNISCHEN HILFELEISTUNG

Auch ältere Kranrüstwagen wie der Steyr 32 S 42 mit Ziegler-Aufbau werden in Griechenland noch eingesetzt.

Bei der technischen Hilfeleistung werden von der Feuerwehr zwei Gruppen von Fahrzeugen eingesetzt: die Rüstwagen und die Grätefahrzeuge. Diese kompakten Fahrzeuge sind meist nur mit drei Personen besetzt, um möglichst viele Geräte und Aggregate transportieren zu können. Zum Beispiel sind alle Rüstwagen mit einer eingebauten elektrischen Seilwinde bestückt und haben ein Stromaggregat dabei. Einige Spezialfahrzeuge sind auch mit Ladekränen ausgerüstet.

Kranfahrzeuge

Da bei technischen Einsätzen die zu bewegenden Lasten immer größer werden, werden auch Kranfahrzeuge, von einfachen Ladekränen bis zu schweren Autokränen, die auch Eisenbahnwagen heben können, bei der Feuerwehr eingesetzt. Diese werden aufgrund der Kosten naturgemäß nur bei einzelnen Stützpunkten, die ein großes Gebiet abdecken, stationiert. Normalerweise werden diese jedoch von kommerziellen Anbietern gestellt, die über eine Notfall-Rufbereitschaft verfügen.

Gefahrgutfahrzeuge

Spezialfahrzeuge für Gefahrguteinsätze sind für den Umgang mit Gefahrgut oder radioaktiven Stoffen besonders ausgerüstet. Hierzu gehören auch spezielle Messfahrzeuge.
Unternehmen der chemischen Industrie aus Deutschland und Österreich unterhalten gemeinsam das Transport-Unfall-Informations- und Hilfeleistungssystem (Akronym: TUIS). Hier können rund um die Uhr Experten telefonisch erreicht werden, die Auskünfte über die Handhabung von gefährlichen Stoffen und Gütern geben können. Bei größeren Gefahrgutunfällen stellen die Werk- oder Betriebsfeuerwehren auch spezielle Feuerwehrfahrzeuge, die die örtliche Feuerwehr unterstützen, beispielsweise um beschädigte Tanklastzüge leer zu pumpen.

Rettungsfahrzeuge

In Gemeinden, in denen der Rettungsdienst von der Feuerwehr wahrgenommen wird, sind Rettungs-, Notarzt- und Krankenwagen auch Feuerwehrfahrzeuge.

Die 1906 gegründete Firma Gottwald baut mobile Spezialkräne für die Feuerwehr und das Technische Hilfswerk. Im Bild der Feuerwehrkranwagen FwK 35 der Berufsfeuerwehr Düsseldorf.

Weitere Spezialfahrzeuge

Fahrzeuge für den Katastrophen- und Umweltschutz sind zum Beispiel Fahrzeuge wie der Schlauchwagen SW 2000-Tr, das Löschgruppenfahrzeug LF 16-TS, der ABC-Erkundungskraftwagen, der Gerätewagen GW-Messtechnik, die Fahrzeuge für die Dekontamination von Personen (Dekon-P) und Geräten (Dekon-G) sowie Container für den Umweltschutz. Zudem gehören Führungsfahrzeuge, Mannschaftstransportfahrzeuge, Schlauchwagen, zur Wasserversorgung abgelegener Einsatzstellen – vor allem in ländlichen Gebieten – Wechselladerfahrzeuge, LKWs, Pkws, Motorräder und diverse sonderangefertigte Fahrzeuge zu dem großen Wagenpark von Feuerwehr, THW und Polizei.

Zivilschutz durch das THW

Technische Hilfe im Zivilschutz ist der Grund für die Schaffung des Technischen Hilfswerkes. Im Verteidigungsfall sollen die Einheiten und Einrichtungen im Zivilschutz mitwirken, also die Zivilbevölkerung sowie lebens- und verteidigungswichtige Betriebe und Einrichtungen schützen und Gefahren beseitigen, und zwar insbesondere im Bergungs- und Instandsetzungsdienst. Das THW ist bewusst dem Bundesministerium des Innern und nicht dem Bundesministerium der Verteidigung unterstellt. Im Verteidigungsfall stehen die Zivilschutzkräfte unter dem besonderen Schutz der vierten Genfer Konvention.

Hilfe im Ausland

Das THW darf im Auftrag des Bundes zur humanitären Hilfe im Ausland eingesetzt werden. Bei großen Unglücken in aller Welt kann das THW mit den kleinen Schnelleinsatzeinheiten wie der SEEBA und der SEEWA innerhalb weniger Stunden Hilfe leisten. In europäischen Nachbarländern kommen reguläre Einheiten mit teilweise mehreren Hundert Helfern (z.B. Hochwasser in Südfrankreich im Dezember 2003) zum Einsatz.

Hilfe im Katastrophenschutz

Technische Hilfe erfolgt bei der Bekämpfung von Katastrophen, öffentlichen Notständen und Unglücksfällen größeren Ausmaßes auf Anforderung der für die Gefahrenabwehr zuständigen Stellen, insbesondere im Bergungs- und Instandsetzungsdienst. Das THW leistet auf Anforderung Amtshilfe oder technische Hilfe für andere Behörden, hauptsächlich in der örtlichen Gefahrenabwehr der Gemeinden und Städte, also den Feuerwehren, aber auch für Rettungsdienste bei Massenanfällen von Verletzten, die Polizei und die Bundespolizei sowie den Zoll. In einigen Bundesländern kommt noch die technische Hilfe auf Verkehrswegen hinzu. So hilft das THW bei vielen Unfällen, Unwettern, Erdrutschen oder Hochwassern unterstützend mit einem deutschlandweiten Potential an Technik und Organisation.

Geschichte des Technischen Hilfswerks

Vorläufer des Technischen Hilfswerks war die 1919 von Otto Lummitzsch, einem Pionieroffizier, gegründete Technische Nothilfe (TN), die bis 1945 existierte. Nach Auflösung der TN 1945 wurde Lummitzsch beauftragt, unter der Bezeichnung „Ziviler Ordnungsdienst" eine ähnliche Organisation für die Bundesrepublik Deutschland aufzubauen. Ab 20. Oktober 1951 wurde die Bezeichnung „Technisches Hilfswerk" (THW) offiziell; diese Wortschöpfung war nicht neu, sondern bereits Titel einer TN-Werbebroschüre von 1920. Das THW wurde mit Bergungs- und Instandsetzungsaufgaben im Zivilschutz betraut. Bereits im Februar und März 1953 wurde der erste Auslandseinsatz durchgeführt (Sturmflutkatastrophe in den Niederlanden). Am 25. August 1953 wurde das THW durch den Errichtungserlass des Bundesministeriums des Innern eine nicht rechtsfähige Bundesanstalt im Bundesamt für zivilen Bevölkerungsschutz. Im Sommer 1955 verfügte das THW bereits über 343 Ortsverbände. Je ein Landesverband wurde in den einzelnen Bundesländern eingerichtet. Zusammen mit Feuerwehren und anderen Hilfsorganisationen wurde das THW 1957 in den Luftschutzhilfsdienst (LSHD) eingegliedert.

Oben: Einfach zu handhaben und schnell montiert: Ein Bergeräumgerät des Technischen Hilfsdienstes bei der Verlegung der E+S-Baustraße.
Unten: Ein Liebherr LTM1050-4 des Technischen Hilfswerks, Ortsverband Ludwigshafen/Rhein, mit 50 Tonnen Tragkraft.

EIGENSTÄNDIGE LÖSCHEINHEITEN: LÖSCHGRUPPEN-, TANKLÖSCH- UND TRAGKRAFTSPITZEN-FAHRZEUGE

Nicht nur im Ausland, sondern auch in Deutschland ist es wichtig, eigenständige Brandbekämpfungseinheiten zu haben, so wie hier bei einem Waldbrand in Kalifornien (großes Bild). Schon in den 1920er-Jahren waren die Einheiten, wie hier vom Boise City Fire Department, mit allem nur erdenklichen Equipment ausgerüstet (kleines Bild).

Löschfahrzeuge widmen sich der klassischen Aufgabe der Feuerwehr, dem Löschen von Bränden. Sie dienen vorrangig dem Zweck des Löschens von Bränden, aber auch der Menschenrettung und der Durchführung von technischen Hilfeleistungen kleineren bis mittleren Umfangs. Löschfahrzeuge werden unterteilt in die Kategorien Tanklöschfahrzeuge, Löschgruppenfahrzeuge, Tragkraftspritzenfahrzeuge und sonstige Löschfahrzeuge.

Löschgruppenfahrzeuge

Alle diese Fahrzeuge sind ähnlich aufgebaut. Üblicherweise bestehen bei den Feuerwehren, die den gesamten Löschangriff einschließlich der Wasserführung aufbauen müssen, die Feuerwehrgruppen aus neun Mann. Dem entsprechend müssen die Fahrzeuge so ausgelegt sein, dass sie die Mannschaft aufnehmen können und zusätzlich entweder mit einer fest eingebauten Fahrzeugpumpe oder mit einer transportablen herausnehmbaren Pumpe, Leitern, umfangreichen Gerätschaften zur Brandbekämpfung und zur technischen Hilfeleistung ausgerüstet sind. Für technische Hilfeleistungen ist oft nur minimale Ausrüstung vorhanden. Aufgrund unterschiedlicher Gewichtsbeschränkungen in den verschiedenen Ländern, abhängig auch von den früher nicht einheitlichen Führerscheinklassen, entwickelten sich die Fahrzeuge in diversen Größen.

Tanklöschfahrzeuge

Tanklöschfahrzeuge transportieren große Mengen Löschmittel (hauptsächlich Wasser, teils Schaummittel). Sie sind mit einer

Technische Daten: Mercedes-Benz Typ LF 15/52	
Motor:	6-Zylinder-Reihen-Vorkammer-Diesel
Hubraum:	4580 Kubikzentimeter
Leistung:	100 PS/73,2 kW bei 3000 U/min
Radstand:	4200 Millimeter
Gesamtgewicht:	8450 Kilogramm
Geschwindigkeit:	80 km/h
Wasserbehälter:	800 bis 1000 Liter
Fahrgestell:	Daimler-Benz AG, Gaggenau
Aufbau:	Carl Metz, Karlsruhe
Besatzung:	9 Mann
Baujahr:	1952

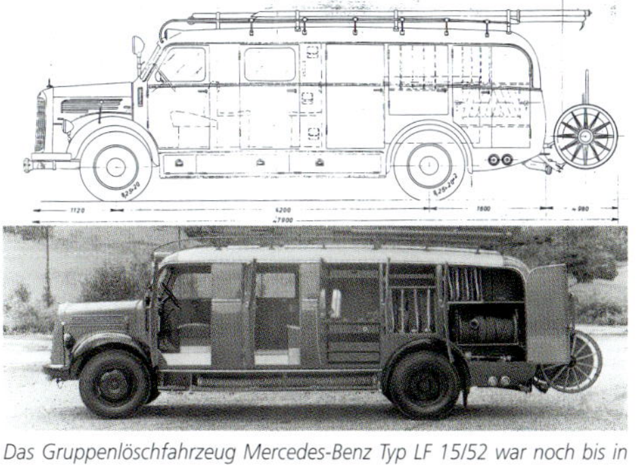

Das Gruppenlöschfahrzeug Mercedes-Benz Typ LF 15/52 war noch bis in die 1980er-Jahre bei Werkfeuerwehren im Einsatz. Heute sind diese Fahrzeuge aus dem aktiven Dienst verschwunden.

fest eingebauten Pumpe ausgestattet und verfügen in der Regel wegen des größeren Löschmitteltanks über weniger Gerätschaften und über eine kleinere Besatzung (entweder sechs Feuerwehrleute, „Staffelbesatzung", oder drei Feuerwehrleute, „Truppbesatzung"). Die meisten Tanklöschfahrzeuge verfügen über einen Allradantrieb. Außerdem gibt es bei den Werkfeuerwehren oder bei Feuerwehren in großen Städten noch Fahrzeuge für spezielle Einsatzszenarien, die über spezielle Löschmittel verfügen. So gibt es zum Beispiel Pulverlöschfahrzeuge beziehungsweise Trockentanklöschfahrzeuge, die größere Mengen Löschpulver zur Einsatzstelle transportieren können,

Niedersächsische Waggonfabrik
Joseph Graaff G. m. b. H., Elze (Han)

Graaff-Allrad
Tanklösch-Fahrzeug
TLF 15/3000 l

Wir bauen Löschfahrzeuge
LF-TS 8 und LF 8-TS 8

mit der bewährten hinteren Beladung und mit Vorbaupumpen bis 1500 l/min in Leichtstahlbauweise und ein Löschgruppenfahrzeug mit großem Wasservorrat in Gummibehältern (DPa) **TLF 15/3000 l** in Leichtstahl-Kofferbauweise, ein Trupp-Tanklöschfahrzeug mit 2 zusätzlichen Heckplätzen, mit 3 getrennten Kammern für je 1000 l Wasser in Gummibehältern (DPa), Hochdruckhaspel, Schaum- u. Netzmitteleinrichtungen.

Wir liefern auch Tank-Kofferaufbauten für vorhandene Fahrzeuge

91

Das Ford-Tanklöschfahrzeug Typ TLF 15/3000l war erstmalig auf der in Essen im Jahr 1953 stattfindenden Bundesausstellung für Brandschutz- und Rettungswesen „Der Rote Hahn" zu sehen und sorgte für ein beträchtliches Aufsehen.

Technische Daten: Ford Typ TLF 15/3000l

Motor:	V8-Zylinder-Vergasermotor
Hubraum:	3924 ccm
Leistung:	100 PS/73,2 kW bei 3500 U/min.
Radstand:	4013 Millimeter
Gesamtgewicht:	6700 Kilogramm
Wasserbehälter:	3000 Liter
Fahrgestell:	Ford-Werke, Köln-Niehl
Aufbau:	Niedersächs. Fahrzeugb. Graaff, Elze
Besatzung:	3 Mann + 2 Mann auf Trittstufen
Baujahr:	1953
Preis:	32.000 D-Mark

spezielle Schaumlöschfahrzeuge, die nur Schaummittel oder ein einsatzfertiges Schaum-Wasser-Gemisch mit sich führen. Weiterhin gibt es Löschfahrzeuge, die aufgrund ihrer Löschmittelzusammenstellung oder einer anderen Beladung nicht in das Normschema passen. Diese Sonderlöschfahrzeuge sind Feuerwehrfahrzeuge, welche von den üblichen, in großer Zahl hergestellten und verwendeten Fahrzeugen stark abweichen und deshalb nicht den herkömmlichen Fahrzeugtypen zuzuordnen sind. Sie sind zumeist sehr teuer und werden deshalb nur von großen Feuerwehren verwendet. Diese Fahrzeuge sind meistens stark den örtlichen Gegebenheiten angepasst.

Tragkraftspritzen

Bereits in den 1930er-Jahren wurden Tragkraftspritzenanhänger (TSA) entwickelt. Diese dienten damals allerdings als ergänzende Transportmöglichkeit von Gerätschaften und wurden immer zusammen mit Einsatzfahrzeugen eingesetzt. In den 1950er-

Heutige Fahrzeugklassen

Löschgruppenfahrzeuge

LF 8	*Pumpenleistung 800 l/min*
LF 8/6	*Pumpenleistung 800 l/min, 600-l-Tank*
LF 16	*Pumpenleistung 1600 l/min*
LF 16/12	*Pumpenleistung 1600 l/min, 1200-l-Tank*
LF 16 TS	*Pumpenleistung 1600 l/min, mit Tragkraftspritze*
LF 24	*Pumpenleistung 2400 l/min*
KS 25	*Kraftfahrspritze, Pumpenleistung 2500 l/min*
HLF	*Hilfsleitungslöschfahrzeug*

Tanklöschfahrzeuge

TLF 8	*Pumpenleistung 800 l/min*
TLF 16	*Pumpenleistung 1600 l/min*
TLF 16 T	*Pumpenleistung 1600 l/min mit Truppbesatzung*
TLF 24/50	*Pumpenleistung 2400 l/min, 5000-l-Tank*

Tragkraftspritzen

TSF	*Tragkraftspritzen*
TSF-W	*Tragkraftspritzen mit Wassertank*
TSF-GW	*Tragkraftspritzen mit Gerätewagen*

Der Gerätewagen (GW) Mercedes-Benz L311/36 mit dem Schölch-Aufbau wurde 1960 an die Erdölraffinerie Mannheim geliefert.

Jahren erlebte der TSA dann seinen Durchbruch, als gerade ländliche Gemeinden, die bis dahin nur mit Handdruckspritzen ausgestattet waren, darin eine kostengünstige Möglichkeit der Modernisierung entdeckten. Da eben in dieser Zeit auch die Maschinisierung der Landwirtschaft einsetzte, standen in ländlichen Gemeinden genug Traktoren als Zugfahrzeuge für den TSA zur Verfügung.

Anfang der 1960er-Jahre entwickelte sich aus dem TSA der mit drei Mann besetzte TSF-Trupp, der in seiner Beladung im Wesentlichen dem TSA glich und zugleich weitere Ausrüstungsteile befördern konnte. Ab Mitte der 1960er-Jahre wurden dann TSF-Trupps mit größerem Mannschaftsraum gebaut, sodass sechs Mannschaftsmitglieder transportiert werden konnten. Hierfür diente oft ein Ford Transit als Fahrgestell.

Das klassische Löschgruppenfahrzeug der 1950er-Jahre war der LF 8-TA, der auf dem Opel Blitz, 1,75 Tonnen, aufgebaut war. Zusammen mit einem einachsigen Tragkraftspritzenanhänger (TSA) bildete das Fahrzeug eine Einheit, die einen selbstständigen Löschangriff durchführen konnte.

Technische Daten: Mercedes-Benz Typ TLF 24/50 (oben)

Motor:	V6-Zylinder-Direkteinspritz-Diesel
Hubraum:	8720 Kubikzentimeter
Leistung:	192 PS/141,2 kW bei 2500 U/min
Radstand:	3600 Millimeter
Gesamtgewicht:	16.000 Kilogramm
Wasserbehälter:	5000 Liter
Fahrgestell:	Daimler-Benz
Aufbau:	Albert Ziegler, Giengen a.d. Brenz
Besatzung:	3 Mann
Baujahr:	1978

Technische Daten: MAN Typ LF 16/12 Allrad (oben)

Motor:	6-Zylinder-Direkteinspritz-Diesel
Hubraum:	6871 Kubikzentimeter
Leistung:	224 PS/165 kW bei 2400 U/min
Gesamtgewicht:	13.500 Kilogramm
Wasserbehälter:	1200 Liter
Fahrgestell:	MAN Nutzfahrzeuge
Aufbau:	Albert Ziegler, Giengen a.d. Brenz
Besatzung:	9 Mann
Baujahr:	2000

Damit war im Grunde schon das klassische TSF gegeben, das erst in den 1990er-Jahren grundlegend weiterentwickelt wurde. Das Tragkraftspritzenfahrzeug (kurz: TSF) ist ein deutscher Feuerwehrfahrzeugtyp, der in zwei Bauformen genormt ist. Ihren Namen erhielten diese Fahrzeuge aufgrund ihrer entnehmbaren Feuerlöschpumpe (Tragkraftspritze) zur Brandbekämpfung. Die Tragkraftspritzen verfügen über eine ähnliche feuerwehrtechnische Beladung wie das ehemalige Löschgruppenfahrzeug 8, ist jedoch im Gegensatz zu diesem nur mit einer Staffel besetzt.

Gerade bei vielen freiwilligen Feuerwehren ist das Tragkraftspritzenfahrzeug noch sehr weit verbreitet und wird erst

sehr langsam durch Löschgruppenfahrzeuge oder das Kleinlöschfahrzeug ersetzt.
Aufgrund seiner Beladung ist das Tragkraftspritzenfahrzeug in der genormten heutigen Fahrzeugversion ausschließlich für die Brandbekämpfung und die Förderung von Wasser verwendbar. Viele Feuerwehren haben es jedoch mit einer Zusatzbeladung auch für technische Hilfeleistungseinsätze von kleinem Umfang ausgerüstet.
Das eigentliche TSF ist in der DIN EN 14530-16 genormt. Es verfügt weder über einen eigenen Löschwassertank noch über einen eigenen Schaummittelvorrat. Somit muss von der Mannschaft an der Einsatzstelle immer zuerst eine Löschwasserversorgung hergestellt werden.
Als Feuerlöschkreiselpumpe dient eine Tragkraftspritze mit 800 Litern Fördermenge pro Minute bei 8 bar Ausgangsdruck. Bei neueren Fahrzeugen beträgt die Förderleistung 1000 Liter pro Minute bei 10 bar Ausgangsdruck. Das Fahrzeug ist mit einer Staffel von sechs Mann besetzt, führt jedoch eine Ausrüstung zur Brandbekämpfung für eine Gruppe mit. Diese umfasst unter anderem auch Atemschutzgeräte und eine vierteilige Steckleiter. Das TSF wird meist mit einem großvolumigen Dieselmotor ausgeliefert und hat seit dem Jahr 2008 eine zulässige Gesamtmasse von vier Tonnen (vorher 3,5 Tonnen). Üblicherweise wird das TSF jedoch nach wie vor auf Fahrgestellen mit einer Gesamtmasse von 3,5 Tonnen aufgebaut, damit es auch von Fahrern mit Fahrerlaubnisklasse B gefahren werden darf. Aufgrund der großen Leermasse moderner Fahrgestelle bleibt in diesem Fall jedoch keine Gewichtsreserve für eine Zusatzbeladung.

Nahezu unbegrenzt ist die Vielfalt an Feuerwehreinsatzfahrzeugen in den Vereinigten Staaten von Amerika. Das Bild zeigt das amerikanische Standardfahrzeug, einen „Pumper", aus den frühen 1950er-Jahren.

Tragkraftspritzenfahrzeug mit Wasser (TSF-W)

Um die Schlagkraft kleiner Feuerwehren zu erhöhen, die insbesondere bei kleineren Einsätzen in ländlichen Gebieten personal- und zeitaufwendig eine Wasserversorgung herstellen mussten, wurden TSF nun mit einem mindestens 500 Liter fassenden Tank ausgerüstet.
Diese TSF-W waren der Ausgangspunkt für weitere Eigenentwicklungen und Sonderbauweisen, sodass auch TSF-W ausgeliefert wurden, die in ihrer Beladung einem LF 10/6 entsprachen. Neben den TSF existiert in vielen stark ländlich geprägten Regionen mit geringem Einsatzaufkommen der TSA weiter. Neuere Modelle können nun auch mit Privat-PKWs gezogen

Ein besonders langer und schöner „Pumper" ist der Buffalo Fire Appliance Corp. in N.Y., wie er im Jahr 1941 an das Ames Fire Department in Iowa ausgeliefert wurde.

Ford war auch international ein großer Konkurrent auf dem Feuerwehrgerätemarkt. Der Ford F-800 BigJob, der zwischen 1953 und 1960 in vielen Varianten gebaut wurde, war hier in Malmedy in Belgien im Einsatz.

Technische Daten: Ford F-800 BigJob

Motor:	V8-Zylinder, International Diesel
Hubraum:	6,9 Liter
Aufbau:	Wasterlain
Bauzeit:	1953 bis 1960

werden, womit schneller Zugfahrzeuge zur Verfügung stehen und zugleich auch Personen transportiert werden können. Einige Feuerwehren nutzen auch ein Mannschaftstransportfahrzeug als Zugfahrzeug.

Neubeschaffungen werden in der Regel jedoch nur noch für die Jugendfeuerwehr als Übungsfahrzeug beschafft. In Rheinland-Pfalz entwickelte sich der TSA in jüngerer Zeit auf eine eigene Art weiter. Hier sind viele Feuerwehren in ländlicheren Regionen nach wie vor ausschließlich mit dem TSA ausgestattet. Um diese zu motorisieren, wurde der GW-TS entwickelt. Das Tragkraftspritzenfahrzeug mit Wasser (kurz: TSF-W) ist eine Weiterentwicklung des TSF und in der DIN 14530-17 genormt. Zusätzlich zu seinem Vorgänger verfügt es nun auch über einen eigenen Löschwassertank mit einem Inhalt von 500 bis 750 Litern, der über einen Schlauch an die Tragkraftspritze angeschlossen ist. Einige Fahrzeuge verfügen außerdem über eine Schnellangriffseinrichtung, das heißt einen zusammengekuppelten, in Buchten gelegten C-Schlauch. Zwei Atemschutzgeräte sind beim TSF-W im Mannschaftsraum untergebracht, sodass diese schon während der Anfahrt angelegt werden können.

Dieses Fahrzeug ist in der Regel in Kofferbauweise mit drei bis fünf Geräteräumen ausgeführt und hat eine zulässige Gesamtmasse von 6,3 Tonnen. Das TSF-W kann zusätzlich mit bis zu 40 Litern Schaummittel ausgerüstet sein.

Jüngere Baureihen verfügen oft über eine Gesamtmasse von 7,5 Tonnen und können somit ähnlich dem Löschgruppenfahrzeug 10/6 mit Tanks von bis zu 1000 Litern Fassungsvermögen sowie mit einer erweiterten Beladung zur technischen Unfallhilfe ausgestattet werden.

Die Feuerwehr im Ausland

Die Feuerwehr in den USA unterscheidet sich hinsichtlich Technik, Organisation und Taktiken stark von den deutschen Feuerwehren. Dies ist zum Teil auf die weit verbreitete Holzbauweise von Häusern zurückzuführen.

Jeder Bundesstaat regelt das Feuerwehrwesen mit eigenen Gesetzen und Organisationen, wobei die Countys eine große

Selbstständigkeit genießen. Dabei kommt es zwischen den einzelnen Countys eines Bundesstaates zu großen Abweichungen hinsichtlich Organisation und Ausrüstung, was vielleicht an den unterschiedlichen Farben der Einsatzfahrzeuge und persönlichen Ausrüstungen am ehesten sichtbar wird. Fahrzeugfarben können unter anderem Rot, Gelb, Gelb-Grün, Weiß und Blau sein. In mehreren Countys werden die Feuerwehren nicht durch die öffentliche Hand gestellt, sondern an private Firmen vergeben, die dann den Brandschutz in der Region sicherstellen. Diese Verträge laufen über eine bestimmte Laufzeit von mehreren Jahren und werden dann neu ausgeschrieben, was schon zu Streitigkeiten zwischen beteiligten Firmen geführt hat.

Neben freiwilligen Feuerwehren (Volunteer Fire Department) gibt es die Berufsfeuerwehren, in der Regel „Stadtname-Fire Department" genannt. Mit einer Personalstärke von ca. 16.000 Angestellten ist die New Yorker Berufsfeuerwehr (New York Fire Department - FDNY) nicht nur größte der USA sondern weltweit. Die Ränge und Rangabzeichen der amerikanischen Feuerwehren orientieren sich an denen des Militärs. Ein Löschzug wird in der Regel von einem „Captain" geführt; die Gruppen von Leutnants. „Chief" kann ganz allgemein Kommandant bedeuten oder, besonders in einer Berufswehr, abgestuft über mehrere Grade sein. Dort gibt es auch Stabsstellen und meist eine zivile Leitungsstruktur unter einem zivilen Beamten. Dieser untersteht dem Bürgermeister, manchmal trägt er aber auch Uniform („(Fire) Commissioner").

Ränge der Feuerwehren in den USA

- Chief of Department
- Chief of Operations
- (Deputy) Assistant Chief
- Division Commander
- Deputy Chief
- Battalion Commander
- Battalion Chief
- Captain
- Lieutenant
- Fire Fighter

Der Seagrave Marauder II hat einen Detroit-Series-60-475PS-Dieselmotor und ist dem Bedford Fire Department unterstellt. Somit ist das Fahrzeug aus dem Jahr 2007 das modernste der Company 1.

EINSATZLEITWAGEN: ELW 1, ELW 2, ELW 3

Auf dem Mercedes-Benz-L3500-Fahrgestell, das zwischen 1950 und 1954 gebaut wurde, basiert das Einsatzleitfahrzeug der Feuerwehr Emden (großes Bild). Heute werden auf dem Mercedes-Benz-Fahrgestell 1219 Fahrzeuge für die Einsatzleitung aufgebaut (kleines Bild).

Um eine zielgerechte Koordination aller Kräfte bei Schadensereignissen zu erreichen, gibt es bei vielen Polizeibehörden, dem THW und bei der Berufsfeuerwehr mobile Einsatzleitungsfahrzeuge. Die Mannschaft dieser Fahrzeuge besteht in der Regel aus dem verantwortlichen Einsatzleiter und seiner Führungsunterstützung. Die Struktur und die hierarchische Einordnung der Einsatzleitung unterscheiden sich je nach Organisation, Land und Verwaltungsebene.

Die Struktur

Die Größe und die Besetzung der Einsatzleitung sind neben gesetzlichen Vorgaben vor allem vom Umfang und von den Aufgaben im Einsatz abhängig.
Im kleinsten Fall kann der Einsatzleiter auch allein tätig werden. Bei einem typischen Einsatz in Zugstärke ist für die Unterstützung oft ein Zugtrupp vorgesehen. Bei flächendeckenden Großereignissen kann die Einsatzleitung eine Vielzahl an Personen mit (Teil-)Führungsaufgaben und Unterstützungskräften umfassen, zum Teil direkt vor Ort oder abgesetzt in rückwärtigen Führungsstäben.Um fachlich fundierte Entscheidungen treffen zu können, können Sachverständige für das jeweils notwendige Fachgebiet hinzugezogen werden. Üblich ist auch die Einbeziehung von Verbindungskräften zu anderen Behörden und Organisationen.
Zu den Fachberatern gehören Führungskräfte der eingesetzten Fachdienste bzw. Organisationen, Angehörige von weiteren öffentlichen Stellen und Ämtern (z.B. Bauamt, Gesundheitsamt, Stadtwerke), sowie technische Spezialisten (Chemiker, Statiker, Ingenieure etc.) und Vertreter eines Betriebes, der vom Schadensfall betroffen ist (z.B. Notfallmanager der Deutschen Bahn oder Beauftragte eines Energieversorgungsunternehmens).
Auch die Fahrzeuge werden in drei Gruppen unterteilt: Einsatzleitwagen ELW 1 (Kleintransporter mit zwei Funkarbeitsplätzen), Einsatzleitwagen ELW 2 mit Führungsraum und Fernmelderaum und Einsatzleitwagen ELW 3 bei Großeinsätzen und Katastrophen.

Die Aufgaben

Zu den Aufgaben der Einsatzleitung gehören neben der taktischen Führung aller unterstellten Einsatzkräfte die Errichtung und die Kennzeichnung der eigenen Einsatzführungsstelle, die Absperrung des Einsatzgebietes, der Aufbau der Nachrichten-

verbindungen, die Einrichtung eines Anlaufpunktes für alle Einsatzkräfte, die Lagedarstellung, die Führung der Einsatzdokumentation und Versorgung von Einsatzkräften. Wesentliche Maßnahmen sind die Unterteilung des Einsatzgebietes nach taktischen Gesichtspunkten („Ordnung des Raumes") und die Schaffung von untergeordneten Führungsstrukturen, zum Beispiel durch Einsatzabschnitte. Hierzu gehören auch spezielle Einrichtungen zur Einsatzbewältigung wie Bereitstellungsraum, Atemschutz- und Körperschutzsammelplatz, Dekontaminationsplatz und Behandlungsplatz.
Die Einsatzleitung veranlasst auch das Abschalten des elektrischen Stroms oder der Gaszufuhr bei den dafür zuständigen Firmen. Außerdem setzt sie Meldungen an die Leitstelle beziehungsweise vorgesetzten Führungsstellen ab und sorgt für die Warnung der Bevölkerung (bei Austritt von Gefahrstoffen oder Verkehrsbehinderungen).
Auch die Öffentlichkeitsarbeit hat für einen Einsatz Bedeutung, wobei nicht nur die reine Information der Bevölkerung im Vordergrund steht, sondern damit verbunden auch die Bitte um Hilfen, Übermittlung von Warnungen und Hinweisen sowie die Darstellung der eigenen Leistungsfähigkeit. Die Einsatzleitung sorgt in diesem Sinne für eine abgestimmte Medienbetreuung durch eigene Pressesprecher.

Die Einrichtungen

Bei kleinen Einsatzleitungen wird vorrangig ein Einsatzleitwagen verwendet, bei größeren sind oft mehrere Räume in mobilen Unterkünften (Zelte, Container) oder in festen Gebäuden (bis hin zu vorbereiteten Stabsräumen) notwendig.
Die Raumverteilung bei größeren Einsatzleitungen gliedert sich typischerweise in einen Stabsraum als gemeinsamer Arbeitsplatz für die Sachgebietsleiter und Unterstützungskräfte, einen Arbeitsraum für die Fachberater, einen Fernmelderaum sowie Sozialräume und Besprechungszimmer.

Technische Daten: Mercedes-Benz Typ ELW 3

Motor:	V6-Zylinder-Direkteinspritz-Diesel
Hubraum:	11.700 Kubikzentimeter
Leistung:	313 PS/230 kW bei 1800 U/min
Länge:	15.900 Millimeter
Höhe:	3780 Millimeter
Gesamtgewicht:	22.000 Kilogramm
Fahrgestell:	Daimler-Chrysler (Actros 1831)
Aufbau:	ATT, Hamburg, Binz Illmenau
Besatzung:	18 Mann
Baujahr:	1999

Der ELW 3 mit ausgeschobenem Stabsraum und den drei Zugängen der Berufsfeuerwehr Köln. Im Stabsraum befindet sich ein Besprechungstisch, um den die Arbeitsplätze für die Einsatzleiter gruppiert sind.

EINSATZFAHRZEUGE: DIE POLIZEI, DEIN FREUND UND HELFER

Die Fahrzeuge sind zwar moderner und spezieller geworden, aber der Einsatz bei der Polizei ist, nicht nur in Amerika, immer noch derselbe: Verbrechensverhütung und -aufklärung. Im oberen Bild ist ein vollklimatisierter Einsatzleitwagen aus Chula Vista in Kalifornien zu sehen. Das Gefangenentransportfahrzeug ist auf dem Ford Modell T aufgebaut.

Das Wort „Polizei" kommt aus dem Altgriechischen. Es leitet sich vom Wort „Polis", zu Deutsch „Stadt", ab. Im römischen Reich wurde Polis zunächst als Modewort übernommen und bezeichnete die gesamte öffentliche Verwaltung. Ab dem Mittelalter wurde der Ausdruck „gute Policey" als Bezeichnung für eine funktionierende Verwaltung verwendet. In diesem Zusammenhang wurde ursprünglich auch der Begriff „Polizeistaat" benutzt. Darunter wurde eine sich auf alle Lebensbereiche erstreckende Tätigkeit eines für alle Bedürfnisse zuständigen Staates verstanden. Erst mit dem Aufkommen des Liberalismus wurde die Zuständigkeit des Staates für das Wohl des Einzelnen bestritten und das repressive Element in den Vordergrund gerückt. Der Staat hatte nur noch vor Eingriffen in Freiheit und Eigentum zu schützen, dem Bürger im Übrigen aber die selbstverantwortliche Entfaltung seiner Persönlichkeit zu überlassen (Nachtwächterstaat). Seitdem wird unter dem Begriff „Polizeistaat" ein übermäßig repressiver Staat verstanden.

Die Polizeifahrzeuge

Polizeifahrzeuge zählen zu den Führungs- und Einsatzmitteln. Die ganz überwiegende Anzahl der Polizeifahrzeuge besteht aus Einsatzfahrzeugen. Sie sind ein unentbehrliches Arbeitsmittel im Streifendienst sowie bei der Bewältigung von polizeilichen Lagen. Dabei ist zu unterscheiden, ob diese uniformiert (Anstrich und Aufschrift) oder zivil ausgestaltet sind. Allerdings ist ein Polizeifahrzeug auch dann ein solches, wenn es als ziviles Fahrzeug verwendet wird.
Zu einem überwiegenden Teil sind sämtliche Fahrzeuge mit blauer Rundumkennleuchte und Folgetonhorn, BOS-Funk-

Einsatzfahrzeuge der Polizei

- Streifenwagen bzw. Funkstreifenwagen (FuStrW) oder Funkstreifenkraftwagen (FuStrKW), veraltet auch: Funkwagen
- Krafträder (Krad-Streife)
- Gruppenkraftwagen (GruKw), meist Kleinbusse (bei Einsatzhundertschaften)
- Gefangenenkraftwagen (GefKw) oder (Ver-)Schubbusse für den Gefangenentransport in verschiedenen Größen
- Wasserwerfer (WaWe) der geschlossenen Einheiten
- Beleuchtungskraftwagen (BelKw), schwere Ausführungen werden zum Teil auch als Lichtmastkraftwagen (LiMaKw) bezeichnet
- Befehlskraftwagen (Befkw) in verschiedenen Größen
- Diensthundeführerkraftwagen (Dhfkw), meistens Kombis und Kleinbusse
- Fahrzeuge der Zivilstreife und der Kriminalpolizei
- Sanitätskraftwagen
- Beweissicherungskraftwagen (BeSiKW) zur Spurensicherung an Tatorten etc.
- Prüfkraftwagen (PrüfKW) für die Verkehrsüberwachung
- Unfallsicherungskraftwagen (UnSiKW)
- Videoübertragungsfahrzeug
- Lautsprecherkraftwagen (LauKw)
- Unimogs und andere Zugmaschinen
- Sonderwagen (SW)
- selbstfahrende Arbeitsmaschinen (z.B. Radlader, Gabelstapler/Flurförderfahrzeuge, Mobilkräne)
- Kraftomnibusse
- Fahrräder (für Streifenfahrten)
- Anhänger zu oben genannten Fahrzeugen

geräten sowie Anhaltesignalgebern ausgestattet. In anderen Nationen sind auch andere Lichter- und Schallführungen als das in Deutschland bekannte „Blaulicht" (Rundumkennleuchte) und das ebenfalls in Deutschland verwendete „Martinshorn" (Folgetonhorn) gebräuchlich.

Einsatzeinheiten des THW

Die operativen Einheiten sind über die Stärke- und Ausstattungsnachweisung (StAN) definiert, daraus ergibt sich eine bundesweite Einheitlichkeit, die bei großen Einsätzen wie zum Beispiel dem Elbehochwasser 2002 von Vorteil ist. Egal, ob eine Einheit aus Bayern oder aus Schleswig-Holstein kommt, der Anforderer kann sich auf vergleichbare Fähigkeiten verlassen. In den Ortsverbänden sind derzeit 727 Technische Züge (TZ) flächendeckend disloziert. Deshalb ist eine schnelle Einsatzfähigkeit für die vielfältigsten Anforderungen sichergestellt. Der Technische Zug besteht grundsätzlich aus dem

Oben: Ein Wasserwerfer WaWe 9000 der Polizei auf einem Mercedes-Benz-2628-Chassis in Frankfurt an der Oder.
Mitte: Auch die französische Polizei setzt Wasserwerfer ein wie hier an den Champs-Élysées.
Unten: Gepanzertes Mercedes-Benz-Einsatzfahrzeug der holländischen Polizei.

Zugtrupp zur Führungsunterstützung des Zugführers, der 1. Bergungsgruppe für den schnellen und mobilen Einsatz, der 2. Bergungsgruppe für den überwiegend stationären Einsatz mit schwereren Geräten beziehungsweise zur Unterstützung

Oben: Ein Tatra-815-Transportwagen des Ortsverbands Straßfurt.
Links: Eines der ersten Fahrzeuge für das THW, ein Gerätekraftwagen eines Ortsverbands aus dem Jahr 1958.

der 1. Bergungsgruppe sowie mindestens einer der unten angegebenen Fachgruppen. Die Bergungsgruppen sind flächen deckend in jedem Ortsverband vorhanden und stellen die Basis des THW dar. Verstärkt werden sie von den verschiedenen Fachgruppen, die aber aufgrund des unterschiedlichen Bedarfs in ihrer jeweiligen Spezialisierung in teilweise weit geringerer Zahl vorhanden sind. Aufgrund der auf überörtliche Zusammenarbeit ausgerichteten Struktur der Bundesanstalt THW stellt dies aber kein Problem dar, jede Fachgruppe ist jederzeit deutschlandweit verfügbar. Der Funkrufname der THW-Einheiten lautet im Zwei-Meter- und Vier-Meter-Sprechfunk „Heros“.

Rüstwagen der Feuerwehr

Der Rüstwagen entstand, als die Ausrüstung der Feuerwehren für Hilfeleistungseinsätze zu komplex wurde, um zusammen mit Löschmitteln auf einem Löschfahrzeug verlastet zu werden. 1951 präsentierte Magirus-Deutz auf der IAA den ersten Rüstwagen der Welt mit einem rundum drehbaren Kran.
1972 erschien ebenfalls bei Magirus-Deutz mit der sogenannten Rüstwagenschiene das erste Feuerwehrfahrzeug der Welt, das sowohl schienen- als auch straßentauglich war. Es wurde zum Beispiel von der Frankfurter Feuerwehr für Einsätze in U-Bahn-Tunneln beschafft.
Ein Rüstwagen (RW) ist ein Feuerwehrfahrzeug, das bei der technischen Hilfeleistung eingesetzt wird.
Dazu stehen umfangreiches Werkzeug und Spezialgerät zur Verfügung, mit dem verunfallte Personen bei Verkehrsunfällen befreit werden, umweltschädigende Substanzen aufgefangen, Einsatzstellen ausgeleuchtet und andere Aufgaben erfüllt werden können.
Die Besatzung besteht jedoch nur aus drei Mann, genauer: einem Trupp (0/1/2). Darum wird der Rüstwagen praktisch nie allein eingesetzt, sondern mit anderen Fahrzeugen im Rüstzug oder auch zur Unterstützung eines Löschzugs. Man unterschied

früher nach der Norm DIN 14555 mehrere Rüstwagentypen. Alle zeichneten sich durch gemeinsame Merkmale wie Truppbesatzung, Allradantrieb, Generator usw. aus. Der RW 1, mit einem nominellen zulässigen Gesamtgewicht von neun Tonnen, war meist auf einem Unimog- oder MAN-VW-Fahrgestell aufgebaut und bei mittelgroßen Feuerwehren stationiert, deren Aufkommen an Einsätzen der Technischen Hilfeleistung nicht die Anschaffung des größeren RW 2 mit zwölf Tonnen rechtfertigte. Beide Fahrzeugtypen fielen im Juni 2002 mit Einführung der DIN 14555-3 aus der Normung, die Norm des aktuellen RW entspricht am ehesten der des alten RW 2. Die noch größeren RW 3 sind bereits Anfang der 1990er-Jahre aus der Norm entfallen. Die Beschaffung von vier RW 3 mit Staffelkabine (RW 3-St) durch die Feuerwehr Berlin und von drei RW 3 mit Truppbesatzung durch die Feuerwehr München fand jedoch schon nach diesem Zeitpunkt statt.
Der Entfall des RW 1 stieß bei kleineren Feuerwehren vielerorts auf Kritik. Auch ohne Norm werden solche Fahrzeuge definitiv noch für Jahre im Einsatz sein.

Unten: Ein Feuerwehr-Werkstattwagen auf Basis des Iveco Magirus eurotech 190E30.
Ganz unten: Zwei Rüstwagen (MAN TGA 4x3 und Mercedes-Benz NG 1932) der Freiwilligen Feuerwehr der Stadt Leibnitz in Österreich.

Einsatzfahrzeuge auf PKW-Basis

1. Das „ULTRA Armoured Patrol Vehicle" wurde als Concept-Car im September 2005 beim Military Technology Meeting in Virginia vorgestellt. Es soll die herkömmlichen Fahrzeuge auch bei der Polizei ablösen.

2. Der von Volkswagen und MAN 2008 entwickelte und gepanzerte 9.150 ECE hat einen 4,75-Liter-Dieselmotor, wiegt 8,5 Tonnen und erreicht eine Spitzengeschwindigkeit von 180 km/h.

3. 1997 begann bei der Japanese Ground Self Defence Force (JGSDF) die Entwicklung eines hochmodernen, leicht gepanzerten Transportfahrzeugs. Mit dem 160 PS starken Vier-Zylinder-Dieselmotor kann eine Spitzengeschwindigkeit von bis zu 100 km/h erreicht werden.

1

2

3

EXPEDITIONEN: IN DER ANFANGSZEIT EIN WERBEGAG

Mit dem Halbkettenfahrzeug Citroën Kegresse B2 unternahmen die Franzosen in den 1920er- und 1930er-Jahren zahlreiche Expeditionen nach Afrika und Asien.

Nachdem André Citroën die Qualitäten von Halbkettenfahrzeugen erkannt hatte, wurden diese zu einer Konstanten der Verkaufspolitik Citroëns. Für diese Unternehmungen engagierte André Citroën Louis Audouin-Dubreuil, welcher bereits aus der Zeit seines Militärdienstes über gute Wüstenerfahrungen verfügte.

1922 bewies Citroën die Zuverlässigkeit der umgebauten Citroën-Halbkettenfahrzeuge vom Typ B2 10 HP („Kegresse"). Im Winter 1921/22 durchquerten unter seiner Leitung acht Citroën-Halbkettenfahrzeuge als Erste die Sahara von Touggourt nach Timbuktu. An der Leitung war auch Georges Marie Haardt beteiligt, der zu diesem Zeitpunkt bereits in der Geschäftsleitung des Unternehmens Citroën tätig war.

Die erste Expedition in Afrika: „Croisière Transaharienne"

Die erste publikumswirksame Expedition durch die Wüste Sahara startete am 17. Dezember 1922 in Touggourt, etwa 600 Kilometer südöstlich von Algier. Zehn Teilnehmer legten in 20 Tagen eine Strecke von 3170 Kilometern bis nach Timbuktu zurück. Am 7. Januar 1923 endete die Expedition, nachdem erstmals in der Geschichte die Sahara mit Automobilen durchquert worden war. Bei dieser Fahrt orientierte man sich mit Kompass und Sextant.

Die Expeditionsmannschaft beschloss am Zielort, dieselbe Route wieder zurückzufahren, wobei ihnen André Citroën samt Gattin in einem Citroën-Kegresse entgegenfuhr, bis man in Tadjmout aufeinandertraf. Das Ergebnis dieser Expedition war die Gründung der Firma CITRACIT – „Compagnie Transafricaine Citroën" –, welche Touristen Sahara-Durchquerungen ermöglichen sollte.

Man entwickelte in einem gigantischen Projekt Reiserouten, errichtete an der Strecke Hotels, entwickelte geeignete Fahrzeuge und ließ die Werbung für diese touristische Attraktion anlaufen. Es war geplant, zweimal wöchentlich ab Anfang des Jahres 1925 die Strecke Colomb-Béchar – Timbuktu abzufahren, was einer Reisestrecke von etwa 5400 Kilometern

Die zweite Expedition in Afrika: „Croisière Noir"

Bereits 1924 sorgte man abermals für Aufsehen in den Medien und in der Öffentlichkeit. Man startete die „Schwarze Kreuzfahrt" am 28. Oktober 1924 in Colomb-Béchar zur ersten Durchquerung Afrikas mit Automobilen. Unter der abermaligen Leitung der Herren Haardt und Audouin-Dubreuil legten acht Halbkettenfahrzeuge rund 20.000 Kilometer bis nach Tananarive auf Madagaskar zurück, wo man am 26. Juni 1925 ankam. Nach der Durchquerung der Sahara teilte sich die Expedition in vier Gruppen auf, welche am 20. Juni 1925 gemeinsam Madagaskar erreichten.
Sie sollte nicht mehr nur eine menschliche Leistung und mechanische Demonstration sein, sondern zugleich eine wissenschaftliche Forschungsreise; das Automobil sollte dazu beitragen, den afrikanischen Kontinent besser kennenzulernen.

Die Expedition in Asien: „Croisière Jaune"

hin und zurück entsprach. Die für den 5. Januar 1925 geplante Eröffnungsreise mit prominenten Gästen aus dem In- und Ausland wurde jedoch aufgrund von schweren Sicherheitsbedenken abgesagt und das Unternehmen schließlich wieder aufgelöst.

Trotz der sich abzeichnenden Weltwirtschaftskrise begann man mit den Vorbereitungen für eine weitere Expedition mit Citroën-Automobilen. Ursprünglich wollte man von Beirut über die UdSSR nach Peking fahren. Als die Sowjetunion kurz vor Projektende die nötigen Visa annullierte, änderte man den Plan und fuhr durch China. Man teilte die Expedition in zwei

Der große französische Konkurrent Renault wollte in den 1920er-Jahren ebenfalls einen planmäßigen Linienverkehr durch die Sahara errichten. Das passende Fahrzeug war hier der 10 CV mit Zwillingsreifen und zwei angetriebenen Hinterachsen.

Transafrika-Expedition 1957/58

Ein guter Beweis dafür, wie gut die internationale Zusammenarbeit zwischen „Ost" und „West" noch vor dem 13. August 1961 möglich war, ist wohl die „Transafrika-Expedition" unter der Leitung des Österreichers Maximilian Lersch. Gemeinsam mit vier Expeditionsteilnehmern startete er Ende 1957 zu einer Expedition, die 15 Monate dauerte und die Erforschung des Götterglaubens, des Fetischkultes und der Blutopferung im „Schwarzen Erdteil" zur Aufgabe hatte. Als Transportmittel dienten während der strapaziösen Fahrt ein LKW H3 S und ein PKW Wartburg 311 Kombi, die von den Herstellerbetrieben aus der „DDR" der Expedition zur Verfügung gestellt wurden.

Gemeinsam legten die Fahrzeuge während der Expedition insgesamt eine Strecke von 53.000 Kilometern zurück. Die Route führte über: Tunesien, Somaliland, Libyen, Kenia, Ägypten, Uganda, Sudan, Tanganyka, Eriträa, Nordrhodesien, Äthiopien und Südrhodesien. Dabei galt es aber, die Nubische Wüste und die Sahara zu durchqueren, weglose Gebirgsketten in Äthiopien zu überwinden und die Tücken des tropischen Urwalds zu bewältigen. Das Ausmaß der Belastungen für die Expeditionsteilnehmer und deren Fahrzeuge war schwer vorstellbar und kaum zu beschreiben. So mussten beide Fahrzeuge aufgrund der schlechten Wegstrecken etwa 500-mal aus dem Sand freigeschaufelt werden, um das nächste Etappenziel zu erreichen. Dies alles geschah bei Temperaturen zwischen circa +40 °C und -5 °C. In einem Bericht des Leiters Maximilian Lersch heißt es unter der Überschrift:

„Die Strecke der großen Angst

.... Gegen Mittag brach am Lastwagen der linke Lenkhebel direkt am Absatz beim Vorderrad glatt und schmerzlos ab. Es wurde uns etwas flau in der Magengegend bei der Vorstellung, was alles hätte passieren können, doch diese Panne hatte sich auf dem beinahe einzigen geraden Pistenstück in dieser Gebirgsgegend zugetragen. Drei Mann reisten mit dem Wartburg-Kombi ganze siebenhundert Kilometer weit, um den Lenkhebel schweißen zu lassen.

Eine Woche später traf die kleine Sonderexpedition wieder bei dem bewegungsunfähigen LKW H3 S ein. Während dieses Abstechers hatte es dem Wartburg die Bremsleitungen so zerstört, daß sie von den Vorderrädern abgeklemmt werden mußten. Außerdem mußte das Fahrgestell geschweißt werden, denn es hatten sich gefährliche Risse gebildet. Ziemlich schweigsam setzten wir die Fahrt fort und machten nach etwa 30 km die Bekanntschaft mit der Regenzeit in den Bergen. Nach einer Tagesleistung von immerhin fast 60 km erreichten wir nach Einbruch der Dunkelheit, zum Umfallen müde, Dolisie. Am nächsten Morgen demontierten wir dem Wartburg die Hinterräder, um die Radkästen von Lehm freizulegen. Unsere Befürchtungen, daß einige Federblätter gebrochen seien könnten, erwiesen sich Gott sei Dank als unbegründet. Der Wagen lag hinten deswegen so tief, weil der Schlamm, den wir herausmeißelten, sicher 200 Kilo schwer gewesen war. ..."

Bei dem zu entfernenden Schlamm handelte es sich um Salzschlamm aus der Gegend am Roten Meer. Das Expeditionsziel wurde trotz vieler Schwierigkeiten, die zu bewältigen waren, erreicht.

Als im Sommer 1959 die Expeditionsteilnehmer mit ihren schwer strapazierten Fahrzeugen in Berlin eintrafen, waren diese noch hervorragend betriebsfähig. Kurz vor dem Verlassen des afrikanischen Kontinents erreichte den VEB Automobilwerk Eisenach aus Tanger ein Telegramm des Expeditionsleiters Maximilian Lersch mit folgendem Wortlaut: „glaenzende bewaehrung von wartburg auf 53.000 km schwerster urwald- und wuestenstrecke – herzlichste glueckwunsche".

Auf der polnisch-norwegischen Polarstation „Hornsund" am Nordpol in der Nähe des Bear Bay werden die Wege mit dem Raupentraktor „Wleadek" zurückgelegt.

Das Forschungsschiff „Polarstern" des Alfred-Wegener-Instituts für Polar- und Meeresforschung wird mithilfe von Schneemobilen im Jahr 2003 in der Atna-Bucht in der Antarktis entladen.

Gruppen, wovon die Pamir-Gruppe in Beirut und die China-Gruppe in Tientsin in China startete. Als gemeinsames Ziel vereinbarte man Kaschgar im Osten der Pamir-Bergkette.

Sieben Halbkettenfahrzeuge starteten am 4. April 1931 in Beirut und weitere sieben zwei Tage später in China. Die Pamir-Gruppe musste in Afghanistan wegen aufständischer Usbeken den Kurs ändern, um über Hochpässe des Himalaja die Mongolei zu erreichen. Am 8. Oktober 1931 trafen sich die beiden Gruppen in Aksou in der Nähe von Kaschgar, von wo man am 2. Dezember 1931 gemeinsam nach Peking aufbrach. Peking erreichte man nach 12.115 Kilometern am 12. Februar 1932. Nach Rückkehr der Expedition wurde die breite Öffentlichkeit über alle Leistungen informiert, die während der 314 Tage in Asien erbracht worden waren. In Ausstellungshallen wurden die verschiedenen Sammlungen gezeigt – Früchte einer zähen Arbeit.

Wettlauf durch die Wüste

Auch beim Unternehmensgründer Louis Renault steht am Beginn der PKW-Allradhistorie der Wunsch, mit eigenen Fahrzeugen den planmäßigen Linienverkehr durch die Sahara zu etablieren. Dabei liefert er sich ein spannendes Rennen mit der französischen Konkurrenz von Citroën.

Das passende Fahrzeug für das ehrgeizige Pionierunterfangen steht schon bereit: ein hochbeiniger Dreiachser auf Basis des Renault PKW 10 CV. Mit Zwillingsreifen rundum und zwei angetriebenen Hinterachsen ist die Spezialanfertigung wie maßgeschneidert für die Aufgabe. Um auf Wüstensand besser voranzukommen, stehen die Reifen der Antriebsräder nur unter geringem Druck. 1926 nimmt die „Compagnie Générale Transsaharienne" ihren Liniendienst auf.

Forschungsreisen heute

Forschungsreisen als Expeditionen werden heute meist von Universitäten oder Forschungsanstalten wie der Bundesanstalt für Geowissenschaften und Rohstoffe oder dem Alfred-Wegener-Institut sowie der Deutschen Gesellschaft für Polarforschung im Rahmen von wissenschaftlichen Projekten unternommen. Wissenschaftliche Ziele wurden oder werden in den Bereichen Biologie mit Zoologie, Paläontologie oder Botanik, Geowissenschaften mit Glaziologie, Geografie, Geophysik, Atmosphärenwissenschaften mit Meterologie definiert. Als eine besondere Lehrstätte für arktische Wissenschaften steht das University Centre auf Svalbard (UNIS) in Longyearbyen.

In früheren Zeiten waren weitere Expeditionsziele Studien im Bereich der Anthropologie und Ethnologie unter anderem für Museen für Völkerkunde wie das Überseemuseum Bremen.

Um wissenschaftlichen Expeditionsteilnehmern hinreichende Wildnisfähigkeiten zu vermitteln, werden von einigen Instituten ausschließlich für ihre Studierenden und akademischen Teilnehmer Lehrveranstaltungen zu Wildnisfähigkeiten angeboten. Für den Transport der Expeditionsteilnehmer und deren Material werden heute meist Geländewagen oder allradgetriebene Expeditions-LKWs mit Kabine, aber auch „All Terrain Vehicles" eingesetzt.

Reisebüros wie WesternXposure bieten in Australien Abenteuertouren mit speziell für diese Bedürfnisse ausgerüsteten Fahrzeugen an.

SCHNEEMOBILE: AUCH IM TIEFSTEN WINTER VON ORT ZU ORT

Oben: Ein mit Raupenketten ausgerüsteter Ford F550, der als Rettungswagen und Feuerwehrauto ausgerüstet ist, wartet auf dem McMurdo-Station-Flugfeld auf seinen Einsatz. Die McMurdo Station ist die größte Forschungs- und Logistikstation in der Antarktis.
Rechts: Dieser Scania-Vabis-Chenille-Bus aus dem Jahr 1923 ist in den schneereichen Regionen Skandinaviens als Halbkettenfahrzeug mit Lenkkufen ausgerüstet.

Schneemobile oder Motorschlitten sind heute wohl die verbreitetsten Kraftfahrzeuge, die auf nicht präparierten Schneepisten Personen oder Material transportieren können. Sie werden durch Kufen gelenkt, die Motorkraft wird über eine Kette übertragen. Gelegentlich werden sie auch Ski-doo genannt.
1922 baute Joseph-Armand Bombardier das erste Schneemobil „Ski-dog", das durch einen typografischen Fehler zu „Ski-doo" wurde. Aus diesen ersten Anfängen der Motorisierung auch auf unbefestigten Pisten entwickelte sich in den folgenden Jahren eine Unmenge an Fahrzeugen, teils propellergetrieben, teils mit Raupenketten an den Antriebsachsen. Diese Fahrzeuge werden heute noch in den kalten Gegenden der Welt und von den vielen Forschungsstationen eingesetzt.
Nach dem Zweiten Weltkrieg war die schwedische Firma Aktiv Snow Trac einer der ersten Hersteller von Schneefahrzeugen. Zwischen 1957 und 1981 verkaufte sie weltweit 2265 Modelle. Tucker ist wohl der bekannteste Hersteller von „Schneekatzen". Bereits 1946 baute er seine „Snowcats" in Nedford in Oregon. Seine „Sno-Cats" gelangten mit dem Forscher Sier Vivian Fuchs in den Jahren 1957/58 bis in die Antarktis. In dieser Zeit wurden vor allem in Amerika viele kleine Unternehmen gegründet, die sich mit Schnee-offroad-Maschinen beschäftigten: Unternehmen wie Tucker Sno-Cat, Thiokol, KRISTI Snowcat, Snow Trac, Bombardier und viele andere kleinere Firmen. In den späten 1970er-Jahren ließ der Verkauf von „Snowcats" nach. Doch einige der nun schon über 30 Jahre alten Fahrzeuge sind immer noch im privaten oder gewerblichen Einsatz.

Die Motorräder für Schneepisten

Früher kamen bei den Motorschlitten ausschließlich luftgekühlte Zweitaktmotoren zum Einsatz, in den letzten Jahren wurden vermehrt auch flüssigkeitsgekühlte Viertaktmotoren verbaut. Die Motorleistung reicht von etwa 30 bis 220 Kilowatt. Letztere werden für Rennserien in Nordamerika und Nordeuropa verwendet.
Schneemobile wurden vor allem als Arbeitsgerät für Forstarbeiter, Rentierzüchter und als eiliges Transportmittel in Skigebieten, seltener zum bloßen Spaß, benutzt. In Nordfinn-

Oben: Propellerschlitten „Eisbär" mit laufendem Motor der „Deutschen Grönland Expedition Alfred Wegener", die am 1. April 1930 startete. Die extra aus Deutschland mitgebrachten Propellerschlitten konnten unter den extremen Witterungsbedingungen die Erwartungen nicht erfüllen.
Mitte: Ein Pisten-Bully führt während der Saison 2005/06 an der Oberfläche Radarmessungen in der Nähe des westarktischen Eisschilds durch.
Unten: Zwei Schneemobile bei einem Snowmobile-Race im Wintersportort Aspen in Colorado, USA.

land werden Touristen Snowmobilsafaris angeboten, bei denen eine Gruppe Touristen, geführt von einem Ortskundigen, mit Schneemobilen längere Strecken zurücklegen. In Mitteleuropa werden Schneemobile im Winter von Liftbetrieben als Beförderungsmittel sowie von Bergrettungsorganisationen zur Pistenrettung eingesetzt. Der Patient wird dabei in einem Akia quer auf dem Heck des Schneemobils oder auf einem meist gefederten Anhänger liegend befördert.
Die Motorschlitten sind üblicherweise mit Automatikgetriebe und Gashebelheizung ausgestattet. Die Motorleistung wird über eine Keilriemenautomatik mit Fliehkraftkupplung auf eine mittig angeordnete Antriebsraupe (Gleiskette) aus Gummi übertragen; durch die lenkbaren Stahlblechskier (meist mit Kunststoffaufsätzen) wird – mit Unterstützung durch Verlagerung des Körpergewichts – gesteuert. Zum Gasgeben kommt kein Wickelgriff wie bei Motorrädern, sondern ein Daumengashebel wie bei Quads und ATVs zum Einsatz. Blockiert die Raupe, wird der Schlitten stark gebremst. Raupe

Ein PistenBully PB 280 D von Kässbohrer mit Schneeräumschild und Schneefräse im Skigebiet „Feuerkogel" in Österreich.

Technische Daten: PistenBully 600	
Motor:	MB OM 460 LA, 6-Zylinder
Hubraum:	12.800 Kubikzentimeter
Leistung:	400 PS/295 kW
Drehmoment:	1900 Nm bei 1300 U/min
Abgasnorm:	EUROMOT III
Länge:	9130 Millimeter (mit Schild und Fräse)
Breite:	4206 Millimeter
Höhe:	2880 Millimeter (über alles)
Bremsen:	verschleißfrei über hydrostatischen Fahrantrieb, 2 Lamellenbremsen als Haltebremse

und Skier sind mit Stoßdämpfern ausgestattet. So gut wie immer ist eine Totmanneinrichtung an den Fahrzeugen vorhanden, dabei handelt es sich um ein Band, das das Fahrzeug mit dem Fahrer verbindet. Wird dieser Kontakt getrennt, weil der Fahrer vom Fahrzeug fällt, schaltet sich der Motor automatisch ab.

Hochsprungwettbewerb mit Schneemobilen

Es werden auch Wettbewerbe durchgeführt, meistens in den Disziplinen Geschwindigkeit und mittlerweile auch Freestyle. Letzteres ist bereits ein Fixpunkt bei den Bewerben der US-amerikanischen X Games.

Die Pistenraupen

Eine Pistenraupe dient der Präparierung von Skipisten und Loipen sowie dem Transport von Personen und Material überwiegend in Skigebieten. Aufgrund ihrer Geländegängigkeit und der geringen Bodenbelastung von nur 50 bis 60 g/cm (entspricht 0,5 bis 0,6 kN/m) werden Pistenraupen vereinzelt auch abseits der Skipiste genutzt, beispielsweise zu landwirtschaftlichen Zwecken.

Die Fahrzeuge der Firma PistenBully sind die modernsten Schneefahrzeuge zur Pistenpflege. Die Raupen werden nur noch mit einem Joystick gefahren. Dabei hat der Pilot eine optimale Rundumsicht.

PKWs als Schneemobile

Joseph-Armand Bombardier war ein kanadischer Erfinder, Konstrukteur und Gründer des Verkehrstechnikherstellers Bombardier. Zwischen seinem 14. und 17. Lebensjahr studierte er Theologie am Sherbrooke's Séminaire Saint-Charles-Borromée, brach dieses aber ab. Außer einigen Fernkursen in Maschinenbau hatte er keine technische oder kaufmännische Ausbildung.
Im Alter von 15 Jahren baute er den ersten Vorläufer für ein Schneemobil: vier verbundene Schlitten, die von einem Flugzeugpropeller angetrieben werden. Erst ab 1959 erfolgte eine Serienproduktion des Baumusters SkiDog. 1926 eröffnete er eine Autowerkstatt mit Tankstelle. Er konstruierte und baute zunächst Halbkettenfahrzeuge, wobei der erste Prototyp 1937 entstand. Des Weiteren experimentierte er auch mit Motoren, Wasser- und Luftfahrzeugen.
Im Jahr 1929 heiratete Bombardier Yvonne Labrecque, mit der er einen Sohn hatte. Dieser verstarb 1934, da er nicht zum Krankenhaus gebracht werden konnte. Daraufhin experimentierte er weiter an Fahrzeugen, die auf Schnee fahren konnten. 1936 ließ er seine Erfindung, einen PKW mit Kufen an der Front und Ketten am Heck, patentieren. Am 29. Januar 1941 gründete er das Unternehmen L'Auto-Neige Bombardier Limitée, das seine Landfahrzeuge vor allem an die kanadischen Streitkräfte verkaufte. Zwischen 1945 und 1951 verkaufte L'Auto-Neige Bombardier 2596 Fahrzeuge. Sein großes Schneemobilmodell C18** mit 25 Sitzplätzen, eine Weiterentwicklung des B12, erzielte gute Absätze.

Eine Pistenraupe ist ein Kettenfahrzeug und hat vorne eine Schaufel (Räumschild) und hinten eine Fräse (oder Walze). Sie wird üblicherweise durch Dieselmotoren angetrieben. Fährt das Pistenfahrzeug über eine geschlossene Schneedecke, schiebt es Schnee vor sich her und gleicht damit Unebenheiten des Untergrunds aus.
Gleichzeitig wird der Schnee durch das Gewicht des Fahrzeugs verdichtet und mit der Nachlauffräse „umgegraben" und geebnet. Die Verdichtung ist die Voraussetzung für die rasche Sinterung des Schnees und damit eine über längere Zeit haltbare Skipiste.

Pistenraupen im Konvoi zwischen Skifahrern

Die Konstruktion, der Motor und die Technik einer Pistenraupe sind für den Betrieb bei extrem niedrigen Temperaturen und widrigen Witterungsverhältnissen ausgelegt. Die Kabine ist speziell wärmegedämmt und durch spezielle Beschichtungen, Windschilde und Heißluftgebläse gegen Vereisung geschützt.
Pistenraupen warnen Schneesportler durch ein oder mehrere orangefarbene Rundumlichter und akustische Signale vor lebensgefährlichen Kollisionen. In den meisten Skigebieten kommen Pistenraupen zudem außerhalb der Betriebszeiten zum Einsatz, also am späten Nachmittag und nachts.
Pistenraupen können durch ihren niedrigen Schwerpunkt und die große Auflagefläche zwar sehr große Steigungen bewältigen, werden dabei aber teilweise durch Seilwinden unterstützt. Solche Windenmaschinen werden mittlerweile nicht nur an extremen Steigungen eingesetzt, sondern auch zum untergrundschonenden Verschieben großer Schneemengen. Neben Seilwinden gibt es viele weitere Spezialgeräte für Pistenfahrzeuge wie Kräne und Shaper sowie auch Geräte zum Formen von Halfpipes.
Pistenraupen werden von wenigen Herstellern in unterschiedlichen Größen und Ausführungen angeboten. Marktführer mit einem Marktanteil von etwa 50 Prozent im Jahr 2005 ist die deutsche Firma Kässbohrer Geländefahrzeug AG, gefolgt von der Leitner AG aus Südtirol (Marke Prinoth), die 2005 die Pistenraupensparte des kanadischen Herstellers Bombardier (Camoplast) übernahm.

Warnhinweis „Vorsicht Pisten-Raupen-Verkehr"

In der Umgangssprache haben sich die Bezeichnungen „PistenBully" (Pistenraupe von Kässbohrer), „Schneekatze" und „Ratrac" eingebürgert.
„Schneekatze" ist dabei eine direkte Übersetzung der englischen Bezeichnung „snowcat" aus den 1950er-Jahren, die sich wiederum vom Namen des Herstellers Tucker Sno-Cat ableitet. „Cat" ist in diesem Namen allerdings die Abkürzung für das englische „caterpillar", zu Deutsch Raupe.

Der Brewster Ice Explorer ist eine einzigartige Attraktion der kanadischen Rockys. In einer 90-minütigen Reise bringt er die Touristen auf den Athabasca-Gletscher des Columbia-Eisfelds.

AMPHIBIENFAHRZEUGE NICHT WASSERSCHEU!

Die Idee, Fahrzeuge zu besitzen, die man sowohl auf dem Land wie auch im Wasser einsetzen könnte, geht bereits auf die Zyprer der Antike zurück. So schreibt Johann Gustav Droysen über den Fall von Tyros 332 v. Chr.: „Ebenso waren die zyprischen Schiffe in den Nordhafen eingelaufen und hatten bereits das Bollwerk und die nächsten Punkte der Stadt besetzt."
Im Jahr 1588 entwarf der Ingenieur Agosto Ramelli verschiedene Maschinen, darunter einen amphibischen Kampfwagen, der an Land von Pferden gezogen werden sollte. Im Wasser sollte das Gefährt durch zwei mit Muskelkraft angetriebene Schaufelräder vorangebracht werden. Mit der Erfindung der Dampfkraft entwickelte der Amerikaner Oliver Evans im Jahr 1804 den „Oructer Amphibolis", ein Fahrzeug mit Dampfantrieb, vier Rädern und zusätzlich einem Schaufelrad am Heck. Durch das Verstellen von Riemenscheiben konnte auf den jeweiligen Antrieb umgeschaltet werden. Das erste mit einem Verbrennungsmotor ausgestattete Amphibienfahrzeug entstand unter dem Namen „Magrelen Amphibium" im Jahr 1899 in Dänemark.

Oben: So oder ähnlich könnte es ausgesehen haben, als in den 1960er-Jahren kubanische Flüchtlinge versuchten, in umgebauten, schwimmfähigen Fahrzeugen die amerikanische Küste zu erreichen.

Drei militärisch eingesetzte Amphibienfahrzeuge:
Oben: Der Volkswagen vom Typ 166 um 1943 in Frankreich.
Mitte: Der amerikanische DUKW während einer Übungsfahrt.
Unten: Das amerikanische Amphibienfahrzeug LARC-5.

Das Auto lernt das Schwimmen

Am 19. April 1909 erhielt Jean Rech aus Mehlem das Patent Nr. 208869 für ein zu Wasser und zu Land nutzbares Fahrzeug. Um dem Automobil jedoch das Schwimmen beizubringen, blieb es bis Mitte der 1920er-Jahre meist dabei, Fahrgestelle an Boote zu schrauben. Erst der Zweite Weltkrieg brachte der Entwicklung schwimmfähiger Fahrzeuge durch die Anforderungen des Militärs einen großen Schub nach vorne. In Deutschland waren es der VW-128, eine schwimmfähige Version des VW-Kübelwagens, dessen Fahrleistungen sich aber zu Lande wie auch im Wasser in Grenzen hielt. Erst das Nachfolgemodell, der Volkswagen Typ 166, wurde in größeren Stückzahlen in den Volkswagenwerken in der „Stadt des KDF-Wagens bei Fallersleben", heute Wolfsburg, gebaut.
Aber auch die Alliierten rüsteten erfolgreich nach. An der Landung in der Normandie nahmen schwimmfähige Jeeps des Typs Ford GPA, der kleine LKW „DUKW" und schwimmfähige Varianten des Sherman-Panzers, sogenannte „DD-Tanks", teil.

Die „REARD", ein Schiff als Automobil

Der Schweizer Louis Réard war ein Automobilingenieur, der später Modemacher wurde und als Erfinder des Bikinis gilt, obwohl er den Bikini lediglich genial vermarktete.

Er gab dem Kleidungsstück seinen explosiven Namen und wagte die Präsentation mit dem Revuegirl Micheline Bernardini am 5. Juli 1946 in Paris in einer Zeit, als das Tragen eines Bikinis ein Skandal war. auch mit dem dazugehörigen Fahrzeug, der „Reard" in Schiffsform, sorgte er bei seinen Präsentationen für viel Aufsehen. Auf den beiden Rettungsreifen sieht man, was Louis Réard damals verkaufte: „Chemises, Cravates, Maillots de Bain" (Hemden, Krawatten, Bademoden).

Das Schockierende an der neuen Badebekleidung war offensichtlich das Spannungsverhältnis zwischen Nacktheit und Verhüllung. So sagte Louis Réard bei der Vorstellung im Schwimmbad Molitor treffend: „Der Bikini ist so klein, dass er alles über die Trägerin enthüllt, bis auf den Geburtsnamen ihrer Mutter!"

Danach ließ er sich beim französischen Patentamt am 18. Juli 1946 unter der Nr. 19431 und dem Namen Bikini den neuen Badeanzug als Gebrauchsmuster schützen.

Dieser Schutz hielt nur wenige Jahre, denn schnell wurde das revolutionäre Modell, das mehr zeigte als verdeckte, weltweit von den Modemachern kopiert und von den Frauen akzeptiert. So war für Louis Réard der wirtschaftliche Erfolg seiner Vermarktungsaktion recht bescheiden.

Für das Militär, den Katastrophenschutz und private Liebhaber

Nach Beendigung des Zweiten Weltkrieges hatte man die großen Vorteile amphibischer Fahrzeuge erkannt und startete etliche Versuche, das Militär und die neuen Katastrophenschutzbehörden mit entsprechenden Fahrzeugen auszurüsten. So sollten ein „Europa"-Jeep und eine zweite Generation eines schwimmfähigen LKWs entwickelt werden.
In den Armeen des Warschauer Pakts ging die Entwicklung schwimmfähiger Fahrzeuge schneller voran als im Westen, da man sich in Westeuropa meist nur auf Wateinrichtungen zum Durchfahren von Wasserhindernissen konzentrierte.
Diese Situation änderte sich erst mit der Entwicklung des „Bison", der rein für den Katastrophenschutz eingesetzt wurde. In den 1960er-Jahren sorgte das Amphicar des Konstrukteurs Hans Trippel in der Öffentlichkeit für hohes Aufsehen. Das fast 12.000 DM teure schwimmfähige Fahrzeug wurde in insgesamt 3878 Exemplaren gebaut und bekam seine Leistung von 38 PS von einem englischen Triumph-Herald-Motor. 1962 gelang mit diesem Fahrzeug erstmalig die Durchquerung des Ärmelkanals. Als besonders erfindungsreich galten zu dieser Zeit Flüchtlinge aus Kuba. Sie versuchten, auf teils abenteuerlich umgebauten amerikanischen Oldtimern die Vereinigten Staaten zu erreichen. Wem dieses Unterfangen nicht gelang, wurde von der US-Küstenwache aufgegriffen und zurückgeschickt. Die Schwimmfahrzeuge wurden danach stets versenkt.

Oben: Auch auf dem bekanntesten und größten Gletschersee Islands werden Amphibienboote eingesetzt. Hier wurden auch so bekannte Filme wie „James Bond – Stirb an einem anderen Tag", „Tomb Raider" und „Batman Begins" gedreht.
Unten: Um im Hochwasserfall weiterhin beweglich zu sein, setzt die Freiwillige Feuerwehr Altenberg ein Amphibienfahrzeug ARGO Avenger 8 x 8 mit Außenbordmotor ein.

Der technische Aufbau

Bei den vielen Varianten der heutigen Ampibienfahrzeuge gibt es einige grundsätzliche Unterschiede. Der einfachste Weg, ein Fahrzeug schwimmfähig zu machen, ist der, Schwimmkörper seitlich eines Fahrzeugs anzubringen, die entweder aufblasbar oder aber massiv ausgeführt sind. Dabei haben aufblasbare Schwimmelemente den Vorteil, einfacher transportiert zu werden, erfordern aber mehr Zeit zum Aufblasen als die sperrigen, festen Schwimmer.
Um den Rumpf eines Fahrzeugs schwimmfähig zu bekommen, sind umfangreiche Modifikationen an der Karosserie nötig. Diese muss nach unten komplett abgedichtet werden. Problematisch sind dabei stets die Kraftübertragung vom gewöhnlich innerhalb der Hülle sitzenden Motor zu den angetriebenen Achsen und die Durchführung der Lenksäule. Hierzu wird entweder die komplette Antriebseinheit ab dem Getriebe außerhalb der Karosserie belassen oder es werden nur die Räder mit Aufhängungen außerhalb des Schwimmkörpers montiert und die Achsen abgedichtet. Die hierbei verwendeten Dichtungen sind durch die ständige Bewegung beim Ein- und Ausfedern einem starken Verschleiß ausgesetzt. Die Firma Spios hat zur Umgehung dieser Problematik auf eine Federung ihres Fahrzeugs verzichtet, was zu Zulassungsproblemen in Deutschland führte und unter Umständen Risse der Außenhülle im Bereich der Achsdurchführungen zur Folge haben kann. Einige Amphibienfahrzeuge nutzen eine Kombination aus den vorgenannten Möglichkeiten. So wurden zum Beispiel am Prototyp des Terrawind – wie auch schon am Bison – Ausleger mit aufblasbaren Schwimmern nachgerüstet, um die Stabilität im Wasser zu erhöhen.
Ein Amphibienfahrzeug definiert sich prinzipiell dadurch, dass es im Wasser nicht untergeht. Allerdings sind die meisten Fahrzeuge dafür ausgerüstet, sich auch selbstständig fortbewegen zu können. Dazu stehen folgende Antriebsarten zur Verfügung:

- im Fahrzeugrumpf montierter Jetantrieb, der vom Fahrmotor angetrieben wird (z. B. Watercar)
- am Verteilergetriebe/an der Kardanwelle montierter Propeller (z. B. Amphi-Ranger)
- hydraulisch angetriebener Propeller (z. B. Fuchs)
- Antrieb über die Räder (z. B. LuAZ-967) bzw. Ketten (z. B. Bv 206 HÄGGLUNDS)
- handelsüblicher Außenbordmotor
- Antrieb durch Luftschraube oder Strahltriebwerk

Technische Daten: Air-Driven-Automobile

Motor:	Benzinmotor mit 4-Blatt-Propeller
Leistung:	100 PS
Radstand:	132 inches
Gewicht:	1.500 pound
Geschwindigkeit:	80 mph
Verbrauch:	1 gallon/30 miles Benzin
Sitzplätze:	6 bis 8 Personen

Das mit einem vierblättrigen Zugpropeller ausgestattete Air-Driven-Automobile hatte zum Schutz von Passanten ein Gitter und einen Propellerrundumschutz an der Front.

Prop-Driven Car Makes 85 M.P.H.

BY MOUNTING a four-bladed airplane propeller on an auto chassis, a Georgia mechanic has evolved a combination vehicle which has attained speeds of 85 miles an hour. The wheels of the auto-plane are not connected with the engine. Motive power is furnished entirely by the pusher-type propeller.

B. F. Ponder, Georgia mechanic, with unusual auto-plane.

Propellergetriebene Fahrzeuge

Die Idee ist so alt wie die Erfindung des Flugzeugs. Denn wenn sich ein Flugzeug mithilfe eines Propellers in die Luft bewegen kann, so musste das Antreiben eines Bodenfahrzeuges mittels einer Luftschraube umso leichter sein.

Die Propellerautos von Marcel Leyat

Dem französischen Ingenieur Marcel Leyat kommt das Verdienst zu, eines der ungewöhnlichsten Fahrzeuge der Automobilgeschichte geschaffen zu haben. Schon früh begeisterte er sich für Flugzeuge, wurde Pilot und arbeitete bei den Astra-Flugzeugwerken, bevor er sich selbstständig machte.
Doch Leyat war auch Autonarr, und er träumte davon, den unkomplizierten Antrieb von Flugzeugen aufs Auto zu übertragen. Ohne jede Kraftübertragung, so schwebte es ihm vor, sollte sein Auto wie die Flugzeuge beim Start einfach von einem Propeller angetrieben werden.

Das erste Luftschraubenauto der Welt: das Hélicocycle 1914

1913 produzierte er sein erstes Auto mit Propellerantrieb, das Hélicocycle. Schon ein Jahr später folgte eine verbesserte Version mit ähnlich wie bei Ventilatoren umgittertem Propeller, da er die Einwände von Kritikern nicht überhören konnte, dass sein Vehikel bei Kollisionen mit Fußgängern für diese eine recht drastische Gefährdung darstellen konnte. Und Kollisionen gab es anfangs reichlich, denn sein Luftschraubenauto besaß nur drei Räder, was mit dem starken Übergewicht vorne durch den hoch angebrachten Motor nebst vierblättrigem Propeller zu einer mehr als wackeligen Straßenlage führte. Nach langen Überlegungen, durchwachten Nächten und intensivem Studium anderer Automobile kam Leyat auf die Idee, ein viertes Rad an sein Auto zu bauen.

Der Hélica Roadster zu Füßen des Eiffelturms

Nach dem Ersten Weltkrieg ging der Hélica, nunmehr vierrädrig, in Serienproduktion. Angetrieben wurde das Fahrzeug durch einen Zweizylindermotor, der seine 30 PS aus 984 Kubikzentimetern direkt an den Propeller weitergab und das leichte Fahrzeug auf bis zu 80 km/h beschleunigte. Leyat entwickelte seinen Hélica weiter und erreichte mit optimierten Nachfolgemodellen eine Geschwindigkeit von sagenhaften 170 km/h. Doch die Automobilisten wollten sich mit seinem Propellerungetüm einfach nicht anfreunden, und so blieb es letztlich bei 30 produzierten Hélica – der Letzte wurde 1925 gebaut.

Der Hélica Roadster beschleunigte bis auf 80 km/h. Ein abenteuerliches Fahrvergnügen.

SPRENGWAGEN, KEHRMASCHINEN, MÜLLWAGEN: EIN BUNTES ALLERLEI

Oben: Hanomag-Straßensprengwagen Nr. 3 der Stadt „Cassel" um 1925.
Links: Motorspreng- und Spülwagen Krupp L 5 N mit Hochdruckpumpe.

Technische Daten: Krupp L 5 N

Motor:	M11-4-Zylinder-Benzinmotor
Hubraum:	6108 Kubikzentimeter
Bohrung:	90 Millimeter
Hub:	160 Millimeter
Leistung:	70 bis 90 PS bei 1500 bis 1900 U/min
Getriebe:	4 Gänge
Radstand:	5000 Millimeter
Nutzlast:	5000 Kilogramm

Die städtische Reinigung kann auf eine lange Geschichte zurückblicken. Schon im Mittelalter gab es Polizeiverordnungen, die Reinhaltungsvorschriften enthielten. Damals war die Straßenreinigung noch reine Handarbeit. Um diese Straßenordnung zu überwachen, wurden im 18. Jahrhundert in Deutschland sogenannte „Gassenherren" beauftragt über, die Umsetzung zu wachen. Vor dem Hintergrund des starken Bevölkerungszuwachses erwies sich die geltende Form der Straßenreinigung jedoch im 19. Jahrhundert als unzulänglich. So wurden in den großen deutschen Städten Arbeiter für die Straßenreinigung eingestellt und die ersten Kehrmaschinen eingesetzt. Die Aufgaben umfassten das Reinigen der Straßen, die Abfuhr des Haus- und Straßenkehrrichts, die Reinigung der Schlammkisten sowie die Bespannung von Löschwagen, der Desinfektionswagen und der Transportwagen für gefangene Sträflinge. Um eine Behinderung der Stadtbevölkerung zu vermeiden, fand die Hauptreinigung der Straßen nachts statt. Dies geschah teilweise bis zu sechsmal wöchentlich. Da sich die Müllbeseitigung aufgrund des starken Bevölkerungszuwachses zu einem Problem entwickelte, wurden um 1906 erste „Müllverbrennungsanlagen" errichtet.

In den 1920er-Jahren wurden die ersten Kraftfahrzeuge mit Verbrennungsmotoren in den deutschen Großstädten angeschafft. Meist waren es kleinere motorbetriebene Kehrmaschinen und Motorsprengwagen. Da private Abfuhrunternehmen die vielen Arbeiten von der Stadtreinigung bis zur Müllabfuhr günstiger durchführen konnten, wurden diese in die Hände privater Unternehmer gelegt.

Ein Neubeginn

Nach der Währungsreform werden die Mitarbeiter der Straßenreinigungsanstalten in erster Linie für die Instandsetzungsarbeiten infolge der Bombenschäden eingesetzt. In der Folgezeit ist bei den nun wieder in städtischer Hand liegenden Abteilungen viel Improvisationstalent vonnöten. Neue Fahrzeuge sind nicht zu haben, also wird aus Alt- oder Armeebeständen umgebaut.

Erst Anfang der 1950er-Jahre bilden sich die ersten festen Konturen von neuen Straßenreinigungsanstalten in den Städten heraus. Die neuen Aufgaben dieser Anstalten bestehen aus dem Einsammeln von Kleintieren, der Müllabfuhr, dem Säubern der Bedürfnisanstalten und der Straßenreinigung selbst.

Da es in der Nachkriegszeit zu einer regelrechten „Mülllawine" kommt, rückt eine Müllverbrennung wieder in das öffentliche Interesse.

Da der Brennwert von Müll im Zuge des wirtschaftlichen Aufschwungs stark zugenommen hat (Heizwert: 8000 kJ/kg) werden in den 1970er-Jahren immer mehr Müllverbrennungsanlagen gebaut und mit umweltschonenden Rauchgasreinigungsanlagen in Betrieb genommen.

Ende der 1980er-Jahre verabschieden sich die kommunalen Stadtreinigungsämter von der Vision der Abfallvermeidung und der Abfallverwertung. In den meisten Städten in Deutschland wird die „blaue Tonne" für Papierabfall eingeführt. Zudem werden die metallenen runden Tonnen abgeschafft und entweder durch genormte Müllgroßcontainer oder durch eckige Tonnen auf Rädern ersetzt.

Schon in den 1990er-Jahren gibt es eine Rückkehr zu den Themen Abfallvermeidung und Abfallverwertung. Der Aspekt „Umweltschutz" kommt zusätzlich dazu und wird zukünftig zu einem wichtigen Schwerpunkt im Abfallwesen. In dieser Zeit werden auch die sogenannte braune „Biotonne" und das „Duale System Deutschland (DSD)" mit der „gelben Tonne" eingeführt. Die Mülltrennung in den deutschen Haushalten beginnt. Die Stadtreinigungsämter werden gegen Ende der 1990er-Jahre in Abfallwirtschaftsämter umfirmiert. Anfang des 21. Jahrhunderts wandern die diversen städtischen Aufgaben wieder an private Unternehmen mit hochmodernen Fuhrparks zurück.

Rechts: Krupp-Straßenkehrmaschine mit Staubabsaugung nach dem Heuser-Patent aus dem Jahr 1938 auf einem 60-PS-Diesel-Fahrgestell.

Unten: Ein moderner IVECO-130E18-Müllwagen mit einem Gesamtgewicht von 13,5 Tonnen.

Nicht nur Staub, Rußablagerungen und Reifenabrieb werden von den vielen Kehrmaschinenvarianten jährlich von den Fahrbahnen und Gehsteigen entfernt. Manchmal ist es auch Kehricht oder im Winter Laubfall, Schnee und Rollsplit.

Motorsprengwagen

Vor allem Asphaltstraßen bedurften im frühen 19. Jahrhundert einer besonderen Reinigung, da sie bei feuchter Witterung eine Schmierschicht bildeten und dadurch für Pferde und Fußgänger gefährlich werden konnten. So wurde der Asphalt mit Wasser besprengt, was meist mit einem Sprengwagen mit großem Wassertank geschah. Danach wurden die Straßen mit Gummibesen saubergewischt.

Durch den Zusatz von Öl oder Teer konnte später die Bildung von Staub erfolgreich vermindert werden. In den USA verwendete man das dort billige Rohpetroleum. In Europa wurde ab 1902 das nach dem französischen Ingenieur Guglielminetti angegebene Verfahren mit erhitztem Teer angewandt, der eine mehrere Monate haltbare, die Chaussierung festigende Straßendecke bildet.

Technische Daten: Multicar FUMO Allrad	
Motor:	IVECO F 1 C
Hubraum:	2998 Kubikzentimeter
Leistung:	145 PS/107 kW bei 3500 U/min
Drehmoment:	320 Nm bei 1400 U/min
Radstand:	2450 Millimeter
Höhe:	2190 Millimeter
Breite:	1620 Millimeter
Wendekreis:	5,5 Meter
Gesamtgewicht:	5,4 Tonnen
Geschwindigkeit:	bis 100 km/h (je nach Ausführung)
Hydraulik:	Anschlüsse vorne, mittig, hinten
Steuerung:	per Joystick

Den allradgetriebene FUMO von Multicar zeichnen hohe Funktionalität und große Mobilität aus. Er ist ein moderner, kompakter Geräteträger und Spezialtransporter mit über 100 Anbaumöglichkeiten. Dank Euro 4 ist er ausserordentlich umweltfreundlich.

Oben: MAN-10-m^3-Müllwagen auf einem KVB/4-Chassis mit Zweiseitenentleerung aus dem Jahr 1930.
Unten: Müllwagen Krupp L 5 N des Städtischen Fuhrparks der Stadt Herne.

Die „Egouts" von Paris

Berühmt ist das 1200 Kilometer lange Kanalnetz, die Egouts (zu Deutsch „Abfluss"), in der französischen Hauptstadt Paris. Für die Abwasserentsorgung stehen 18.000 Wartungsschächte und 26.000 Überwachungsöffnungen zur Verfügung. Es ist gleichzeitig Be- und Entwässerungssystem. Da in Paris die Straßen immer noch nass gereinigt werden, werden die Egouts heutzutage immer noch für die Straßenreinigung verwendet, da das Kanalsystem die großen Mengen des Brauchwassers (Seine-Wasser), das von den Reinigungsfahrzeugen mitgeführt wird, aufnimmt und wieder in die Seine zurückleitet.

Kehrmaschinen

Die traditionelle Reinigung der Straßen durch Straßenfeger, nur mit Kehrschaufel, Besen und rollbarer Mülltonne, gehört der Vergangenheit an. Heute setzen Abfallwirtschaftsämter auf LKW-Fahrgestellen montierte Spezialfahrzeuge zur Reinigung der Straßen und Gehwege ein. Alle Kehrmaschinen arbeiten mit einer mechanischen Schmutzaufnahme, auch „Kehrschaufelprinzip" genannt. Der Kehrmaschinenaufbau besteht im Wesentlichen aus einem Schmutzbehälter, der das Kehrgut aufnimmt. Unter dem Schmutzbehälter ist ein separater Dieselmotor eingebaut, der den Ventilator (Suction fan) mechanisch oder hydraulisch antreibt. Dieser Ventilator erzeugt einen Unterdruck im Schmutzbehälter und saugt das Kehrgut wie bei einem Staubsauger in den Schmutzbehälter. Die Rotationsbesen befinden sich im Allgemeinen rechts an der Fahrzeugseite und unter dem Fahrzeug. Bei großen selbstaufnehmenden Kehrmaschinen befindet sich an der Seite ein sogenannter Tellerbesen, der das Kehrgut aus dem Rinnstein zum Saugschacht transportiert. Zusätzlich kann auch noch eine sogenannte Kehrwalze angebracht sein. Diese ist mittig unter dem Fahrzeug angebracht und kehrt das Kehrgut von der Mitte der Straße zum Saugschacht.

Müllabfuhr

Die Geschichte der Müllabfuhr beginnt damit, dass es im 15. Jahrhundert nicht mehr tragbar erschien, die Haus- und Gewerbeabfälle und sogar menschliche Exkremente auf Straßen oder in die Stadtbäche zu schütten. Seit dieser Zeit wurde der Abfall aus den Städten auf die umliegenden Felder verbracht. Wie schlecht das funktioniert haben muss, zeigt die Beschwerde im Jahre 1579 vom Rat der Stadt Köln, „dass die Einwohner es vor ihren Häusern und Erbschaften ganz unsauber und unrein halten".
Bis ins 20. Jahrhundert hinein transportierte die Müllabfuhr den Müll meistens auf Müllhalden. Die erste Müllverbrennungsanlage entstand in England im Jahr 1876. Im Jahr 1896 folgte Hamburg als erste deutsche Stadt. Anfang des 20. Jahrhunderts begann die Motorisierung des Fuhrparks, zuerst mit batteriebetriebenen Vorspannwagen und dann mit Verbrennungsmotoren. Ende der 1970er-Jahre tauchten in Deutschland die ersten Altglascontainer auf, Mitte der 1980er-Jahre dann Altpapiercontainer und ab den 1990er-Jahren Mülltonnen für mit dem Grünen Punkt gekennzeichneten Verpackungsabfall und die Biotonne für kompostierbaren Abfall. Die Müllabfuhr differenzierte also den Müll immer stärker, im Bestreben, dem Recyclinggedanken der aufkommenden Umweltschutzbewe-

MAN-1580-FN-M-Fahrwerk mit Ochsner-Müllwagen-Aufbau aus den 1960er-Jahren.

Kehrichtsammelwagen

1920 wurden noch Straßenfeger eingesetzt. Oft war das Abziehen des Schmutzes von Chausseen noch Handarbeit und wurde mit Schabeisen, die mit Federn auf die Straßendecke druckten, bewerkstelligt. Wenn der Schmutz gelöst war, wurde er seitlich in Haufen aufgeschichtet und vom Kehrichtsammelwagen eingesammelt und abtransportiert. Auf dem rechten Bild schaufeln zwei Arbeiter des Städtischen Fuhrparks Harburg-Wilhelmsburg den Kehricht in den Kehrichtsammelwagen Nr. 5. Der LKW ist ein Krupp-Lastwagen L 5 N mit einem Sechszylinder-Benzinmotor, der aus einem Hubraum von 7540 Kubikzentimetern eine Leistung von bis zu 100 PS herausholte.

gung zu entsprechen. Heute diskutiert man den Einsatz von mikroprozessorunterstützten Müllabholverfahren, um die Leerungen bedarfsabhängig vornehmen zu können und so Kosten zu sparen.

Wie wird der Müll heute entsorgt?

Das gesamte abzufahrende Gebiet ist in einzelne Abfuhrbezirke eingeteilt, die gemäß dem Abfuhrplan angefahren werden. An den entsprechenden Tagen wird der Hausmüll der einzelnen Haushalte in Müllsäcken, teilweise in dafür vorgesehenen Tonnen, vor dem Haus deponiert. In der Schweiz muss für diese Müllsäcke eine Sackgebühr entrichtet werden. Die Leerung der Hausmülltonnen kann zweiwöchentlich, wöchentlich oder auf Wunsch auch häufiger erfolgen. Da das reguläre Müllfahrzeug wegen seiner Schüttung zum Transport von Sperrmüll ungeeignet ist beziehungsweise der Sperrmüll gesondert entsorgt oder verrechnet wird, muss man ihn geson-

In den USA werden auch bei den Müllfahrzeugen Mack-Trucks verwendet. Hier ein Front-Loader-Truck mit Mammoth-Aufbau.

Jeden Freitagmorgen kommt der „Garbage Collektor", die Müllabfuhr, in Stavanger, Norwegen. Auch in Norwegen ist der Müll in farblich unterschiedlichen Mülltonnen getrennt.

dert abholen lassen. Im Frühjahr und Herbst können in ländlichen Gegenden Grünabfälle wie Baum- und Strauchschnitt von der Müllabfuhr eingesammelt und kompostiert werden. Oft bietet der jeweilige Entsorgungsbetrieb auch die Abholung von Weihnachtsbäumen an. Altpapier, Altglas und Verpackungen, Wertstoffe transportiert in der Regel eine private Müllabfuhr. Da es hier meistens Spezialtonnen gibt, benötigt man dafür Müllfahrzeuge, die mit dem System der Hausmülltonnen nicht kompatibel sind. Regelmäßig auftretende Probleme sind die stark zugeparkten oder zugewachsenen Straßen, auf denen nicht nur die Müllabfuhr, sondern auch Rettungsdienste oft an ihre Grenzen stoßen.

Nachdem der Müll eingesammelt ist, wird er weiterverarbeitet: Der werthaltige Müll wie Altpapier und Altglas wird in dafür spezialisierten Betrieben aufbereitet und fließt zum überwiegenden Teil wieder in die Produktion von Neuware ein. Aus hygienischen Gründen dürfen jedoch daraus keine Lebensmittelverpackungen hergestellt werden. Der Hausmüll kommt in Deutschland (seit 31. Mai 2005), in Österreich (seit 31. Dezember 2004 bzw. ab 31. Dezember 2008) und in der Schweiz (größtenteils seit dem 1. Januar 2000) in eine Müllverbrennungsanlage, eine Mechanisch-biologische-Anlage oder in anderen Ländern unbehandelt auf die Deponie.

Endstation allen Mülls ist die Mülldeponie. Diese Entsorgungsanlagen werden in Deutschland auch „Entsorgungsparks" genannt. Nach ihrer Schließung werden sie in der Regel oberflächlich kultiviert.

ABSCHLEPPFAHRZEUGE ODER TOW TRUCKS DER SLOGAN „STRASSE FREI“

Oben: Das Flaggschiff von Bell Truck Services, ein Scania 144 GA 6 x 4 NZ 530. Der Scania-DSC-1413-V8-Dieselmotor leistet 530 PS bei 1900 U/min und einem Hubraum von 14.200 Kubikzentimetern.
Rechts: In den Anfängen des Automobils war es noch üblich, Pferde für das Abschleppen verunfallter Fahrzeuge einzusetzen.

„Straße frei“ ist der Slogan der Abschleppdienste. Dies ist nicht nur heutzutage die wichtigste Aufgabe, sondern war schon zur Zeit, als es Pferde gab, eine wichtige Devise.
Abschleppfahrzeuge dienen heute zum Bergen verunfallter PKWs und LKWs, die nach der Bergung in der Regel in eine Werkstatt abgeschleppt werden. Diese Fahrzeuge haben oft Sondereinrichtungen, um Automobile, die sich nicht mehr auf der Straße befinden, wieder auf die Straße zu bringen oder umgefallene Fahrzeuge wieder auf ihre Räder zu stellen. Den heute verwendeten fünf Abschleppfahrzeugklassen werden die Art des Fahrzeugs und die Größe zugrunde gelegt.

Private Großunternehmen

Abschleppwagen werden in der Regel von privaten Unternehmen mit großen Fuhrparks betrieben. Die einzige Ausnahme sind in manchen Ländern die Autobahnen und die Mautstraßen, die in kommunaler Hand liegen. Auch solche Behörden wie die Polizei, die Feuerwehr, Zollbehörden, das Technische Hilfswerk und das Militär haben eigene, auf ihre Einsatzbereiche spezialisierte Abschleppfahrzeuge.
In den australischen Bundesstaaten New South Wales, Queensland und Victoria müssen Abschleppzüge ein Kennzeichen mit zwei „TT“ (Tow Truck) am Ende des Zuges haben.
Um mit Fahrzeugen zu kommunizieren, war es früher üblich, die Wagen mit Funkanlagen, später mit Mobilfunkanlagen auszustatten. Heute kommuniziert man natürlich mit dem Handy. Immer mehr setzen sich GPS- und Laptopanlagen durch, um den Verunglückten zu finden.

Gesetzliche Grundlagen

Fest verankert im deutschen Gesetz ist der „Notbehelfs-Gedanke". Dieses Gesetz rangiert direkt unter dem Gesetz zur Verkehrssicherheit. Das kann in der Praxis dazu führen, dass verbotene Arbeiten an verunglückten Fahrzeugen ausgeübt werden können. Diese Arbeiten werden der Sicherheit wegen von den Behörden geduldet. Dies gilt vor allem für Fahrzeuge, die mit einer sogenannten „Hubbrille" ausgestattet sind. Denn beim Abtransport eines Fahrzeugs mit einer Hubbrille muss die auf der Straße verbliebene Achse bremsbar sein.
Doch wer wird da noch am Steuer sitzen und zur Not bremsen? Genau hier tritt nun das besagte Gesetz in Kraft. Um eine schnelle Räumung einer Fahrbahn zu erreichen, darf auch ohne „Bremser" abgeschleppt werden. Übrigens gibt es in unserem Sprachgebrauch drei übliche Formulierungen für die Tätigkeit „Abschleppen": das Bergen, das Abschleppen und das Schleppen.
Das Bergen: Mit Bergen oder Bergung ist das Aufrichten und/oder Herausziehen eines festsitzenden Fahrzeugs gemeint. Wenn die Bergung beendet ist und das Fahrzeug zum Abtransport bereitsteht, spricht man vom Aufladen, Abtransportieren oder Abschleppen.
Das Abschleppen: Das Abschleppen beinhaltet das Weg-

Abschleppfahrzeugklassen

Klasse 1: Kranwagen sind nicht speziell für das Abschleppen von Fahrzeugen gedacht. Die Kranwagen sind zusätzlich mit Winden zum Bergen ausgestattet.

Klasse 2: Fahrzeuge mit Haken und Ketten. Sie sind die historischen Abschleppfahrzeuge, bei denen ein zu schleppendes Fahrzeug an einer Achse angehoben und auf der weiteren Achse hinterhergezogen wird.

Klasse 3: Die „Rad-Lift-Fahrzeuge" sind die moderne Bauart der älteren Abschleppfahrzeuge. Statt Haken und Kette haben diese Fahrzeuge einen Metallrahmen, der in der Regel unter die Antriebsachse des abzuschleppenden Fahrzeugs geschoben wird.

Klasse 4: Die Plateaufahrzeuge nehmen ihre Fracht huckepack, indem sie das verunfallte Fahrzeug auf die Ladefläche ziehen.

Klasse 5: Selbstladerfahrzeuge (Unterfahrlifter) werden meist dazu eingesetzt, falsch geparkte Fahrzeuge abzuschleppen. Dies geschieht schnell, da der Fahrer alle nötigen Geräte in der Fahrerkabine bedienen kann.

Die Firma Superior Towing Recovery setzt die modernsten Abschleppfahrzeuge wie den Freightliner Century ein.

schaffen eines betriebsunfähigen Fahrzeugs oder eines LKW-Zugs. Dieses Abschleppen darf nur von der Unfallstelle zum nächstgeeigneten Bestimmungsort (Werkstatt, Verschrottung, Polizei usw.) geschehen. Dabei muss der Notbehelfsgedanke der „freien Straße" vorliegen.

Das Schleppen: Wird das verunfallte Fahrzeug über den nächstmöglichen Bestimmungsort hinaus befördert, spricht man von „Schleppen". Das Schleppen eines Fahrzeugs ist genehmigungspflichtig und muss beim zuständigen Straßenverkehrsamt gestellt werden. Abschleppunternehmen verfügen im Allgemeinen über eine Sondergenehmigung, die eine bestimmte Streckenlänge begrenzt.

Die Technik bei Abschleppfahrzeugen

Dass ein Abschlepp- oder Bergefahrzeug dem Gesetz genügen muss und nicht ohne Genehmigung umgebaut werden darf, dürfte jedermann klar sein. Doch für die Auslegung so eines Fahrzeugfahrgestells gibt es sogar eine eigene Formel, die

Oben: Dicks Kenworth-Truck T600 mit DeWalt-Aufbau stammt aus dem Jahr 1995.
Mitte: Auch Bob's Garage in Painesville ist auf das Abschleppen von PKWs und LKWs spezialisiert. Außer dem Chevrolet Kodiak hat er noch zwei Kenworth Towing Trucks, die rund um die Uhr im Einsatz sind.
Unten: Der Actros 4151 von Mercedes-Benz, ausgestattet mit einem Unterfahrlift, ist ideal zum Bergen und Abschleppen von LKWs und Bussen.

„Radformel". Sie wird an die Typenbezeichnung des Herstellers angehängt und gibt Auskunft darüber, wie viele Räder ein Fahrzeug hat, welche Anzahl angetrieben wird und wie viele Räder lenkbar sind. Wenn ein Fahrzeug als Anhängsel am Ende der Typenbezeichnung ein „6 x 2/2" hat, heißt das, dass es ein dreiachsiges Fahrzeug ist (6 Räder), dass davon eine Achse (2 Räder) angetrieben ist und eine Achse (2 Räder) lenkbar ist. Gerade die Fahrzeuge mit gelenkter Vorder- und Vorlaufachse sind sehr beliebt, da sie das Abschleppfahrzeuge sehr wendig machen.

Die Erfindung des Unterfahrlifts

Es soll in Skandinavien gewesen sein, als ein LKW-Fahrer mit einem in Benzin getränkten Lumpen seinen LKW zum Starten bringen wollte. Dies geschah, indem er den durchtränkten Lappen auf eine Schaufel legte und anzündete. Dann schob er die Schaufel unter den Motor. Dabei kam ihm beim Anblick der Schaufel die Idee! Wie wäre es, wenn man zwei Schaufeln unter die Vorderräder des LKWs brachte, die Stiele miteinander verband und das Ganze an einer Zugmaschine befestigte?

Plateaufahrzeuge sind mit Ladeplattformen versehen, die hydraulisch ausgeschoben und angehoben werden können (oben). Heute kann man Unterfahrlifte in allen Größen und vielen verschiedenen Ausführungen bekommen (Mitte). Schwere Abschlepp- und Bergefahrzeuge werden vor allem bei LKW-Unfällen eingesetzt (unten).

HEBEBÜHNEN: VON TURMWAGEN, HEBEBÜHNEN UND HUBARBEITSBÜHNEN

Oben: Hubarbeitsbühnen setzt man vor allem im kommunalen Bereich ein. Dort werden sie gerne für das Reparieren von Beleuchtungen oder Oberleitungen verwendet.
Rechts: Ein zu einem Turmwagen umgebauter Scania il aus dem Jahr 1910 kurz vor der Auslieferung an einen Kunden.

Die Hebebühne wird vor allem zum Anheben von Personen für Arbeiten in „luftiger" Höhe verwendet. In früherer Zeit wurde sie über ein Spindelgetriebe angetrieben. Später kamen hydraulische Zylinder, ein pneumatischer Antrieb oder ein elektrischer Antrieb zum Einsatz.

Die Arbeitsbühne

Die Hebebühne wird zum sicheren Arbeiten in größeren Höhen eingesetzt und besteht aus einer Aufenthaltsbühne, einer Hebekonstruktion und einem Transportfahrzeug. Dabei werden in drei Arten von Bühnen unterschieden: Die Gelenkarbeitsbühnen werden meist bei kurzfristigen Arbeiten eingesetzt. Sie nimmt man meist beim Reparieren oder Auswechseln von Straßenlampen, um Bäume zu schneiden, Oberleitungen instand zu setzen oder an Hochspannungsleitungen zu arbeiten. Dagegen sind Scherenbühnen oft bei Einsätzen im Hallenbereich oder auch bei Montagearbeiten unterhalb von Decken zu finden. Eine besondere Art stellen die mastgeführten Kletterbühnen dar. Sie sind für längerfristige Einsätze wie zum Beispiel für die Glasfassadenmontage an großen Bürohäusern gedacht.

LKW-Arbeitsbühnen erreichen Einsatzhöhen von bis zu 100 Metern und Reichweiten von über 40 Metern. Diese mobilen Großhubbühnen werden für Windkraftanlagen, Industrieanlagen mit hohen Kaminen, für Kühltürme von Heizkraftwerken, Tankanlagen und Richtfunkmasten benötigt. Aber auch von Arbeiten bei der Gebäudesanierung und bei Film-, Fersehaufnahmen und Sportveranstaltungen sind die LKW-Bühnen heute nicht mehr wegzudenken.

Boom-Lifter oder Gelenkteleskopbühnen können bis zu 100 Meter Arbeitshöhe erreichen.

Nicht nur in Amerika weiß die „Tree-Expert Co." um den Vorteil von Arbeitsbühnen in schwindelerregender Höhe. Das Bild stammt aus den späten 1940er-Jahren und zeigt einen Ford.

Neben diesen Hub-„Giganten" werden aber auch für die täglichen Arbeiten von Handwerksunternehmen, Kommunalbetrieben und Energieversorgern vielfach hydraulische LKW-Arbeitsbühnen eingesetzt. Werden bei Kommunalbetrieben beispielsweise zur Wartung von Beleuchtungen häufig Hubarbeitsbühnen mit einer Höhe von elf bis zwölf Metern benötigt, so sind etwa beim Baumschnitt oder bei der Gebäude- und Fassadenreinigung und für Maler- oder Dachdeckerarbeiten Geräte bis 30 Metern Arbeitshöhe oder mehr im Einsatz.

Für die notwendige Standsicherheit beim Arbeitseinsatz sorgen in den meisten Fällen vier hydraulische Stützen, die je nach Modellvariante einzeln, paarweise oder komplett ausgefahren werden können und am Fahrzeugrahmen montiert sind.

Die Hubarbeitsbühnen können auf den verschiedensten Trägerfahrzeugen aufgebaut werden. Ob es sich um ein 3,5-, 7,5- oder 18 Tonnen Chassis, einen Zwei- oder Dreiachser handelt, hängt vornehmlich von der Arbeitshöhe der aufzubauenden Hubarbeitsbühne ab.

Auslegersysteme

Von entscheidender Bedeutung für Leistungsfähigkeit und Beweglichkeit der LKW-Arbeitsbühne ist das Auslegersystem,

das je nach Modellvariante aus Unterarmteleskopausleger, teleskopierbarem Oberarm und beweglichem Korbarm bestehen kann.
Je beweglicher das Auslegersystem der Bühne, desto problemloser können schwer zugängliche Einsatzorte, zum Beispiel an Bäumen, in Hallen und an Leitungen, erreicht werden.
Bei Teleskopauslegersystemen mit Rundprofiltechnik in Belastungsrichtung (wie beim Autokran) kann zwar das Teleskoparmsystem leichter ausgelegt werden als beim herkömmlichen „Polygon"-Profil. Statische Berechnungen ergeben aber eine starke Durchbiegung („Fishrod Effect", vergleichbar einer Angelrute), die insbesondere das Wiedereinfahren der Teleskope erschwert.
Sonderbauarten der Schwenkvorrichtung dienen zum einen der Einsparung von Baulänge am Trägerfahrzeug, zum anderen wird ein seitlicher Überhang beim Schwenken vermieden. Da bei vielen Gelenk- und Teleskoparbeitsbühnen der sogenannte „Turm" beim Schwenken über die Fahrzeugkontur hinausragt, haben hier einige Hersteller eine eigene Konstruktionslösung entworfen (z.B. „Kurbelschwenktisch", „Variabler Turm").
Führen Arbeitseinsätze in unwegsames Gelände –, wie zum Beispiel auf Baustellen, Friedhöfe oder in Parkanlagen, sind robuste und kompakte Arbeitsbühnen auf Raupenfahrgestell das richtige Arbeitswerkzeug, denn sie passen sich den gegebenen Bodenverhältnissen an. Aber auch auf genau gegenteiligem Terrain, nämlich auf empfindlichen Böden wie Fliesen oder in Turnhallen werden Raupenbühnen mit Kunststoffketten bevorzugt eingesetzt. Die Raupenketten verteilen das Gewicht der Arbeitsbühne optimal auf eine breite Fläche und schonen so den Untergrund.

Kletterbühnen, Arbeitskörbe und Arbeitsplattformen

Im Arbeitskorb der Bühne befindet sich das Bedienpult. Von hier aus können sämtliche Bewegungen der Arbeitsbühne gesteuert werden. Die Arbeitskörbe verfügen je nach Hubarbeitsbühnenmodell über Tragfähigkeiten von 100 bis 1000 Kilogramm. Man unterscheidet zwischen Kunststoff- und Aluminiumarbeitskörben. Für Arbeiten unter spannungsführenden Elektroleitungen ist eine doppelte Isolierung gegen 1000 Volt vorgeschrieben.
Im Baustellenbereich werden meist selbstfahrende dieselgetriebene Teleskop- und Gelenkteleskopbühnen (Boom-Lifter) eingesetzt, die eine Arbeitshöhe zwischen zwölf und 44 Metern erreichen.
Alternativ wird in solchen Bereichen auch oft mit Scherenarbeitsbühnen gearbeitet. Diese bieten zwar meist eine größere Aufenthaltsfläche, können aber nur senkrecht ausgefahren werden und erreichen geringe Höhen (sechs bis 33 Meter Arbeitshöhe). Mastgeführte Kletterbühnen wiederum sind bis zu Höhen von 250 Metern und mehr einsetzbar.
Verwandt mit den Hubarbeitsbühnen sind die Hubrettungsfahrzeuge wie Drehleiter und Teleskopmast. Diese erreichen aber meist größere Höhen, sodass sie besser für Löscharbeiten und die Höhenrettung geeignet sind.

Oben: Wirtschaftliches kommunales Bäumeschneiden in den 1960er-Jahren. Ein Arbeiter schneidet die Äste, ein weiterer häckselt das Holz.
Rechts: Der 56er Chevy Telelect T 5000 verfügt sogar schon über zwei Arbeitskörbe.

Rechts: Der Genie-S-40-„Knuckle Boom Lift" erreicht eine Höhe von 13,7 Metern und kann dabei ein Gewicht von 226 kg tragen.

Bildnachweis:

AGCO Corporation (Fendt), Carl Asmus, Caterpillar Inc., Peter Blume, Claas Deutschland, Ya-Zhen Zhao - Colani Design Germany, John Deere Deutschland, Freightliner Trucks, Grimme Landmaschinenfabrik, Goldhofer AG, Haishan Design, Markus Hehl, Kässbohrer Geländefahrzeug AG, Firmengruppe Liebherr, MAN SE, Udo Paulitz, Multicar, Ponsse Austria, Renault Trucks in Deutschland, ROPA Fahrzeug- und Maschinenbau, ROSENBAUER International, Scania Deutschland, TIM Verlag, Volkswagen AG, Volvo Trucks Deutschland. Da einige Vorlagen nicht eindeutig zugeordnet werden konnten, werden berechtigte Honoraransprüche selbstverständlich abgegolten.

Herstellung und Organisation: Gerhard Siem
Mitarbeiter: Herta Jarczok, Daniel Jarczok, Prittriching
Lektorat: Margit Bachfischer, Bobingen
Umschlagsgesttaltung: Daniel Jarczok
Layout: Gerhard Siem

Lieferbare Titel aus dem Otus Verlag: **www.otus.ch**

ISBN 978-3-907200-55-1